"十二五"江苏省高等学校重点教材(编号:2015-2-088)

新编药学信息检索教程

主　编　赵鸿萍
副主编　卢　帅　苏　静
编　者　蒋宏民　刘鑫朝　刘新昱
　　　　武小川　梁永浩

东南大学出版社
南　京

图书在版编目(CIP)数据

新编药学信息检索教程/赵鸿萍主编．—南京：东南大学出版社，2016.6(2024.4重印)

ISBN 978-7-5641-6604-5

Ⅰ.①新… Ⅱ.①赵… Ⅲ.①医药学－情报检索－高等学校－教材 Ⅳ.①G252.7

中国版本图书馆 CIP 数据核字(2016)第 151376 号

新编药学信息检索教程

出版发行	东南大学出版社
社　　址	南京市玄武区四牌楼 2 号(210096)
网　　址	http://www.seupress.com
出 版 人	江建中
责任编辑	张　慧
经　　销	新华书店
印　　刷	南京工大印务有限公司
开　　本	787mm×1092mm　1/16
印　　张	16.5
字　　数	406 千字
版　　次	2016 年 6 月第 1 版
印　　次	2024 年 4 月第 8 次印刷
印　　数	17001～18500 册
书　　号	978-7-5641-6604-5
定　　价	45.00 元

东大版图书若有印装质量问题，请直接与营销部联系。电话(传真)：025－83791830

前　言
——新探索、新理念、新体系、重实用

站在药学领域研究工作者的立场，该书从检索、获取、利用信息的角度积极探索如何重构药学信息检索的知识体系，和传统的药学信息检索教材相比具有以下 7 个方面的特色：

1. 全文数据库的讲解不再是重点

随着信息技术的飞速发展，特别是百链云图书馆的推出，获取文献全文的方式发生了根本性变化。在拥有宿主全文数据库使用权限的情况下，通过检索结果页面的"获取全文""电子全文"按钮可以轻松下载全文，通过文献管理工具还可以批量下载全文；在没有宿主全文数据库使用权限的情况下，可以在百链中检索目标文献，然后点击检索结果页面的"邮箱获取全文"，输入检索者邮箱后很快会收到全文邮件。因此，学习全文数据库收录范围及使用方法已经不如过去重要。这些知识是情报机构选购全文数据库时关注的问题，而这些信息可以通过数据库服务商的推介按需获取。

2. 专利文献的重要性凸显

众所周知，新药研发是医药企业的生命线，立项调研极其重要。新药立项调研需要检索的信息种类很多，其中专利是重中之重。全面的专利检索与分析，是实现专利掘金、避免重复研究、应对专利侵权和纠纷的基础与保障。同时，专利文献含金量极高，世界知识产权组织的统计结果显示，世界上 90%~95% 的发明成果以专利形式问世，其中约有 70% 的发明成果无法通过其他非专利形式获取。对于药学研究工作者，专利的价值甚至超越了书籍、期刊。但药物专利有其固有的特点，常规检索很难检全、检准，必须借助化学结构、基因序列等专业化检索手段。因此，药物专利的特点、类型、检索策略、检索工具等方面的教学有待进一步地巩固和加强。

3. 凝练数据库检索规律

提供药学信息服务的数据库不胜枚举，穷尽阐述会出现大量知识点的重复；相反，整理共性的知识进行介绍，可以节约阅读者大量的时间和精力，取得事半功倍的效果。

4. 精讲研究中实用的重要数据库

SciFinder、PubMed、SCI、CNKI、DII 对药学领域工作者的重要性非同一般，本书对这些系统的知识点进行详尽介绍，同时佐以案例，帮助阅读者更好地掌握知识点的使用。

5. 强调定制邮件推送服务，跟踪课题进展

主流的药学信息服务系统都提供邮件推送服务，一旦定制该服务，当系统中出现符合检索条件的新文献时，检索者就会收到邮件通知，及时获悉其他研究工作者取得的最新进展，极大地便利了课题跟踪。

6. 强化文献管理工具的使用

随着时间的推移,课题相关的文献资料会越积越多,使用文献管理工具,除了可以有效管理数目繁多的文献资料,还可以整理、分析、筛选文献,批量获取全文,助力论文撰写。掌握文献管理工具已成为对药学工作者的基本要求。

7. 补充新药立项调研的介绍

新药立项调研需要获取多方面的信息,涉及众多的数据库,要求调研人员不仅具备深厚的药学信息理论知识与扎实的检索技能,而且熟悉调研的基本程序。考虑到初学者在这方面还有所欠缺,因此本书将新药立项调研的内容也加以引入,希望能够帮助初学者了解新药立项调研的主要流程,为其今后从事相关工作奠定基础。

认真研读现有医药信息检索丛书,紧密跟踪检索理论与技术的最新进展,及时发掘权威药学信息系统的发布资讯,实时借鉴学术论坛牛人的检索经验,在此基础上,着力提高药学及相关专业学生的药学信息素养,帮助学生掌握系统、实用的信息检索技能,培养他们综合利用信息的能力,是我们撰写本书的动力与源泉。

本书系统介绍检索的理论、方法与技巧,并将编者积累的实战经验与读者分享;同时,尽最大努力向检索者推荐实用、先进、权威的检索系统及药学网站。

本书共分3篇,分别是基础篇、检索篇和管理利用篇。

基础篇主要包括第1章的内容,讲述信息与文献的概念、文献的分类、药学信息及其分布;重点讲述信息检索的概念、步骤、检索效果的评价方法、文献鉴别方法与阅读文献的技巧;最后阐述数据库检索的常识。基础篇的学习为后续检索篇和利用篇的学习奠定了理论基础。

检索篇包括第2、3、4、5章,按照信息资源的类型,分别讲述网站信息资源(第2章)、书籍与期刊(第3章)、特种文献(第4章)、其他药学信息资源(第5章)等常用的检索系统及其使用方法。掌握这些资源的概念、特点及检索技能,是做好信息检索工作的前提与保障。

管理利用篇主要包括第6、7章的内容,第6章介绍网页及文献管理的常用工具及其使用方法,重点介绍经典的文献管理软件EndNote;第7章介绍新药立项调研的基本内容及方法。

本书第1、2、3章由赵鸿萍编写,苏静编写了第4章,卢帅编写了第5、6、7章。本书的主要定位是本专科药学相关专业学生学习药学信息检索知识的教材,本书也可以作为医药行业工作人员手头查阅的参考工具书,服务于课题攻坚及项目调研。

由于作者水平有限,书中难免存在一些错误或不当的地方,恳请读者批评指正,来信请寄 zhaohongping@cpu.edu.cn。真诚期待您的反馈,我们会在后续的版本修订时充分考虑您的建议,不断完善教材内容,力求做到精益求精。

编者

2016年6月

目 录

基础篇

第1章 药学信息检索基础 … 3
- 1.1 信息与文献 … 3
  - 1.1.1 信息、知识与文献 … 3
  - 1.1.2 文献的分类 … 4
  - 1.1.3 信息检索与科研 … 5
- 1.2 药学信息及其分布 … 6
  - 1.2.1 药学信息及其特征 … 6
  - 1.2.2 药学信息的分布 … 6
- 1.3 信息检索 … 7
  - 1.3.1 信息检索的概念 … 7
  - 1.3.2 信息检索效果评价 … 12
  - 1.3.3 信息检索的步骤 … 13
  - 1.3.4 检索结果的鉴别 … 16
  - 1.3.5 检索结果的阅读 … 17
- 1.4 数据库检索常识 … 18
- 1.5 本章小结 … 21
- 习题 … 21

检索篇

第2章 药学信息资源网站 … 25
- 2.1 药学网站 … 25
  - 2.1.1 组织机构网站 … 25
  - 2.1.2 学术团体网站 … 37
  - 2.1.3 制药公司网站 … 48
  - 2.1.4 商务网站 … 64

         2.1.5 论坛 ······ 68
         2.1.6 医药资讯网站 ······ 70
         2.1.7 其他药学网站 ······ 73
   2.2 搜索引擎 ······ 77
         2.2.1 概述 ······ 78
         2.2.2 常用搜索引擎 ······ 78
         2.2.3 搜索引擎检索常识 ······ 79
         2.2.4 药学专用搜索引擎 ······ 81
         2.2.5 学术搜索引擎 ······ 84
   2.3 本章小结 ······ 87
   习题 ······ 87

第3章 书籍、期刊检索 ······ 88
   3.1 书籍检索 ······ 88
   3.2 期刊文献检索 ······ 91
         3.2.1 概述 ······ 91
         3.2.2 常用检索工具 ······ 93
         3.2.3 SciFinder ······ 96
         3.2.4 PubMed ······ 106
         3.2.5 SCI ······ 115
         3.2.6 中国学术期刊网络出版总库 ······ 118
   3.3 本章小结 ······ 125
   习题 ······ 125

第4章 特种文献检索 ······ 127
   4.1 专利检索 ······ 127
         4.1.1 专利概述 ······ 127
         4.1.2 专利检索工具 ······ 130
   4.2 会议文献检索 ······ 140
         4.2.1 会议文献概述 ······ 140
         4.2.2 会议消息的检索 ······ 140
         4.2.3 会议论文的检索 ······ 141
   4.3 学位论文检索 ······ 142
         4.3.1 学位论文的概述 ······ 142
         4.3.2 学位论文常用检索工具 ······ 143
   4.4 标准文献检索 ······ 144
         4.4.1 标准文献概述 ······ 144

	4.4.2	中国标准文献的检索	147
	4.4.3	国外标准文献的检索	148
4.5	科技报告的检索		154
	4.5.1	科技报告概述	154
	4.5.2	美国政府四大科技报告及其检索	155
	4.5.3	中国科技成果的检索	160
	4.5.4	其他国家科技成果的检索	161
4.6	本章小结		162
习题			162

第5章 其他药学信息检索 … 163

5.1	新药信息检索		163
	5.1.1	Inpharma Database	163
	5.1.2	Pharma Transfer	163
	5.1.3	Pharmaprojects Database	164
	5.1.4	IMS LifeCycle	166
	5.1.5	Thomson Reuters Integrity	166
	5.1.6	Thomson Reuters Pharma	167
	5.1.7	World Drug Index（世界药物索引）	168
	5.1.8	Novel Antibiotics Data Base（新抗生素数据库）	168
	5.1.9	WBDU（世界原料药用户目录）	168
	5.1.10	医药地理	169
	5.1.11	INSIGHT—China Pharma Data	169
	5.1.12	其他方式	169
5.2	天然产物信息检索		170
	5.2.1	NAPRALERT—Nature Production Alert	170
	5.2.2	上海有机化学研究所化学专业数据库	170
	5.2.3	创腾公司相关数据库	170
	5.2.4	Natural Medicines Comprehensive Database (NMCD)	171
	5.2.5	Dictionary of Natural Products Online (DNPO)	171
5.3	生物信息检索		171
	5.3.1	基因组数据库	172
	5.3.2	核酸和蛋白质序列数据库	172
	5.3.3	生物大分子三维空间结构数据库	175
	5.3.4	生物信息学二次数据库	176
5.4	工具书检索		176

  5.4.1 药典 …………………………………………………………………… 178
  5.4.2 辞典 …………………………………………………………………… 181
  5.4.3 手册 …………………………………………………………………… 183
  5.4.4 指南 …………………………………………………………………… 185
  5.4.5 百科全书 ……………………………………………………………… 186
  5.4.6 光谱 …………………………………………………………………… 188
  5.4.7 图谱 …………………………………………………………………… 190
  5.4.8 丛书 …………………………………………………………………… 191
5.5 中药信息检索 …………………………………………………………………… 192
  5.5.1 国家人口与健康科学数据共享平台 ………………………………… 192
  5.5.2 中科院有机所中药相关数据库 ……………………………………… 193
  5.5.3 国家食品药品监督管理总局(CFDA) ……………………………… 193
  5.5.4 中国医药信息网 ……………………………………………………… 193
  5.5.5 中药材市场信息 ……………………………………………………… 196
  5.5.6 中药基础信息专门网站 ……………………………………………… 196
5.6 药品市场信息 …………………………………………………………………… 196
  5.6.1 Business Source Premier …………………………………………… 196
  5.6.2 MarketResearch ……………………………………………………… 197
  5.6.3 Datamonitor …………………………………………………………… 197
  5.6.4 Global Information …………………………………………………… 197
  5.6.5 Nicholas Hall ………………………………………………………… 197
  5.6.6 中国医药信息网 ……………………………………………………… 197
  5.6.7 中国价格信息网 ……………………………………………………… 197
  5.6.8 医药地理 ……………………………………………………………… 198
5.7 药品使用信息 …………………………………………………………………… 199
  5.7.1 Drug Information Full Text (DIFT) ………………………………… 199
  5.7.2 MICROMEDEX ……………………………………………………… 199
  5.7.3 Lexi-comp Online …………………………………………………… 201
  5.7.4 RxList ………………………………………………………………… 202
  5.7.5 Drugs, Supplements, and Herbal Information of MEDLINEPlus …… 202
  5.7.6 医药地理——医院处方分析系统 …………………………………… 203
  5.7.7 其他 …………………………………………………………………… 203
5.8 药物临床试验信息 ……………………………………………………………… 203
  5.8.1 ClinicalTrials ………………………………………………………… 203
  5.8.2 CenterWatch ………………………………………………………… 204

	5.8.3	WHO 国际临床试验注册平台	204
	5.8.4	其他	204
5.9	毒性信息检索		205
	5.9.1	TOXNET	205
	5.9.2	MDL 毒性数据库	207
	5.9.3	化学物质毒性记录	207
	5.9.4	化学物质毒性数据库	207
	5.9.5	NIH 特殊信息服务	207
5.10	药物审批信息检索		207
	5.10.1	美国药物批准信息	207
	5.10.2	日本药物批准信息	208
	5.10.3	欧盟药物批准信息	208
	5.10.4	中国药物批准信息	209
	5.10.5	PharmaPendium	210
	5.10.6	Newport Premium	210
5.11	报纸检索		210
	5.11.1	中国重要报纸全文数据库	211
	5.11.2	中国报纸资源全文数据库	211
	5.11.3	百链报纸检索	211
	5.11.4	Access World News	211
5.12	年鉴		212
	5.12.1	中国年鉴网络出版总库	212
	5.12.2	其他药学年鉴	212
5.13	法律法规检索		213
	5.13.1	CNKI 中国法律知识资源总库法律法规库	213
	5.13.2	万方中国法律法规数据库	213
	5.13.3	北大法律信息网	213
	5.13.4	IDRAC(全球药政法规条例)	213
	5.13.5	国家或组织的药事法规	213
5.14	本章小结		214
习题			214

管理利用篇

第 6 章 信息管理与利用 ································ 219

6.1 网页信息管理 ………………………………………………………………… 219
6.2 文献管理 ……………………………………………………………………… 220
　　6.2.1 概述 …………………………………………………………………… 220
　　6.2.2 常见文献管理软件 …………………………………………………… 221
　　6.2.3 EndNote ……………………………………………………………… 222
6.3 本章小结 ……………………………………………………………………… 240
习题 ………………………………………………………………………………… 240

第7章 新药项目立项调研及信息跟踪 ………………………………………… 241

7.1 新药分类 ……………………………………………………………………… 242
7.2 新药项目立项调研的主要内容 ……………………………………………… 243
　　7.2.1 背景信息 ……………………………………………………………… 243
　　7.2.2 政策和知识产权信息 ………………………………………………… 243
　　7.2.3 市场信息 ……………………………………………………………… 244
　　7.2.4 经济信息 ……………………………………………………………… 245
　　7.2.5 技术信息 ……………………………………………………………… 245
7.3 新药项目立项筛选的主要过程 ……………………………………………… 245
7.4 新药项目立项调研的信息来源 ……………………………………………… 246
　　7.4.1 背景信息来源 ………………………………………………………… 246
　　7.4.2 政策和知识产权信息来源 …………………………………………… 246
　　7.4.3 市场信息来源 ………………………………………………………… 246
　　7.4.4 经济信息来源 ………………………………………………………… 247
　　7.4.5 技术信息来源 ………………………………………………………… 247
7.5 立项调研实例 ………………………………………………………………… 247
7.6 新药项目信息跟踪 …………………………………………………………… 249
7.7 本章小结 ……………………………………………………………………… 250
习题 ………………………………………………………………………………… 250

参考文献 ………………………………………………………………………… 251

 基础篇

第1章　药学信息检索基础

提到检索,最常听到的两个概念是信息与文献。本章首先对信息与文献的概念及其分类进行介绍,然后介绍药学信息的概念及其分布,在此基础上,重点讲述信息检索的相关理论。鉴于权威药学信息大多集中存储于特定的数据库中,本章最后对数据库检索常识进行阐述。

1.1　信息与文献

1.1.1　信息、知识与文献

信息的定义很多,目前得到大家广泛认同的是"信息是人们通过感觉器官和大脑对客观事物运动状态及其改变方式的认识或反映"。

知识是人们对客观事物运动状态及其变化方式的正确的认识或反映,往往经过专业人士分析、研究获得。

文献是记录着知识的一切载体。

鉴于文献的正确性和权威性,信息检索应首选文献检索,两者检索的结果对检索者的指导作用经常大相径庭。

[例1-1]　南京郊区的一位患者因肾病来南京求医,患者首先想到通过信息检索获悉南京最权威的肾病医院,经搜狗检索得到结果如图1-1所示。

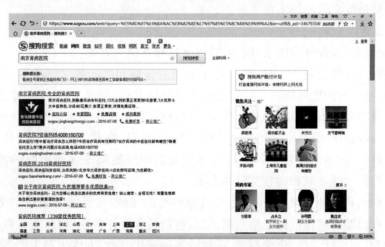

图1-1　搜狗检索"南京肾病医院"结果

点击打开前 3 条结果，发现对于患者选择医院基本没有帮助。究其原因，搜狗收录的是信息，信息易得，但数量庞大，鱼龙混杂，良莠不齐，真伪难辨。

进一步选择百度百科进行检索，结果如图 1-2 所示。

图 1-2　百度百科"南京肾病医院"检索结果

点击打开第一条记录，获悉南京军区总医院整体医疗技术水平较高，在肾病方面，肾小球疾病的诊断和治疗、慢性肾衰的中西医结合治疗是其专长领域之一。可见，肾病特别是肾小球疾病的诊断和治疗以及慢性肾衰的中西医结合治疗，南京就医应首选南京军区总医院。之所以通过百度百科能快捷地获取所需的信息，原因是百度百科是文献数据库，其中收录的是知识，知识是正确的、可靠的信息。

文献除了百科辞典外，还有很多种类，下面对文献的分类进行阐述。

1.1.2　文献的分类

从不同的角度，文献可分成不同的类别。常用的文献分类方法有两种，一种是按文献的内容分类，一种是按文献的加工程度分类。

1）文献按内容分类

文献按照内容分，常分为图书、期刊、特种文献和其他 4 大类。

特种文献，又被称为灰色文献，是一种介于图书与期刊之间的文献类型，通常在出版发行方面或获取途径方面比较特殊。特种文献主要包括专利、会议文献、学位论文、标准文献、科技报告、科技档案和政府出版物等。其中，科技档案指单位在技术活动中所形成的技术文件、图纸、图片、原始技术记录等资料，包括任务书、协议书、技术指标、审批文件、研究计划及方案、调研资料等；政府出版物是各国政府部门及其所属机构发表或出版的各种文献的总称，一般可分为行政性文献和科技文献两大类。

除图书、期刊和特种文献外，还有一些其他种类的文献，常见的如数值型文献和事实型文献。其中，数值型文献提供数值型数据信息，包括各种统计数据、科学实验数据、科学测量数据等。例如专利统计信息、化学制剂、药物的各种理化参数、人体生理上的各种数值等，有的含有文本，主要是有关数值的定义和数值项的说明、解释等必不可少的文字。典型的数值型文献如各种参考工具书、国家知识产权局统计年报,再如美国国立医学图书馆的化学物质毒性数据库 RTECS,包含有 10 万种物质的急、慢性毒理实验数据。事实型文献用来描述人物、机构、事物等信息源的情况、过程、现象、特性等方面的事实性信息,诸如名人录、机构指南、产品目录、科研成果目录、研究或开发项目目录以及大事记之类是事实型文献的检索工具。还有一些无法归类为书籍、期刊和特种文献的文献,如在研药物信息、临床实验信息等,本书将其一概归入其他文献这一类。

2) 文献按加工程度分类

文献按加工程度分,常分为零次文献、一次文献、二次文献和三次文献 4 种。

零次文献是指未公开于社会,即未正式发表的最原始的文献和那些通过公开订购不能获得的资料,如书信、手稿、笔记、秘密资料等。零次文献较难获取,但含金量很高,科学家和学者的博客是目前获取零次文献的珍贵的信息源。

一次文献又称原始文献,即人们以自己的生产、科研、社会活动等实践为依据产生的文献,如期刊论文、专利文献、会议论文、学位论文、科技报告、技术标准等。

二次文献是对一次文献加工整理后产生的文献,如题录(书目)、索引、文摘等检索刊物和各种参考工具书,我们后续使用的文献检索工具就是典型的二次文献。

三次文献是利用二次文献检索并选用大量的一次文献,经过系统的阅读、分析、研究,综合整理而成的文献,如综述、述评、评论、进展、动态等。

不同专业、不同领域因实际需要不同,对各类文献的重要性认知不同,但文献的重要性,特别是文献对科研的重要作用是毋庸置疑的,离开文献的科研是闭门造车,是不会成功的。

1.1.3 信息检索与科研

信息时代的来临不仅迅速改变了人们的生活方式,同时也深刻影响着人们的思维、学习和科研工作的方式。美国科学基金会(National Science Foundation,NSF)的统计数据显示,一个科研人员花费在查找和消化科技资料上的时间占全部科研时间的 51%,计划思考时间占 8%,实验研究时间占 32%,书面总结的时间占 9%,科研人员总计花费在科技资料上的时间为全部科研时间的 60%,如图 1-3 所示。

可见,科研人员要想保障科研工作的顺利进行,必须合理分配和使用自己的科研时间,必须熟练掌握信息检索的理论和技术。

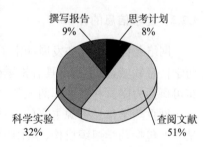

图 1-3 科研人员时间分配图

在医药行业,药学信息具有促进日常交流、构建高效研发团队、提高医药管理层的预测和决策能力、加快新药发现和缩短新药研发周期等重要作用,可在一定程度上提升新药创制能力,因此,药学信息检索技能是药学及相关领域科研人员必备的技能之一。

1.2 药学信息及其分布

信息检索首先必须解决信息在哪里的问题,其次是怎么检的问题。本节解决第一个问题,1.3 节探讨第二个问题。

1.2.1 药学信息及其特征

药学信息是指药物在研究、生产、流通、使用和管理过程中产生和涉及的药物有关资料,具体包括药名、结构、理化特性、药理毒理、合成与制备、作用机制、吸收代谢、排泄、诊断或治疗的适应证、用法、不良反应、禁忌证、相互作用、配伍禁忌、中毒症状和处理、临床疗效对比资料、鉴别、药品价格、药学教育等相关资料,同时还包括各过程相关的法律法规。

药学信息最突出的特征是数据量十分庞大,所有科技文献中,医药学文献约占总量的 1/4。同时,新药研发高投入、高风险、高收益的特性,进一步提升了药学信息的价值。所有这些,为全球信息服务商提供了巨大商机,药学信息检索工具数量众多,各有侧重,总体呈现一种百花齐放、百家争鸣的局面。

同时,类似研究和一稿多投造成了文献重复;学科渗透使药学信息相对集中在医药专业信息源的同时,也大量发表在一些综合性和相关性信息资源上;发文者自身专业水平的高低不同又导致了信息质量的参差不一;地域分布的广泛性还造成了药学信息文种繁多;除此之外,传递迅速、寿命缩短已成为现代所有文献的共同特点,总体上看,科技文献的老化周期已经缩短到 5~10 年。

以上药学信息的特点在制定检索策略时应予以高度重视,这样才可以制定出科学合理的检索方案。

1.2.2 药学信息的分布

网络载体的兴起和发展冲击了传统纸型载体的主流地位,改变了传统信息检索的方式。药学信息领域,几乎所有具有检索价值的药学信息都分布于互联网中。药学信息的具体分布可概括为网页和数据库两大类。

网页药学信息资源主要位于科学家、专业人士的博客,以及一些权威药学网站,这些网站主要包括药学组织机构、学术团体、制药公司、商务网站、讨论组、医药资讯网和一些综合性药学网站。

网页信息检索常用 3 种方法:一种是登录网站浏览网页;一种是使用大型网站提供的站点检索工具进行检索与定位,如辉瑞公司网站,首页右上角提供了检索工具实现站内信息检索,具体如图 1-4 所示;还有一种是最常用的,那就是搜索引擎搜索,然后点击跳转到相应页面。而网页中具体信息的定位常利用浏览器自带的页内查找功能。

药学信息数据库资源集中分布于信息服务商运营的文献数据库的同时,还大量分布在一些权威药学网站的数据库中。信息服务商运营的文献数据库典型的有 SCI、EI、Scifinder、德温特(Derwent)专利等,大多属于有偿服务。药学网站的数据库典型的如美国 FDA、我国药监局的系列数据库等,这些数据库大多免费使用,也是药学信息检索常用的数据库。

第1章 药学信息检索基础

图1-4 辉瑞网站信息检索工具

也有学者从新药研发流程的角度对药学信息的分布进行研究,但由于网页和数据库资源的存储和发布并不以新药研发流程为基准,造成很多数据库归类为新药研发的哪个环节都不合适。如新药研发的第一步是情报的收集、整理和研究,第二步是选题和立项,最后一步是进行新药申报,在这些环节甚至中间更多环节,研发者都会关注全球相关新药研发的动态,因此,简单地把跟踪新药研发的数据库归类为其中哪个环节都不合理。

本书检索篇对药学信息检索的阐述按照其分布及主题进行归类,第2章首先对网站药学信息从网页和数据库两方面进行介绍;第3章、第4章和第5章按照文献类型不同,依次阐述书籍、期刊的检索,特种文献的检索和其他类型药学信息的检索,其中第5章其他类型药学信息的检索,从药学领域常用主题检索的角度对相关工具进行分类和汇总。

1.3 信息检索

2012年3月29日,美国白宫科技政策办公室发布《大数据研究和发展计划》,充分说明"大数据"时代已经来临。

大数据技术的高速发展为我们便捷地获取信息提供了支持,但绝不是在检索框中输入一个自由词,然后回车,就可以实现快速、全面、准确的检索。信息检索有其特定的科学含义,是有策略、有途径、有方法、有工具、有步骤、有评价指标的一项科学的实践活动。

本节首先介绍信息检索的一系列相关概念及检索效果的评价方法,在此基础上,详细讲述信息检索的步骤,最后阐述检索结果的鉴别与阅读方法。

1.3.1 信息检索的概念

1) 信息检索的定义

信息检索是指根据特定的信息需求,运用科学的方法,通过一定的途径,利用检索工具,使用相应的检索语言,从大量的信息中迅速、准确而无重大遗漏地查找所需信息的过程。

2)信息检索的方法

信息检索的方法主要有常用法、追溯法和分段法3种。

常用法是利用检索工具进行信息检索经常使用的方法,又分为顺查法、倒查法和抽查法3种。顺查法是以课题的起始年代为起点,按时间顺序由远及近逐年查找的方法,其好处是检索结果系统、全面,适用于全面调研和撰写综述类文章。倒查法是按逆时间顺序由近及远地查找信息的方法,该方法一般用于新开课题,重点检索近期信息,以便掌握最近一段时间该课题的水平和动向。抽查法是针对学科专业发展特点,选取学科专业发展迅速、发表文献集中的时间段逐年进行检索的方法,该方法能以较少的时间获得较多和较有价值的信息。

追溯法是从手头已有文献所附的参考文献入手,逐一查找原文,再按这些原文后面的参考文献查找新的原文,如此往复,直到满足要求为止。如图1-5是一篇与粗糙集相关的文献及其参考文献,追溯法检索是指首先查找参考文献[1] A rough set approach to attribute generalization in data mining、[2] Knowledge Discovery in Databases:An Attribute-oriented Rough Set Approach、[3] 'Rough Enough'—A system supporting the Rough Sets Approach……的全文,并获取这些文献文后的参考文献列表,再继续查找相应的全文……如此往复,直到满足要求。追溯法的优点是不需要专门工具,因此是很多研究生初入课题时使用用的检索方法,缺点是检索结果不够系统、全面,而且资料越查越旧。

ISSN 1000-0054　清华大学学报(自然科学版) 2001年 第41卷 第1期
CN 11-2223/N　J Tsinghua Univ (Sci & Tech), 2001, Vol. 41, No. 1

粗糙集理论及其应用进展

参考文献　(References)

[1] Chan C C. A rough set approach to attribute generalization in data mining [J]. Information Sciences, 1998, 107: 169-176.

[2] Hu X. Knowledge Discovery in Databases: An Attribute-oriented Rough Set Approach [D]. University of Regina, Canada, 1995.

[3] Bjorvand A T. Rough Enough'-A system supporting the Rough Sets Approach[EB/OL]. http://home.sn.no/~torvill.

图1-5　一篇文献及其参考文献

分段法又称交替法或循环法,是将常用法和追溯法交替使用的一种检索方法。这种方法检索效果好,效率高,特别是在检索工具不全的情况下为一种较为理想的检索方法。实践证明,这也是科研工作中使用最多的方法。

3)信息检索的途径

信息检索的途径主要有两大类,分别是外表特征检索途径和内容特征检索途径。

外表特征检索途径主要包括题名检索(篇名、书名、刊名等)、著者检索、各种序号检索(如CN、DOI号等)、单位检索和基金检索等。

内容特征检索途径主要包括主题途径、分类途径、关键词途径、摘要途径、全文途径和其他途径,这里的其他途径为 Chemical Abstracts 的分子式检索、结构检索、Biological Abstracts 的属类索引和生物系统索引等。

检索途径的确定主要取决于检索需求,客观受到检索者检索经验和检索水平的影响,无法一概而论。

4) 信息检索工具

信息检索工具是用来报道、存储和查找信息的工具。

信息检索工具按照著录的详细程度,常分为题录型、索引型、文摘型和全文型 4 种。其中,题录又称目录或书目,题录型工具是以文献的出版单元为著录对象,揭示文献名称、著者、出版者和出版时间(或文献出处)等特征的一种检索工具,典型的如《全国总书目》;索引型工具是将若干书刊等文献中的论文按内容进行分类或主题标引后,把具有检索意义的论文名称、著者姓名、刊名、人名等分别摘录出来按一定方式编排,并注明出处,以供查找的一种检索工具,典型的如《全国报刊索引》、科学引文索引 SCI 等;文摘是对原始文献的内容用简明扼要的文字所做的摘要,文摘型检索工具是在题录型检索工具的基础上增加了文献的内容摘要而成,典型的如美国的《化学文摘》(CA)和《生物学文摘》(BA)等;全文型检索工具是近年来随着计算机检索技术的进步而兴起的一种极受欢迎的检索工具,它是在文摘型检索工具的基础上增加了文献的全文而编成的一种数据库,其突出特点是把全文输入到数据库中,并为全文的实意词建立索引,因此,具有全文检索功能,同时还支持立即获取全文,如 CNKI 的期刊全文数据库就是典型的全文型工具。

以上检索工具应根据实际检索需求合理选用,客观上不存在哪种检索工具最优的论断。全文型数据库,虽然支持全文检索及实时获取全文,貌似功能最强大,但相比于索引和文摘型检索工具,大都存在收录文献不够全面、检索结果不够权威以及检索不够快捷等问题。典型的如 Elsevier 公司出品的 Science Direct(SD)全文数据库,虽然其中大部分期刊被 SCI 收录,但 SCI 收录的期刊并没有全部被 SD 收录,如开题时选用 SD 作为检索工具,显然存在检索结果不全面的问题,加之数据库索引的侧重点不同,SD 检索客观上也不如 SCI 检索权威。这些问题主要是由各种工具的服务定位不同造成的,检索者制定检索策略时必须引起重视。一条简单的原则是检索使用索引或文摘型检索工具,获取全文使用全文数据库,个别情况例外(中文期刊检索时,CNKI 的期刊全文数据库既是检索的首选工具,也是获取全文的主要数据库)。

5) 信息检索语言

信息检索语言是根据信息检索的需要而创造的专门供信息标引和信息检索使用的一种人工语言。

信息检索语言常分为外表特征检索语言和内容特征检索语言两大类,分别适用于外表特征检索途径和内容特征检索途径。

外表特征检索语言是依据信息的外表特征,如信息的题名、作者、单位、各种编号等作为信息标引和检索的依据而设计的检索语言。常见的有题名检索语言、著者检索语言、序号检索语言等。不同的检索工具,其外表特征语言的语法不尽相同,具体表现为不同的杂志名称缩写规则,不同的姓名缩写规则及姓、名前后顺序,不同的单位缩写规则,不同的编号规则等。如 SCI 的姓名缩写规则为姓+空格+名首字母组合。实施外表特征检索时要首先学习或参考相应检索工具的使用说明。有一种外表特征检索语言例外,是全球统一的,那就是数字对象唯一标识符(Digital Object Unique Identifier,DOI 号),每个电子文献拥有唯一的

DOI 号,DOI 号是很多文献管理工具实现自动批量下载全文的基础。

内容特征检索语言是依据信息的内容特征作为信息标引和检索的出发点而设计的检索语言,主要有分类检索语言、主题检索语言和其他三大类。

(1) 分类检索语言:分类检索语言又称分类法,是将信息根据其所属的学科内容分门别类地系统化组织起来的一种信息标引与检索语言。这种语言能较好地体现学科的系统性,揭示知识的派生、隶属与平行关系,便于检索者从学科或专业途径查找信息,并可根据需要扩大或缩小检索范围。

国内广泛使用的《中国图书馆图书分类法》(简称《中图法》)和《中国图书资料分类法》(简称《资料法》)就是典型的分类检索语言,图 1-6 是中图法和资料法关于药的分类体系,也就是关于药的分类检索语言,但其不同于 CNKI 的分类语言。

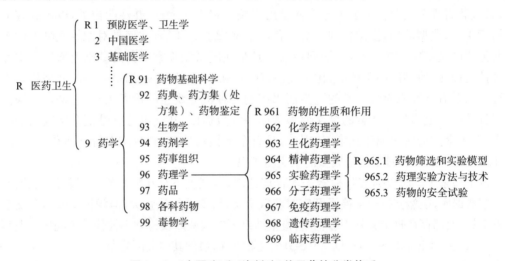

图 1-6 《中图法》和《资料法》关于药的分类体系

分类检索语言特别适用于刚刚进入课题研究,企图寻找专业热点领域的检索者使用。

[例 1-2] 利用 CNKI 的分类检索语言,检索国内信息科技领域计算机软件与计算机应用方面的研究热点。具体步骤如下:

打开 CNKI,选择期刊选项卡,浏览文献分类目录,选择相应的类别"信息科技",然后选择其子类——"计算机软件及计算机应用",同时选择"来源类别"为"SCI 来源期刊""EI 来源期刊""核心期刊",得到结果如图 1-7 所示。可见,热点领域是大数据、云计算、MOOC、物联网及其应用,其中"大数据"相关研究的关注度最高。

(2) 主题检索语言:主题检索语言又称主题词表,是以语言文字为基础,借助于自然语言的形式,用于标引和检索信息主题内容的词语标识系统。

主题检索语言常分为标题词语言(标题法)、单元词语言(元词法)、叙词语言(叙词法)和关键词语言(键词法)。实际检索中常用的是叙词语言和关键词语言两种。

① 叙词语言:叙词语言又称叙词表,它是一种概括某一学科领域,以规范化的、受控的、动态性的叙词为基本成分和以参照系统显示词间关系,用于标引、存储和检索文献的词典。叙词也称为主题词、受控词,是从自然语言中优选出来并经过规范化处理的,以基本概念为基础的表达信息内容的词和词组。

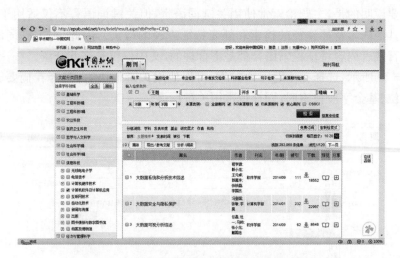

图 1-7　利用分类检索语言发掘领域研究热点

例如医学主题词表 MeSH 就是一种典型的叙词语言，MeSH 本身是一本词典。通过 MeSH 检索"cancer"，结果如图 1-8 所示，即"cancer"对应的叙词是"Neoplasms"。不仅"cancer"，图 1-9 中"Entry Terms"部分其他词对应的叙词都是"Neoplasms"。

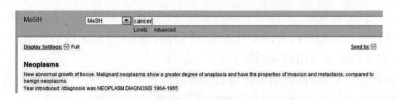

图 1-8　利用 MeSH 检索"cancer"的结果

支持叙词检索的数据库系统文献标引时，由专业人员通读文献，并在叙词表中选择恰当的叙词对文献进行主题标引，同时，用新出现的自由词更新叙词的"Entry Terms"部分。因此，检索者检索这样的数据库时，使用叙词检索可以同时提高查准率和查全率。叙词语言是支持叙词语言的检索工具主题检索时的首选语言。另外，检索者收集某主题的自由词时，叙词表的"Entry Temrs"也是最好的选择。

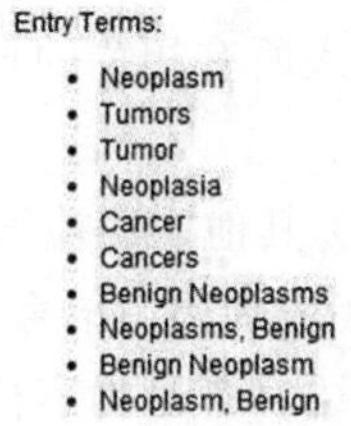

图 1-9　Neoplasms 叙词的 Entry Terms

叙词语言是目前主题语言的最高级形式，综合了关键词语言、标题词语言和单元词语言的优点，既方便手工检索，也便于计算机检索。著名的叙词语言除医药学领域最著名的《医学主题词表》(Medical Subject Heading，MeSH 表)外，还有国内影响最大的《汉语主题词表》、检索中医药信息的《中国中医药学主题词表》，以及 EI 的 EI Thesaurus 等。

② 关键词语言：关键词语言是为适应计算机自动编制索引的需要而产生的一种检索语言。这里的关键词又称自由词，是能表达信息实质内容的名词和术语。例如一篇文献的标题为"癌基因在肝癌中表达的研究进展"，其中"癌基因""肝癌""表达""研究""进展"都是关键词，其余的不是关键词，因为不具有实质内容。

特别需要说明的是,主题检索常使用关键词语言,但关键词语言不仅适用于主题检索,也常常用于其他内容特征途径的检索和外表特征途径的检索。因此,把关键词语言归类为主题检索语言或者内容特征检索语言都是不合理的,文中仅仅是在此介绍。

如图 1-10 所示,选择在主题字段检索,可以使用关键词语言;选择在摘要、全文、关键词、篇名、单位、基金字段检索时,同样也常用关键词语言。

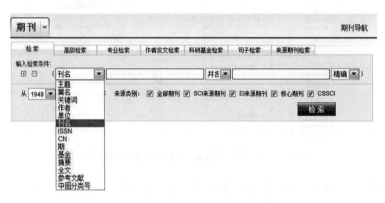

图 1-10　使用关键词语言的场景

这里需要对关键词字段做一说明,图 1-10 中的关键词字段和关键词语言是截然不同的两个概念,不可混为一谈。关键词字段和摘要、全文、中图分类号及主题字段一样,都是内容特征检索途径之一。和主题字段不同的是,关键词、摘要、全文字段的检索,只能使用关键词语言,而主题字段还常使用叙词语言。

使用关键词语言检索时,特别要注意收集所有的自由词,即一个概念相关的所有同义词和近义词。收集自由词常常借助同义词和近义词词典、搜索引擎以及叙词表。

关键词语言最大的优点是语言简单、易上手,不必系统学习就可以使用,而且应用范围广,不仅适用于内容途径的检索,同样也常用于外表特征的检索。关键词语言最大的不足是必须输入所有相关的自由词才可能检全,同时,如果输入的自由词不够精准,也会导致查准率不高。

(3) 其他内容检索语言:除分类语言和主题语言外,一些检索系统提供的其他途径的检索,其相应的检索语言一般也属于内容特征语言,如 SciFinder 的结构检索、Markush 检索等使用的语言都是内容检索语言。

检索语言的选择一般取决于检索途径,主题检索例外,因为主题途径检索往往有两种以上语言的支持,这时,叙词检索是首选,关键词检索一般用于辅助检索以获取新文献。

1.3.2　信息检索效果评价

信息检索作为一项科学的实践活动,是开题与立项最重要的前期工作,那么什么样的检索才足以支撑开题与立项呢? 评价信息检索效果的指标主要有两个,即查全率和查准率。

查全率指的是系统在进行某一检索时,检索出的相关文献与系统文献库中的相关文献总量之比。查全率很难计算,只能通过尽可能输入所有自由词、输入准确的索引词、使用叙词检索、擅用截词符(即通配符)、必要时改用上位词、获取相关文献(即启用聚类检索)等方法尽力提高查全率。如对 SciFinder 的检索结果进行索引词分析,即"analyzed by index term",可以比较每个索引词命中记录的数量,从而通过收集所有相关索引词或用准确的索引词替换原主题词的方法进一步提高查全率。现在,很多系统都支持"Index"选择定位准确的索引词,如图 1-11 所示是 Thomson Reuters Integrity 药品检索时获取准确索引词的方法,检索者选择"Mechanism of Action"字段后,点击"Index",就会出现索引词列表,检索者可以通过图中左下侧的 Lookup 检索定位准确的索引词,也可以通过图中右下侧的树状列表逐层浏览定位索引词。类似的系统很多,检索时要充分利用"Index"提高查全率。

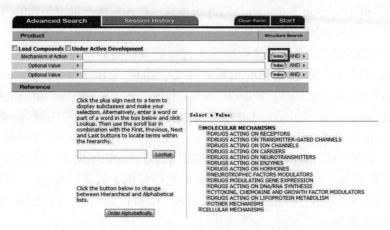

图 1-11　Thomson Reuters Integrity 系统 Index 操作示例

查准率指的是系统在进行某一检索时,检索出的相关文献量与检索出的文献总量之比。查准率可以通过检索者分析阅读文献获得相关文献数,然后除以检索出的文献总数计算得到。提高查准率的方法除了使用准确的主题词或使用叙词检索外,还常常使用下位词检索、增加限制条件、利用逻辑非 NOT 排除不相关文献等措施。

一般情况下,查全率控制在 60%～70%,查准率控制在 40%～50%,是较好的检索结果。

1.3.3　信息检索的步骤

信息检索的过程可以概括为 4 大步骤,依次是破题,制定检索策略,实施信息检索和获取检索结果。

1) 破题

破题,就是认真审视接到的检索课题,通过学习、了解课题相关的背景知识,迅速而准确地弄懂题意,明确课题检索的关键词。

[例 1-3]　检索阿司匹林的反应资料。

西药常用的名称有 4 种,分别是通用名、英文名、商品名和化学名,鉴于课题需要获取阿司匹林的化学信息,因此应选用化学名作为检索关键词。但化学名也有不同的命名法,常用的是普通命名法和系统命名法,考虑到检全率,应取两种命名法的所有名称作为关键词进行检索。最后确定中文文献检索用名为"乙酰水杨酸""邻乙酰水杨酸"和"2-乙酰氧基苯甲酸",英文文献检索用名为"acetylsalicylic acid"和"2-ethanoylhydroxybenzoic acid"。

[例 1-4]　检索世界著名药企默沙东近 10 年被美国 FDA 批准的药物。

该课题破题的背景知识是默沙东(Merck Sharp Dohme)的所有名称及近 10 年的并购

史。默沙东公司在美国与加拿大被称为默克（Merck），在其他地区被称为默沙东（Merck Sharp Dohme，MSD）。默沙东的前身是美国默克（Merck）与沙东公司（Sharp and Dohme）合并的默沙东药厂，2009年又收购了同为世界500强的跨国制药巨头先灵葆雅公司（Schering-Plough Corporation，SGP），而2007年3月，先灵葆雅还收购了荷兰制药与动物保健品公司欧加农生物科技（Organon BioSciences）。因此，检索FDA批准的药物时，Applicant Holder必须设置为"Merck""Sharp Dohme""Merck Sharp Dohme""MSD""Schering Plough""SGP"和"Organon BioSciences"，才可能获得默沙东所有批准药物的信息。

[例1-5] 利用SCI检索地震的资料。

SCI不支持叙词检索，因此本课题破题关键是获取地震的所有英文表述。通过搜索引擎检索和中英文词典检索，搜集到的地震的英文表述有earthquake、earthshock、earthdin、temblor、cataclysm、shock、shake、seismic、seism和tremor，进一步核实单词准确的意思，可以排除cataclysm、shock和shake，考虑到单复数、词性及时态变化等问题，检索主题词定为（earthquak* or earthshock* or earthdin* or tembl* or seism* or tremor*）。

由上述3个例子可以看出，不同检索课题破题的背景知识不同，鉴于检索者不可能对每个课题的背景知识都了如指掌，背景知识的获取建议使用中英文词典、同义词近义词词典、搜索引擎、百度百科、维基百科、CNKI的中文文献、MeSH叙词表等进行检索、学习。

2）制定检索策略

检索策略是为了实现检索目标而制定的全盘计划和方案，直接关系到检索结果的查全率和查准率，并最终影响决策。因此，必须制定周密的、科学的、有良好操作性的检索策略。

制定检索策略具体包括四方面的工作，分别是确定检索年限、确定检索范围、确定检索方案及拟定输出结果数量和格式。

（1）确定检索年限：科技查新年限一般限定在10～15年。医药文献的"半衰期"较其他自然科学文献更短，因此，医药专业科技查新检索的回溯期最低可以为10年。但因为药学各学科发展速度不同，文献失效期相差很大，因而在具体查新工作中，应针对不同学科、不同课题和委托课题的特殊需求等，在10年的基础上做相应调整。

（2）确定检索范围：药学信息检索时，检索范围的确定主要考虑网页、信息服务商运营的文献数据库和权威网站数据库3部分。检索的需求不同，检索范围的确定相差甚远。如云平台搭建过程中遇到问题，网页信息检索是首选，其次才考虑期刊文章、学位论文和相关书籍；而新药立项调研，则应选择针对性强、质量高、覆盖面大、有权威性的系列数据库作为检索范围，具体如汤森路透的相关主题系列数据库、IMS的数据库、Pharmaprojects、Medtrack、Global data、marketresearch、PDB及临床试验网临床试验数据库等；自然科学课题撰写开题报告，则应以权威的期刊文献数据库SCI、EI和CNKI及德温特专利数据库为主要范围。由于检索需求千差万别，合理确定检索范围需要反复实践、不断积累经验才能做到。

（3）确定检索方案：检索范围选定后，下一步需要确定具体的检索工具、拟使用的检索方法、具体检索途径，并利用相应工具支持的检索语言，写出课题检索对应的分类号、主题词（叙词）、标识符（如姓名、刊名等），甚至复杂检索的检索表达式。鉴于目前检索工具大都提供可视化构造复杂检索式的途径（一般通过高级检索和检索历史组合构建），检索者可充分利用这些工具降低检索表达式书写的复杂度。

这里需要说明的是,由于检索范围往往不是单一的,因此检索工具、检索方法、检索途径和检索表达式可能不止一套。例如检索范围确定为期刊和专利,工具确定为最权威的 SCI 和德温特专利数据库,这里的检索方法、检索途径和检索表达式就至少是两套。另外,在进行试验性检索后,根据检索效果的评价结论,检索策略特别是检索方案往往还会进行调整,因此,检索方案的确定也不是一蹴而就的。

(4) 拟定输出结果数量和格式:检索结果数量的拟定和检索的课题息息相关。如撰写开题报告,30~40 篇文献比较合适。太少的结果数量会导致阅读量不够,文献综述以偏概全;太多的结果数量又因为时间的原因,根本无法阅读。检索结果输出格式一般取决于检索者使用的文献管理工具,如检索者使用 EndNote 管理文献,检索结果就保存为 EndNote 支持的格式。

[例 1-6] 研究生选择导师时,想了解该导师的学术造诣,请制定检索策略。

分析课题:研究生选择导师,那么导师的基本信息(姓名、任职单位、头衔、工作、求学简历)从招生简章及其链接的导师主页已经获悉。本课题检索策略的制定如下:

检索年限可确定为导师从上大学到现在。

检索范围可确定为期刊、会议论文数据库、专利数据库。

检索方案确定为:期刊、会议论文检索工具选择全球公认的学术评价工具——SCI(科学引文索引)/SSCI(社会科学引文索引)/A&HCI(艺术与人文科学引文索引)、CPCI(国际学术会议论文索引)和 EI(工程索引);专利检索工具选择 DDI(德温特世界专利创新索引数据库)。论文和专利检索均使用外表特征途径,论文数据库使用作者+机构检索,专利数据库采用发明人+专利权人机构代码检索,检索方法采用抽查法,具体年限为导师本科毕业至今以就职单位或求学单位为基准划分的若干时间段,检索标识符主要是导师姓名英文缩写,格式为"姓+空格+名字头字母组合",机构或专利权人机构代码使用各工具提供的帮助文档检索获得。

文献数量可不做限制,为了后期学习参考,文献输出格式设定为最流行的文献管理工具 EndNote 格式。

制定好检索策略后,信息检索进入下一步,实施检索阶段。

3) 实施信息检索

信息检索一般要进行 3 种检索,依次为试验性检索、正式检索和辅助性检索。

试验性检索是在正式检索之前,先对半年到一年范围内的文献或全部文献做试验性检索,通过分析结果数量和评价检索效果,对检索策略做适当修改和调整,如数量太多,可以采取调整学科分类限定在较小的学科范围,选择在专科期刊和 SCI、核心期刊范围,以及缩小年限范围等措施来精炼结果,合理减少文献数量。如查准率或查全率不够高,可以通过前面介绍的提高查准率和查全率的方法来修正检索策略。

正式检索是按照改进、优化后的检索策略实施检索。

辅助性检索:正式检索的结果很多情况下欠缺最新文献信息,有时还存在文献量不足的问题,这时应进行辅助性检索。例如 SCI 检索结束,常常需要用 Scientific Web Plus 辅助检索科学家博客信息;PubMed 叙词检索结束,常常需要用自由词检索获取最新提交还没做叙词标引的相关文献;一般论文检索都常常会选择重要文献点击"Get Related Citations"进一步进行聚类检索。除此之外,浏览最新的期刊论文、边缘学科的文献、行业文献、内部报告以及使用搜索引擎检索相关网页信息也是常用的辅助检索手段。

4) 获取检索结果

检索结果如果是事实或数值型数据,直接保存结果即是用户所需的最终信息,只需核对无误即完成检索;如果是期刊、书籍等文献检索,需先把检索结果保存为特定文献管理软件的格式,如 EndNote 格式,然后导入文献管理软件保存。后续工作还需在文献管理软件的帮助下,进一步分析、筛选、删除误检文献,确定需要全文的文献并获取全文,才能完成检索。

1.3.4 检索结果的鉴别

信息爆炸带来的一个副作用就是信息泛滥、信息的质量良莠不齐,而检索结果信息的质量直接关系到课题调研报告的质量,关系到课题研究的方向、关键技术的确定等重大问题,因此,面对检索获得的大量信息,必须借助检索工具或文献管理工具进行信息鉴别,实现去粗存精、去伪存真,获取课题相关的权威信息。

检索结果的鉴别主要包括 3 个方面,分别是可靠性鉴别、先进性鉴别和适用性鉴别。

1) 可靠性鉴别

信息的可靠性鉴别是指信息的真实性、完整性与准确程度的鉴别,常常从以下 6 个方面入手。

(1) 根据信息的提供者判断:信息的提供者指发布信息或发表文献的个人、集体或团体。一般情况下,国际组织(WHO、ISO 等)、政府部门、科研机构、高等院校、学术团体、行业协会等团体提供者以及著名科学家或著名学者提供的信息其可靠性最高。另外,团体发表的文献或发布的信息一般比个人提供的信息可靠性高。

(2) 根据信息的类型判断:不同类型的信息其可靠性一般不同。一般情况下,网上的新闻和消息的可靠性较文献差。在文献类型中,内部资料和秘密资料的内容较为真实可靠。公开发表的文献,其可靠性差别较大,教科书、专著、年鉴、百科全书、技术标准、专利文献和核心期刊特别是 SCI 期刊的内容最为真实可靠,普通期刊则次之。阶段性研究报告、会议论文、学位论文、实验报告等具有一定的科学性,但不够成熟、完整。综述性文献结构严谨、论述全面,质量较高,特别是 SCI 的综述,往往是进入新课题的首选阅读资料。产品广告的可靠性最差。

(3) 根据信息的出版单位判断:国家政府部门、国内外著名出版社、著名学术团体与组织、著名高等院校和科研机构出版的文献,一般质量好、可信度高。

(4) 根据外界对信息的反映判断:被引用情况是外界对文献反映的体现,这里的被引用是指文献被文摘型刊物摘引和被其他文献作为参考文献引用。被摘引和被引用次数较高的文献,其可靠性较高。查询文献被引用情况常使用 SCI、CSCI 和中国科学院文献情报中心开发的《中国科学引文数据库》和南京大学中国社会科学研究评价中心开发的《中国社会科学引文索引》等。

(5) 通过实际验证来确定:通过实际验证指通过科研实践、临床实验、实地考察和数据审核等方法来确定信息的真实性和可靠性。

(6) 从信息的内容判断:从信息的内容判断可靠性,首先要看信息报道的结果是否真实。真实的信息应具有明确的前提,叙述和实验数据一致。其次要看对课题的阐述是否深刻、完整,是否具有深度和广度。对课题的详情细节做了具体的阐述即为深刻,对课题进行了全面的叙述即为完整。最后,要看论点、论据和结论是否一致,逻辑推理是否合理。

2) 先进性判断

信息的先进性在时间上主要表现为资料内容的新颖,在空间上表现为在一定范围、某一地区领先,超前于同类型资料。判断资料是否先进可以从以下3个方面着手:

(1) 从资料的外部特征判断:首先从资料产生的时间顺序上判断,最近发表的文献比较新颖;其次从文献类型上看,实验报告、科技报告、期刊论文和专利文献较新颖、先进。

(2) 从资料的内容特征判断:首先观察信息报道的内容是否是新概念、新理论、新原理、新假设、新的应用领域、新的技术与方法;其次,与同类型文献对比,判断是否对原有理论和技术有所改进,是否提高了技术参数、改进了结构、增强了性能,是否扩大了应用领域等。

(3) 从资料产生的社会背景判断:一般来说,某地区、某单位或某些专业人士在所擅长的学科专业内产生的信息比较先进;结合本地、本单位优势进行的研究、开发比较先进;较长历史时期形成的传统技术和项目比较先进。

3) 适用性判断

适用性是指信息的可利用程度。资料是否适用在很大程度上受到情报调研报告用户的条件和身份等多方面因素影响。可以依据资料的来源背景条件是否与利用者实际用途相近以及医学科研发展是否处于相近水平判断。一般认为,在社会政治、经济和科技发展水平上处于同一层次、同一发展阶段的国家和地区,其智力资源和人员素质大体相同,往往可以借鉴彼此的技术。一些受自然条件制约的科技成果,则往往要求地理环境、自然资源或气候条件基本相似才能相互借鉴。

除以上3方面的鉴别外,网页信息的质量还常依网页设计的专业化和规范化程度、网页被知名的搜索引擎收录与否及排名的情况、网站的被链接数和网站的点击率鉴定。

1.3.5 检索结果的阅读

信息检索结束,如果检索效果评价满意,而且应用鉴别方法剔除了劣质或不适用的文献,最后一步就是阅读文献。按照科学的阅读顺序和阅读方法进行阅读,可以很大程度上提高文献阅读的效率。具体讲,科学的阅读方法一般遵循7条原则。

(1) 先读网页信息,后读文献,便于及时了解有关方面的最新进展,及时获悉某研究领域的最新内容。

(2) 先读文摘,后读原文。根据文摘的内容,决定是否需要索取和阅读全文,以便大量节约阅读时间。

(3) 先读综述性、评论性文献,后读具体研究性文献。通过综述性和评论性文献了解和掌握某学科专业的研究现状、存在的问题及发展的趋势,在此基础上,可有针对性地阅读研究性文献。

(4) 优先阅读核心期刊和专科刊物。核心期刊和专科刊物上发表的论文一般所含的信息量大,学术水平高,能代表某学科专业的发展方向和研究水平。

(5) 先读内容相同或类似的中文文献,后读外文文献,以便较快地理解和掌握文献内容,加快阅读速度。

(6) 先粗读,后精读。先读文献的内容提要、目次、前言等,发现文献中确有需要详细阅读的信息时,再进一步精读。

(7) 先读现刊,后读过刊,有助于掌握学科的最新进展。

1.4 数据库检索常识

信息服务商运营的文献数据库和权威网站的数据库,因为其信息的覆盖面广、信息质量及权威性高,往往是信息检索的首选。另外,使用搜索引擎进行网页搜索,实质也是数据库检索。因此,要做好信息检索,必须掌握数据库检索的基本常识。

数据库检索的基本常识包括5个方面,分别是数据库的收录范围、检索方法、语法规则、文献著录格式和检索结果的输出方式。

1) 数据库的收录范围

了解数据库的收录范围,即调研数据库收录了哪些学科、哪些年限的什么类型的信息资源,是确定检索范围和选择检索工具的基础和关键。

例如,检索石墨烯(Graphene)研究的最新进展,在确定检索范围和检索工具时,就要选择针对性强、质量高、覆盖面广、有权威性的文献数据库和网站网页作为检索范围。检索者只有已知 SCI(科学引文索引)、CPCI(国际学术会议论文索引)、DDI(德温特世界专利创新索引数据库)、EI(工程索引)和 Scientific Web Plus 的收录范围,才可能将这些数据库作为检索范围及检索工具。

2) 检索方法

不同数据库支持的检索方法不尽相同,但一般数据库都支持基本检索(又叫快速检索)、高级检索(多字段联合检索,一般提供专门界面构造检索式)和专业检索(自己书写检索表达式)3种检索方法。

基本检索最简单,输入自由词回车即可获得结果,常用于获取文献全文、调研文献著录格式等简单检索,直接输入自由词进行主题检索,查全率、查准率都没有保障。

高级检索通过限定关键词在特定字段及多字段组合,很大程度上提高了检索的查准率,是信息检索最常用的方法,同时也是构造复杂检索表达式的常用工具。

专业检索对检索人员要求最高,检索者必须掌握数据库系统的语法规则,配合使用数据库系统提供的检索表达式构建工具,写出完整的检索表达式,然后输入检索框才可以实现检索。

一般数据库系统还同时提供分类检索、二次检索和相关文献检索。分类检索支持检索者从学科派生的角度逐级选择从而检索出所需主题的文献,可以和基本检索、高级检索及专业检索同时使用。二次检索又叫在结果中检索,是在检索获得文献量很多或查准率很低的时候使用的精炼文献的有效措施,也可以理解为一种限定检索手段。相关文献检索一般在检索结果分析阶段确定准确的主题词时使用,同时也是辅助检索阶段扩大文献量和补充重要文献的常用方法,多数系统通过点击"Related Records"链接实现。

除上述检索方法外,化学信息数据库还常提供物质检索、反应检索、Markush 检索等特殊检索方法。

以上检索方法使用都很普遍,检索时,检索者可根据自身对数据库的熟悉程度、对检索语言的认知程度及具体的信息检索需求灵活选用。

3) 语法规则

数据库的语法规则,主要指数据库支持的外表特征语言的语法规则(如人名的缩写规则、期刊名的缩写规则、专利的编码规则等)、分类检索语言的分类表和叙词语言的词表,除此之外,还包括数据库系统支持的检索运算符。

不同的数据库系统支持的检索运算符的种类、数量和形式不尽相同,常见的检索运算符有5种,分别是逻辑运算符、位置运算符、截词符、限定符和时间范围运算符。

逻辑运算符主要有"与""或""非"3个,按运算优先顺序依次是"NOT""AND"和"OR",使用高级检索界面构造检索表达式时,特别要注意三者的运算优先级问题。在专业检索或简单检索界面,可使用小括号改变运算优先顺序。

位置运算符又称邻近运算符,用于表达检索词之间的邻近关系,缩小检索范围,提高查准率。不同检索系统采用的位置运算符数量和符号有所不同,使用时要区别对待。如MEDLINE的位置运算符有"NEAR"和"WITH"两个,其中"A NEAR B"和"A WITH B"分别表示A和B出现在同一句子中和出现在同一字段中。

截词符用于检索时将检索词截断,只取其中的一部分进行检索,是一种扩大检索结果范围的措施。常用的截词符有"*""?""#"和"$"。MEDLINE中采用的右截词符为"*",中间截词符为"?",美国专利全文数据库采用"$"为右截词符。如MEDLINE中用"ACID*"进行检索,可以检出包含ACID、ACIDS、ACIDIC、ACIDIFICATION等词的文献。

限定符一般用于字段限定检索和短语限定检索。字段检索常用的限定符是"in"和"="。如MEDLINE数据库支持的检索式"dementia in TI"和"English in LA",分别表示在题名字段中含有"dementia"和在文种字段中标有"English"。短语检索常用的限定符是双引号或圆括号。PubMed的短语检索限定符为双引号,如检索式"gene therapy"in AB,表示检索那些文摘字段中含有"gene therapy"这一短语的记录。

时间范围运算符用于限定信息发布的时间。常用的有"="">""<""≥"和"≤"。多数文献数据库都使用这些运算符。如PY>2001,表示检索2002年至今发布的信息。

数据库系统的语法规则琐碎而繁多,熟练使用数据库的帮助系统、善用高级检索界面设置检索条件,可以很大程度上规避语法规则的复杂性,降低检索式书写的难度。

4) 文献的著录格式

数据库系统不同,同类文献的著录格式大同小异,一般包含的数据项相同,数据项的排列顺序略有不同。下面给出10种典型文献的一般著录格式。

(1) 专著著录格式

[序号]作者.书名[M].版次(第1版不写).出版地:出版者,出版年.(专著中的析出文献应注明起止页码)

例子:

[1]孙家广,杨长青.计算机图形学[M].北京:清华大学出版社,1995.

[2]Skolink M I. Radar handbook[M].2nd ed. New York:McGraw-Hill, 1990:82-85.

(2) 译著著录格式

[序号]作者.书名[M].译者.出版地:出版者,出版年.(专著中的析出文献应注明起止页码)

例子:
霍斯尼 R K.谷物科学与工艺学原理[M].李庆龙,译.北京:中国仪器出版社,1989.

(3) 期刊文献著录格式

[序号]作者.题名[J].刊名,年,卷(期):起止页码.

例:

[1]杨得庆,隋允康,刘正兴,等.应力和位移约束下连续体结构拓扑优化[J].应用数学和力学,2000,21(1):17-24.

[2]Kucheiko S, Choi J W, Kim H J, et al. Computer architecture a quantitative approach[J].Journal American Ceram Soc,1997,80(11):2937-2940.

(4) 论文集著录格式

[序号]作者.题名[C]//论文集名.出版地:出版者,出版年:起止页码.

例子:

[1]张佐光,张晓宏,仲伟虹,等.多相混杂纤维复合材料拉伸行为分析[C]//第九届全国复合材料学术会议论文集(下册).北京:世界图书出版公司,1996:410-416.

[2]Odoni A R. The flow management problem in air traffic control[C]// Flow Control of Congested Networks. Berlin:Springer-Verlag,1987:269-298.

(5) 学位论文著录格式

[序号]作者.题名[D].保存地点:保存单位,完成年.

例子:

[1]金宏.导航系统的精度及容错性能的研究[D].北京:北京航空航天大学自动控制系,1998.

[2]Paxson V. Measurements and analysis of end-to-end internet dynamics[D].Berkeley:Computer Science Division,University of California,1997.

(6) 科技报告著录格式

[序号]报告者.报告题名,报告编号[R].地点:报告机构,完成年.

例子:

[1]World Health Organization. Factors regulating the immune response:report of WHO Scientific Group[R]. Geneva:WHO,1998.

[2]Clark D W. The memory system of a high performance personal computer,Tech Rep:CSL-81-1[R]. Xerox Palo Alto Research Center,1981.

(7) 国际或国家标准著录格式

[序号] 起草责任者.标准代号 标准顺序号—发布年 标准名称[S].出版地:出版者,出版年.

例子:

全国文献工作标准化技术委员会第六分委员会.GB 6447—86 文摘编写规则[S].北京:中国标准出版社,1986.

(8) 专利著录格式

[序号]专利申请者.专利题名:专利国别,专利号[P].发布日期.

例子：

姜锡洲.一种温热外敷药制备方案：中国,881056073[P].1989-07-06.

(9) 报纸著录格式

[序号]作者.文名[N].报纸名称,出版日期(版次).

例子：

丁文祥.数字革命与竞争国际化[N].中国青年报,2002-11-20(15).

(10) 网络文献著录格式

[序号]作者.题名[相关文献类型标识/OL].[引用日期].获取和访问路径.

其中,文献类型标识主要有以下几类：

[EB/OL]网上电子公告(electronic bulletin board online)

[DB/OL]联机网上数据库(database online)

[DB/MT]磁带数据库(database on magnetic tape)

[M/CD]光盘图书(monograph on CD-ROM)

[CP/DK]磁盘软件(computer program on disk)

[J/OL]网上期刊(serial online)

例子：

Hopkinson A. Unimarc and metadata：Dublin Core[EB/OL]. [1999-12-08]. http：//www.ifla.org/IV/if.htm.

特别需要说明两点：第一,"作者"3位以内全部列出,多于3位的列出前3位后加"等"或用"et al"替代；第二,"出版地(保存地点)"一般给出城市名,对同名异地或不为人们所熟悉的地名,还常在城市名后附州名、省名、国名等。

5) 检索结果的输出方式

不同数据库支持的检索结果的输出方式不尽相同,一般都同时支持几种输出方式,如邮件输出、txt文件输出、word报告输出、Excel报告输出、EndNote等文献管理工具对应的格式输出等。检索者应事先学习和熟悉相关数据库系统的输出方式,为后续的检索结果输出及文献管理奠定基础。

1.5 本章小结

本章主要讲述了信息与文献的概念、文献的分类、药学信息及其分布；重点讲述了信息检索的概念、检索效果的评价、信息检索的步骤、文献鉴别方法与阅读技巧；最后总结了数据库检索的基本常识。这些内容是后续检索篇和管理利用篇的理论基础。

☞ 习题

1. 简述信息与文献的区别与联系。
2. 试述文献的分类。
3. 特种文献具体包含哪些类型的文献？

4. 什么是药学信息？药学信息主要分布在哪里？
5. 什么是信息检索？
6. 举例说明什么是分段法。
7. 举例说明什么是叙词语言。试比较叙词语言和关键词语言的优缺点。
8. 举例说明如何制定检索策略。
9. 试述信息检索的步骤。
10. 常用的辅助性检索的方法有哪些？
11. 如何衡量检索效果的好坏？
12. 检索结果如何鉴别？
13. 检索结果的阅读顺序是什么？
14. 试述数据库检索的常识。

第 2 章 药学信息资源网站

药学信息一方面集中分布于信息服务商运营的文献数据库,另一方面大量分布于医药网站的网页和数据库中。本章主要介绍相关权威网站的药学信息资源。鉴于网页信息检索的主要工具是搜索引擎,本章最后阐述搜索引擎的使用。

2.1 药学网站

网站通常情况下由多个网页组成,但不是网页的简单罗列组合,而是用超链接方式组成的既有鲜明风格又有完善内容的有机整体。通过建立和使用网站,可以实现全球范围内最大化共享相关领域的最新信息资源。药学网站按照开发者不同,大体可分为如下 7 类:组织机构、学术团体、制药公司、商务网站、论坛、药学资讯网站和其他药学网站。本节将分别对这 7 种类型的药学网站所提供的网络信息资源进行较详细的介绍,同时对相关网站数据库举例说明其检索方法和检索效果。

2.1.1 组织机构网站

组织机构网站为社会提供药学相关的政策法规、通知公告、新药信息、药品商情等信息。同时,这些组织机构网站还是医药行业行政法规、批准药物等权威信息的发布单位。目前,国内外权威的组织机构网站主要有世界卫生组织、欧洲药物管理局、美国食品药品监督管理局(FDA)、中华人民共和国国家卫生和计划生育委员会、国家食品药品监督管理总局和中华人民共和国国家中医药管理局 6 个。

1) 世界卫生组织(World Health Organization,WHO)

世界卫生组织创立于 1948 年,是联合国下属的专门机构,国际最大的公共卫生组织,总部设于瑞士日内瓦,负责对全球卫生事务提供领导、拟定卫生研究议程、制定规范和标准,向各国提供技术支持,以及监测和评估卫生趋势。世界卫生组织的宗旨是使全世界人民获得尽可能高水平的健康。

(1) 站点资源:世界卫生组织官方网站网址是 http://www.who.int,该网站支持阿拉伯文、中文、英文、法文、俄文、西班牙文等语言,图 2-1 为世界卫生组织的中文首页,首页上主要包含健康主题、数据和统计数字、媒体中心、出版物、国家、规划和项目、管理、关于世卫组织等分类主题。

图 2-1 世界卫生组织中文首页

健康主题(Health Topics,http://www.who.int/topics/zh/)是指导用户深入特定主题的索引。它把 WHO 丰富的信息资源整合为 200 多个按字母排序的主题。既有各种具体疾病,也有各种公共卫生、环境、社会医学、信息产品等重大问题。点击其中的某一主题,即可显示该主题相关的重要信息。如"药物产品"主题中提供了有关药物的实况报道的信息,以及药物出版物,如世卫组织基本药物标准清单等重要文件和相关主题链接。

数据和统计数字(http://www.who.int/gho/zh/)是世卫组织统计信息指南,由此可进入各国、各地区、各主题疾病负担等卫生统计信息。它提供了世界卫生统计报告、全球卫生观察站、世卫组织区域统计数字数据库,以及分类数据信息。

媒体中心(http://www.who.int/mediacentre/zh/)是世卫组织新闻发布中心,实时发布世卫组织近期的新闻要事以及所有的年度活动和报告。

出版物(http://www.who.int/publications/zh/)是世卫组织出版物信息指南,它提供了世卫组织重要出版物及刊物汇总。其中最为核心的包括世界卫生报告、国际卫生条例、世界卫生组织简报、疫情周报、疾病暴发新闻、世界卫生组织药物信息、环境卫生标准丛书、世界卫生组织技术报告丛书等,它们均从全球视角观察问题,这些工作报告、病情信息、标准、指南等等,对各国卫生事业工作的开展均起到重大指导意义。

国家(http://www.who.int/countries/zh/)是以国家名称为主题的索引。将目前的 194 个世贸组织成员国按字母排序,可通过点击国家名称,查阅相应国家的卫生概况、世卫组织合作、死亡率和疾病负担、卫生系统组织和管理等有关信息。

规划和项目(http://www.who.int/entity/zh/)按字母顺序列出各类世卫组织规划、伙伴关系以及其他项目,通过点击名称可查看各类规划项目的详情。

管理(http://www.who.int/governance/zh/)提供世卫组织的日常事务及会议管理,并提供各类议事规则、文件、决议和决定的相关链接。

关于世卫组织(http://www.who.int/about/zh/)提供有关世卫组织自身发展情况的各项介绍,包括资源、计划、世卫组织改革等各类信息。

(2) 站内搜索:世界卫生组织的站内搜索功能可用来检索 WHO 站点 WWW 服务器上

的内容,提供给用户基本检索和高级检索两种检索方式,这两种检索方式均由 Google 提供支持,因此其检索方法也与 Google 相似。

① 基本检索:世界卫生组织站点首页设有检索框,为用户提供本站点检索,直接在检索框中输入关键词,点击"搜索"按钮即可。

② 高级检索:世界卫生组织站点也提供高级检索界面,可通过直接点击"搜索"按钮进入,高级检索界面如图 2-2 所示,提供了多个检索框及检索条件,由用户进行目标定位输入和选择,条件设置完成后,点击"搜索"按钮即可完成检索任务。

图 2-2 世界卫生组织站点高级检索界面

(3) 网站数据库:世界卫生组织站点还为用户提供了信息共享数据库的馆藏检索,可通过在首页的"出版物"主题下点击"世卫组织图书馆数据库"超链接进入,馆藏检索界面如图 2-3 所示,提供了"Headquarters""Regional Office for Africa""WHO Framework Convention on Tobacco Control(FCTC)"等 WHO IRIS 中的文献类型,用户可以选择其中的某一文献类型进入相应的数据库进行文献浏览,浏览方式也提供了"发表日期""作者""标题""主题"等多种方式供用户选择,用户也可以点击"高级检索"进行目标数据库选择和关键字输入,条件设置完成后,点击"搜索"按钮即可完成检索任务。

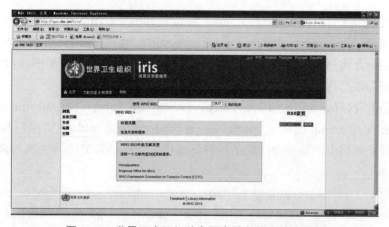

图 2-3 世界卫生组织站点图书馆数据库检索界面

2) 欧洲药物管理局(European Medicines Agency, EMA 或 EMEA)

欧洲药物管理局是根据 1993 年 7 月通过的 2309/93/EEC 决定而建立的一个欧洲官方药管机构,总部设在伦敦,前身是欧洲药品审评管理局(European Agency for the Evaluation of Medicinal Products),它集成了各欧盟成员国的研究资源和国家级的监督机构网络,主要负责整个欧盟范围内药物及相关医用产品的技术审查和批准上市工作,并全面负责评价药品的科学性,监测人畜用药在欧盟范围内的授权、顾问和药物安全监视,同时还负责协调、检查、监督欧洲共同体成员国之 GSP(药品经营质量管理规范)、GMP(药品生产管理规范)、GLP(药物非临床研究质量管理规范)、GCP(药物临床实验质量管理规范)等工作。

(1) 站点资源:欧洲药物管理局官方网站网址为 http://www.ema.europa.eu/ema/,图 2-4 为欧洲药物管理局网站首页,首页上主要包含药品查找(Find medicine)、人类药品监管(Human regulatory)、兽药监管(Veterinary regulatory)、委员会(Committees)、新闻与事件(News & events)、合作与网络(Partners & networks)、机构简介(About us)等分类主题。

图 2-4 欧洲药物管理局网站首页

药品查找(Find medicine, http://www.ema.europa.eu/ema/index.jsp?curl=pages/includes/medicines/medicines_landing_page.jsp&mid=)是指导用户查找某种类型药物的索引。它将药物大体分为人类药品、兽药及供人类使用的中药材三大类型,可以分别点击进入相关专题查询各类药物的欧洲公众评估报告。

人类药品监管(Human regulatory, http://www.ema.europa.eu/ema/index.jsp?curl=pages/regulation/landing/human_medicines_regulatory.jsp&mid=)给用户提供有关人类各种用药由开发到整个产品生命周期的各种活动指南并提供各类用药法规与药品上市许可的法定程序。

兽药监管(Veterinary regulatory, http://www.ema.europa.eu/ema/index.jsp?curl=pages/regulation/landing/veterinary_medicines_regulatory.jsp&mid=)给用户提供有关各类兽药由开发到整个产品生命周期的各种活动指南并提供各类用药法规与药品上市许可的

法定程序。

委员会(Committees,http://www.ema.europa.eu/ema/index.jsp?curl=pages/about_us/general/general_content_000217.jsp&mid=)给用户提供了欧洲药物管理局所涵盖的7个科学委员会的相关工作简介以及各自的链接。

新闻与事件(News & events,http://www.ema.europa.eu/ema/index.jsp?curl=pages/news_and_events/landing/news_and_events.jsp&mid=)滚动提供该网站发布的最新新闻报道、公开声明、会议活动等信息,也可以通过点击屏幕右边日历上的相应日期查看历史信息。

合作与网络(Partners & networks,http://www.ema.europa.eu/ema/index.jsp?curl=pages/partners_and_networks/general/general_content_000212.jsp&mid=)提供了与欧洲药品管理局存在合作关系与网络关系的各类机构、组织、行业、人员等,以及具体合作内容及形式的介绍。

机构简介(About us,http://www.ema.europa.eu/ema/index.jsp?curl=pages/about_us/general/general_content_000235.jsp&mid=)提供了欧洲药品管理局的基本情况介绍,包括机构职责与角色、工作内容与方式、委员会、工作组、联络方式、隐私与法律声明、常见问题解答等分项内容。

(2) 站内搜索:欧洲药品管理局提供给用户快速检索和文档检索两种检索方式。在首页的右上角提供快速检索方式,用户可以直接在检索框中输入关键词完成在整个站点范围内的全文搜索。文档检索方式可通过在首页的"文档检索"主题进入,可按标题、文档类型及发布日期等关键信息进行对该站点所发布的各类文档的检索。该检索方式由 Google 提供支持,因此其检索方法也与 Google 相似。文档检索界面如图 2-5 所示。

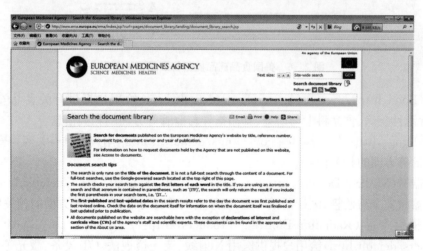

图 2-5 欧洲药品管理局站点文档检索界面

3) 美国食品药品监督管理局(Food and Drug Administration,FDA)

美国食品药品监督管理局成立于 1906 年,是国际医疗审核权威机构,由美国国会即联邦政府授权,是专门从事食品与药品管理的最高执法机关;是一个由医生、律师、微生物学家、药理学家、化学家和统计学家等专业人士组成的致力于保护、促进和提高国民健康的政府卫生管制的监控机构。其他许多国家都通过寻求和接收 FDA 的帮助来促进并监控其本国产品的安全。自 1990 年以后，美国 FDA 与 ISO 组织等国际组织密切合作，不断推动一连串革新措施。尤其在食品、药品、化妆品和医疗器械领域，FDA 认证已成为全球事实上的最高检测标准。

FDA 下设若干重要的研究中心，分别是食品安全和实用营养中心（CFSAN）、药品评估和研究中心（CDER）、设备安全和放射线保护健康中心（CDRH）、生物制品评估和研究中心（CBER）、兽用药品中心（CVM）等，它们各司其职，完成 FDA 大量工作的有序运转。

（1）站点资源：美国食品药品监督管理局官方网站网址是 http://www.fda.gov/，图 2-6 为美国食品药品监督管理局网站首页，首页上主要包含食品（Food）、药物（Drugs）、医疗器械（Medical Devices）、放射辐射产品（Radiation-Emitting Products）、疫苗、血液及生物制品（Vaccines，Blood & Biologics）、畜牧及兽医（Animal & Veterinary）、化妆品（Cosmetics）、烟草产品（Tobacco Products）等分类主题。

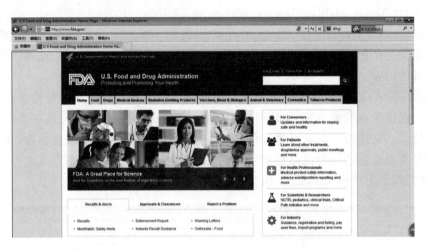

图 2-6　美国食品药品监督管理局网站首页

食品（Food，http://www.fda.gov/Food/default.htm）给用户提供有关食品安全、食品添加剂、食源性疾病、食品科学与研究、食品指导与监管等方面的相关信息。

药物（Drugs，http://www.fda.gov/Drugs/default.htm）给用户提供有关药物安全、新药开发与审批等方面的相关信息。

医疗器械（Medical Devices，http://www.fda.gov/MedicalDevices/default.htm）给用户提供医疗器械安全与监管、医疗器械研究、国际重大项目与最新产品等方面的相关信息。

放射辐射产品（Radiation-Emitting Products，http://www.fda.gov/Radiation-EmittingProducts/default.htm）给用户提供医用 X 射线、荧光透视法、CT 设备、激光等医学影像方面的产品信息及辐射产品安全标准等相关信息。

疫苗、血液及生物制品（Vaccines，Blood & Biologics，http://www.fda.gov/BiologicsBloodVaccines/default.htm）给用户提供过敏、血液及血液制品、细胞与基因治疗产品、疫苗、异种器官移植、生物制剂安全性与科学研究等方面的相关信息。

畜牧及兽医（Animal & Veterinary，http://www.fda.gov/AnimalVeterinary/default.htm）给用户提供动物药品开发与审批流程、动物药品与饲料安全、动物抗菌剂、生物技术、动物不良药物报告等方面的相关信息。

化妆品（Cosmetics，http：//www.fda.gov/Cosmetics/default.htm）给用户提供化妆品标识与标签要求、化妆品相关法律法规与监管、化妆品产品和原料安全、进出口化妆品等方面的相关信息。

烟草产品（Tobacco Products，http：//www.fda.gov/TobaccoProducts/default.htm）给用户提供烟草产品标识与标签要求、产品需求、相关法律法规与监管、烟草产品与公共健康、青少年与烟草等方面的相关信息。

（2）站内搜索：美国食品药品监督管理局的站内搜索功能可用来检索FDA站点WWW服务器上的内容，提供给用户基本检索和高级检索两种检索方式，这两种检索方式均由Google提供支持，因此其检索方法也与Google相似。

① 基本检索：美国食品药品监督管理局站点首页设有检索框，为用户提供本站内搜索，直接在检索框中输入关键词，点击"搜索"按钮即可。也可点击搜索框上的"A to Z Index"，按英文字母顺序检索链接到各个具体主题。

② 高级检索：美国食品药品监督管理局站点也提供高级检索界面，可通过直接点击"搜索"按钮进入，高级检索界面如图2-7所示，提供了多个检索框及检索条件，由用户进行目标定位输入和选择，条件设置完成后，点击"搜索"按钮即可完成检索任务。

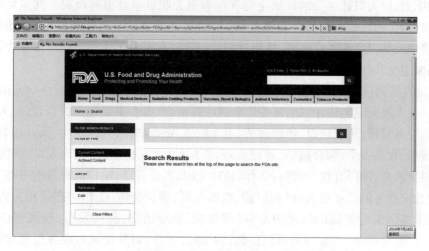

图2-7　美国食品药品监督管理局站点高级检索界面

（3）网站数据库检索：美国食品药品监督管理局站点还为用户提供了很多信息共享数据库。用户可以分别进入各类型数据库进行检索，这些数据库分布在各个主题页中。例如，可在"Drugs"主题页，点击"Drug Approvals and Databases"进入药品认证及相关数据库页面，该页面列出了FDA药品信息相关的十余个数据库供用户查询使用；若用户点击"Search Drugs @ FDA"，即可进入FDA批准的药物产品信息检索界面，如图2-8所示，该数据库可提供新批准的处方药、处方药信息、主要药品信息、药物安全性与副作用、临床试验、报告与出版物等方面信息；若用户点击"Orange Book Search"，可进入"经过治疗等效性评价批准的药品"（橙皮书）搜索界面，通过该数据库可获取已批准药物信息，可从活性成分、专利药名、专利号、申请人、申请书编号等方面进行检索，为用户提供相关权威信息。

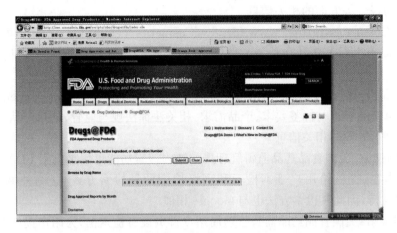

图 2-8　美国食品药品监督管理局药品数据库检索界面

4）中华人民共和国国家卫生和计划生育委员会

国家卫生和计划生育委员会是根据党的十八大会议精神要求，按照 2013 年新一轮"大部制"改革方案及《国务院机构改革和职能转变方案（草案）》组建合并的一个新机构，是将原卫生部的职责、原人口计生委的计划生育管理和服务职责整合组建而成。其主要职责是统筹规划医疗卫生和计划生育服务资源配置，组织制定国家基本药物制度，拟定计划生育政策，监督管理公共卫生和医疗服务，负责计划生育管理和服务工作等。同时国家中医药管理局归由国家卫生和计划生育委员会管理。

（1）站点资源：国家卫生和计划生育委员会官方网站网址为 http://www.nhfpc.gov.cn/，图 2-9 为国家卫生和计划生育委员会网站首页，首页上主要包含综合管理、人事管理、规划信息、财务管理、法制建设、体制改革、卫生应急、疾病防控、爱国卫生、医政医管、基层卫生、妇幼健康、食品安全、综合监督、药政管理、基层计生、家庭发展、流动人口、新闻宣传、健康促进、科技教育、国际合作、港澳台合作、精神文明、离退管理、纪检监察等业务频道。每个频道对应相应业务的承办机关、机构职能、政策法规、通告公告、工作动态等相关内容，并在网站首页上提供实时更新的新闻中心（时政要闻、领导活动、新闻发布、政策解读、媒体报道）、重点专题、工作动态（委内司局、直属机构、地方工作、对外交流）、政务信息（政策信息、通告公告、疫情信息、行政许可、规划计划、其他）、在线服务（网上来信、知识园地、下载区、许可目录、地方特色服务、场景式服务）、在线问答（在线访谈、在线发布）、政府信息公开专栏、征求意见、视频新闻，以及委领导、国家中医药管理局、委机关、直属和联系单位、业务主管社会组织、地方卫生计生部门等链接及其他相关链接。此外，还提供了丰富的数据查询，包括许可目录、卫生标准、统计数据、主管报刊、专家名单、对口支援、执业医生、执业护士、医院等级、辅助生殖机构、器官移植机构、基本药物目录、国家卫生城镇、医院执业登记、爱婴医院名单等项目。

（2）站内搜索：中华人民共和国国家卫生和计划生育委员会的站内搜索功能可用来检索该站点 WWW 服务器上的内容。国家卫生和计划生育委员会站点首页设有检索框，为用户提供本站点检索，直接在检索框中输入关键词，回车或点击"搜索"按钮即可展开搜索，检索结果在新页面显示，如图 2-10 所示。

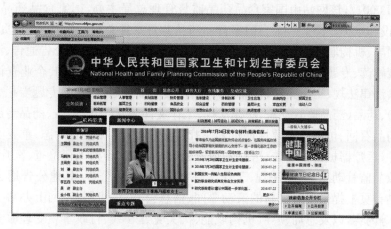

图 2-9　国家卫生和计划生育委员会网站首页

图 2-10　国家卫生和计划生育委员会站内搜索结果示例

（3）网站数据库：国家卫生和计划生育委员会站点还为用户提供了专题信息的分类数据查询。查询项目分为许可目录、卫生标准、统计数据、主管报刊、专家名单、对口支援、执业医生、执业护士、医院等级、辅助生殖机构、器官移植机构、基本药物目录、国家卫生城镇等。用户可以分别进入各个数据库进行查询和检索。例如，可点击"基本药物目录"主题项，进入国家基本药物目录（2012 版）查询相关药品信息。

5）中华人民共和国国家食品药品监督管理总局

中华人民共和国国家食品药品监督管理总局（CFDA）是国务院综合监督食品、保健品、化妆品安全管理和主管药品监管的直属机构，负责对药品（包括中药材、中药饮片、中成药、化学原料药及其制剂、抗生素、生化药品、生物制品、诊断药品、放射性药品、麻醉药品、毒性药品、精神药品、医疗器械、卫生材料等）的研究、生产、流通、使用进行行政监督和技术监督；负责食品、保健品、化妆品安全管理的综合监督、组织协调和依法组织开展对重大事故的查处。

（1）站点资源

中华人民共和国国家食品药品监督管理总局官方网站网址是 http://www.sfda.gov.

cn/WS01/CL0001/,该网站由国家食品药品监督管理总局主办,国家食品药品监督管理局信息中心建设和维护。图2-11为国家食品药品监督管理总局网站首页,首页上主要包含首页(总局领导、机构职能、政府信息公开专栏、总局要闻、新闻发布、公告通告、法规文件、征求意见、政策解读、专题专栏、新闻发布会与访谈、互动交流、公众查询、企业查询)、食品(食品监管动态、法律法规、工作文件、食品公告通告、食品抽检通告、食品专题专栏、食品安全风险预警交流)、药品(药品监管动态、法律法规、工作文件、药品公告通告、药品专题专栏、药品飞行检查、药品召回、仿制药一致性评价)、医疗器械(医疗器械监管动态、重要文件、法律法规、工作文件、医疗器械公告通告、医疗器械专题专栏、医疗器械飞行检查、医疗器械召回)、化妆品(化妆品监管动态、法律法规、工作文件、化妆品抽检公告、其他公告通告)等主题内容,并在网站首页上提供实时更新的滚动要闻、信息公开、许可服务、网上办事、行政许可综合事项查询等内容,以及总局领导、机构职能、机关党建在线、行政事项受理服务、中国政府网、部委网站、直属单位、省食品药品监管局及其他相关链接。

图2-11 国家食品药品监督管理总局网站首页

(2) 站内搜索

中华人民共和国国家食品药品监督管理总局的站内搜索功能分为站内文章检索和数据查询两种方式,其中站内文章检索可用来检索该站点WWW服务器上的内容,提供给用户基本检索和高级检索两种检索方式。

① 基本检索:国家食品药品监督管理总局站点首页设有站内文章检索框,为用户提供本站点检索,直接在检索框中输入关键词,点击"搜索"按钮即可。

② 高级检索:国家食品药品监督管理总局站点也提供高级检索界面,可通过直接点击"搜索"按钮图标进入站内文章检索界面,然后点击"高级搜索"按钮进入,高级检索界面如图2-12所示,用户输入关键字后,可根据提供的多个检索范围选项(文章内容、文章标题、文号或副标题、司室、关键字)来缩小检索范围,提高检索效率。

③ 数据查询:国家食品药品监督管理总局站点首页还设有数据查询链接按钮,给用户提供了"公众查询""企业查询""标准查询"的快速链接功能。用户可首先选择需查询项,再在打开的查询页面的检索框中输入关键字,点击"提交"按钮即可。如直接点击"公众查询"按钮,进入公众数据查询界面,即可进行"简单查询"和"组合查询"的选择。如图2-13所示即为CFDA"药品"数据库的组合查询界面。

图 2-12　国家食品药品监督管理总局站点高级检索界面

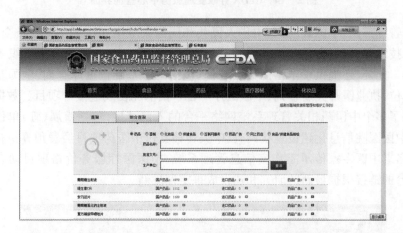

图 2-13　CFDA 药品数据库组合查询界面

(3) 行政许可综合事项查询

国家食品药品监督管理总局站点首页上设有"行政许可综合事项查询"栏目,提供的查询项目分为药品注册进度查询、器械注册审批进度查询、保健食品注册进度查询、中药保护品种年费到账查询等,为用户提供行政事务处理进度查询。用户可以在首页的"行政许可综合事项查询"栏目直接选择某个查询项目,并输入查询关键词进行相关查询和检索,也可以直接点击"更多"按钮,进入国家食品药品监督管理总局行政受理服务中心界面,进行更多项目的查询与检索。如图 2-14 所示即为 CFDA 行政受理服务中心的查询界面。

6) 中华人民共和国国家中医药管理局

(1) 站点资源:国家中医药管理局是我国政府管理中医药行业的国家机构,目前隶属于国家卫生和计划生育委员会。国家中医药管理局官方网站网址为 http://www.satcm.gov.cn/,国家卫生和计划生育委员会站点首页上有国家中医药管理局的直接链接。图 2-15 为国家中医药管理局网站首页,网站总体遵循了国家卫生和计划生育委员会站点风格,首页上主要包含实时更新的新闻中心、政务信息(工作动态、行业快讯、法律法规、政策解读)、在线服务(考试指南、表格下载)、特色服务(养生保健、中医药文化科普、中医药讲堂、中医药图谱)、在线调查、统计数据、通知公告、政务公开、热点专题等模块,以及局领导、局直属单位、

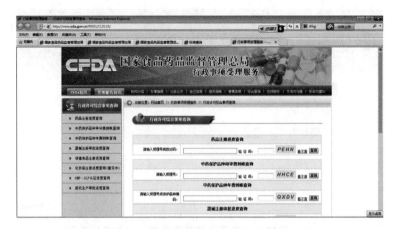

图 2-14　CFDA 行政受理服务中心查询界面

地方中医药管理部门、中国政府网、中华人民共和国国家卫生和计划生育委员会、中华人民共和国科学技术部、国家食品药品监督管理局、中国国家图书馆、世界卫生组织等链接及其他相关链接。此外,还提供了丰富的数据查询,包括中医基础数据库查询、全国基层中医药工作先进单位、执业医师注册查询、中医医疗广告审批情况在线链接等项目。数据查询模块下方还提供了多个中医药相关管理系统网络平台的入口链接,包括直属(管)单位资产管理信息系统、中医医院信息化建设现状调查、中央转移支付中医药项目经费预算执行监控通报平台、全国名老中医专家传承工作室信息管理系统、中医医疗服务价格项目动态研究系统等,这些平台的链接根据最新的研究和建设成果定期更新。

图 2-15　国家中医药管理局网站首页

(2) 站内搜索:国家中医药管理局站点也提供了站内搜索的服务项目。站点首页右上角设有检索框,为用户提供本站点检索,直接在检索框中输入关键词,点击"搜索"按钮即可。

(3) 网站数据库:国家中医药管理局站点还为用户提供了若干数据库数据查询服务。查询项目目前有中医基础数据库查询、全国基层中医药工作先进单位、执业医师注册查询、中医医疗广告审批情况在线链接、中医药数字博物馆等。用户可以分别进入各个数据库进行查询和检索。例如,可点击"中医基础数据库查询"主题项,进入该数据库查询相关信息,

图 2-16 为"中药基础信息数据库"查询界面,用户可选择不同的查询类别(炮制品、药理作用、单味药、化学成分、品种、药理作用2),键入关键词,选择精确查询或模糊查询实现对应的功能。

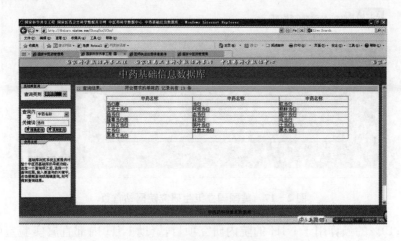

图 2-16　中药基础信息数据库查询界面

2.1.2　学术团体网站

药学学术团体是药学领域的研究机构,这些机构担负着药物研发、指导用药等重要任务,其网站蕴藏着丰富的科技信息,学术性很强,有的还设有相关的数据库。此类网站数量很多,下面介绍业界最著名的 9 个。

1) 美国国立卫生研究院(National Institutes of Health,NIH)

NIH 创建于 1887 年,是国际著名的生物医学研究机构。NIH 网站内容特别丰富,其主页设有卫生信息、基金资助、新闻与事件、科学资源、NIH 下属机构链接、NIH 介绍等栏目,其中,NIH 丰富的科学资源尤其引人注目,著名的 PubMed、TOXLINE、生物信息学系列数据库、Drugs,"Supplements, and Herbal Information of MEDLINEPlus"以及"Chemical Information of the NLM Specialized Information Services"等都位于该网站的平台上,可谓是医药界的一大信息资源宝库。

(1) 站点资源:美国国立卫生研究院官方网站网址是 http://www.nih.gov/,图 2-17 为美国国立卫生研究院网站首页,首页上主要包含健康信息(Health Information)、基金资助(Grants & Funding)、新闻事件(News & Events)、研究培训(Research & Training)、研究所与研究中心(Institutes at NIH)等分类主题。

健康信息(Health Information,http://health.nih.gov/)给用户提供健康信息相关的各类服务与资源、卫生信息实时通信、健康主题搜索、健康热点新闻及 NIH 最新研究新闻等方面的相关信息。

基金资助(Grants & Funding,http://grants.nih.gov/grants/oer.htm)给用户提供 NIH 有关赠款审批与查询、最新资助信息等方面的相关信息。NIH 的根本任务就是合理使用纳税人的钱支持生物医学研究,NIH 需要根据其资助策略制定合理的基金分配及预算方案。82%的预算用于 NIH 的院外研究项目,系通过基金或协议的方式资助美国国内外 2 000 余

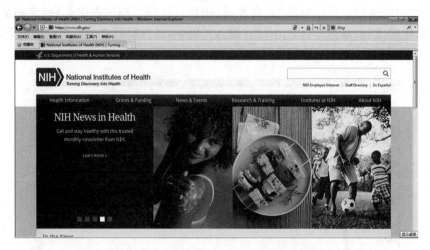

图2-17 美国国立卫生研究院网站首页

个研究机构；10%的预算用于NIH的院内研究项目,资助NIH内部直属实验室的2 000余项研究项目,另有约8%左右的预算作为院内院外研究项目的共同基金。

新闻事件(News & Events,http://www.nih.gov/news/)滚动提供NIH网站发布的最新新闻报道、公开声明、会议活动、视频图像等信息,也可以通过搜索新闻关键词进入历史相关新闻信息的查看。

研究培训(Research & Training,http://www.nih.gov/science/)给用户提供NIH的各类研究与培训信息,主要类目有NIH的实验室和诊所的最新相关研究项目、各类培训机会、研究资源、临床研究资源、安全监管及指导等相关信息。

研究所与研究中心(Institutes at NIH,http://www.nih.gov/icd/)给用户提供NIH的27个研究所及研究中心和1个院长办公室的相关信息与快速链接。这其中有24个研究所及研究中心直接接受美国国会拨款,用于资助研究项目,另外3个机构分别是临床医学中心、科学评审中心及信息技术中心。

(2) 站内搜索:美国国立卫生研究院的站内搜索功能可用来检索NIH站点WWW服务器上的内容,提供给用户快速检索和分主题检索两种检索方式。

① 快速检索:美国国立卫生研究院站点首页设有检索框,为用户提供本站点快速检索功能,直接在检索框中输入关键词,点击"搜索"按钮即可。

② 分主题检索:美国国立卫生研究院站点也在各个主题页面提供分主题检索界面,可通过点击上文中介绍的健康信息(Health Information)、基金资助(Grants & Funding)、新闻事件(News & Events)、研究培训(Research & Training)、研究所与研究中心(Institutes at NIH)等分类主题链接。进入不同的主题页面后,在不同主题提供的检索框中输入相关主题的关键词,点击"搜索"按钮即可完成分类检索任务。

(3) 网站数据库:美国国立卫生研究院站点还为用户提供了各类专题信息的分类数据库查询服务。用户可通过网站首页上的"Institutes at NIH"栏目中的快速链接进入NLM(美国国立医学图书馆,National Library of Medicine)主页来查看和使用需要的科学资源。NLM可供查询的数据库项目包含著名的 PubMed/MEDLINE、MeSH、UMLS、ClinicalTrials.gov、MEDLINEPlus、TOXNET、Images from the History of Medicine、Digital

Collections、LocatorPlus、All NLM Databases & APIs,可谓是医药界的一大信息资源宝库。用户可以直接选择某个数据库点击进入专项查询,也可以直接点击数据库资源菜单最下方的"All NLM Databases & APIs"按钮,进入多数据源综合数据查询界面。图2-18所示即为NLM提供的多数据库组合查询界面。本页面包含了很多医药卫生相关的数据库,如NCBI(National Center for Biotechnology Information)的生物信息学系列数据库、医学文献数据库、药物信息数据库、医药新闻数据库等等,检索者在这里既可以点击数据库名实现单库检索,也可以选择综合数据查询,这些数据库能够满足医药学研究的大部分信息检索需求。

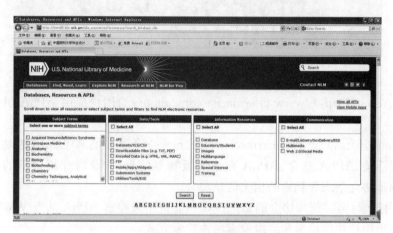

图2-18　NLM提供的多数据源组合查询界面

2) 美国药师协会(American Pharmacists Association,APhA)

美国药师协会,也称作美国药剂师协会、美国药师学会,2003年4月2日前称美国药学会(American Pharmaceutical Association),成立于1852年,是美国首个药剂师专业机构,由超过60 000名执业药剂师、医药科学家、药学学生、药品技师和其他有志促进行业发展的人组成。APhA通过代表机构每年举办一次APhA年会暨展览会,APhA为制药行业提供一个讨论、建立共识和制定政策的平台。事实上,几乎所有美国制药相关的专门组织的建立都可以追溯到APhA,这些组织原本是这个广泛的制药机构的一部分。

(1) 站点资源:美国药师协会官方网站网址是 http://www.pharmacist.com/,图2-19为美国药师协会首页,首页上主要包含教育(Learn)、药学实践(Practice)、入会(Get Involved)、APhA商店(Shop)、新闻(About News)等分类主题。

教育(Learn,http://www.pharmacist.com/learn)给不同身份的会员如药学学生、药剂师、药学科学家提供"求职中心"和"继续教育"两大模块的最新资讯及相关服务。

药学实践(Practice,http://www.pharmacist.com/practice)给用户提供药物治疗管理中心及免疫中心实践项目等方面的最新相关信息,并提供了相关的教学资源库供用户查询。

入会(Get Involved,http://www.pharmacist.com/get-involved)给用户提供不同身份的会员入会信息及能够参与的内容介绍。

APhA商店(Shop,http://www.pharmacist.com/shop)给用户提供APhA商品、APhA电子书等资源的介绍。

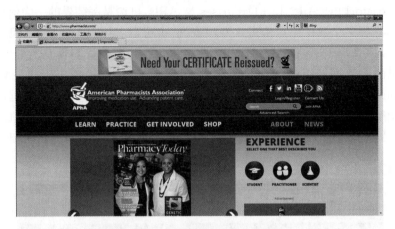

图 2-19　美国药师协会网站首页

About(About,http://www.pharmacist.com/about)给用户提供 APhA 机构介绍及联系方式。

新闻(News,http://www.pharmacist.com/news)滚动提供 APhA 网站发布的最新新闻报道、会议活动、APhA 基金、APhA 在线出版物等信息,并及时介绍最新的药物科学杂志、美国药剂师协会杂志等刊物的相关信息。

(2)站内搜索:美国药师协会的站内搜索功能可用来检索 APhA 站点 WWW 服务器上的内容,提供给用户快速检索和高级检索两种检索方式。

① 快速检索:美国药师协会站点首页设有检索框,为用户提供本站点快速检索功能,直接在检索框中输入关键词,点击"搜索"按钮即可。

② 分主题检索:美国药师协会站点也在各个主题页面提供分主题检索界面,如在"Learn"主题下的"CAREER CENTER"可进行药学相关的职位搜索;在"Practice"主题下的 MTM 中心可进行 MTM 教学资源库的搜索等。如图 2-20 所示即为 APhA 提供的 MTM 教学资源库查询界面。

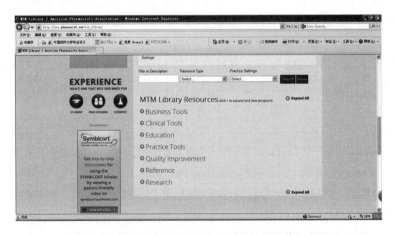

图 2-20　APhA 提供的 MTM 教学资源库查询界面

3) 美国药学科学家协会(American Association of Pharmaceutical Scientist, AAPS)

美国药学科学家协会是由药学科学家组成的药学科学团体,成立于1986年,目前在世界范围内聘用的学院、工业、政府和其他研究机构专业人士超过了1万人。AAPS是非营利性的药学组织,其目的是通过开放式科学知识交流,提供信息资源以推动科学发展,通过药物研究与开发促进人类健康。

(1) 站点资源:美国药学科学家协会官方网站网址为 http://www.aaps.org/,图2-21为美国药学科学家协会首页,首页上主要包含会员信息(Membership)、区域和群组(Sections & Groups)、会议(Meetings)、电子学习(eLearning)、求职中心(Career Center)、出版物(Publications)、新闻(News)等分类主题。

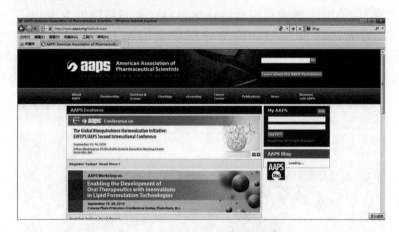

图2-21 美国药学科学家协会网站首页

会员信息(Membership, http://www.aaps.org/members/)给用户提供会员信息介绍,包括会员类别、会员利益和资源、如何加入、会员名录、会员统计等方面的相关信息。

区域和群组(Sections & Groups, http://www.aaps.org/Sections_and_Groups/Sections_Groups/)给用户提供 AAPS 网络社区不同区域和群组的基本状况、资源分布等相关信息。

会议(Meetings, http://www.aaps.org/meetings/)提供 AAPS 即将召开的年度会议与展览会及各类学术会议信息、已召开过的会议信息、出版的会议论文、未来的年度事件、持续教育等信息,并提供会议摘要检索。

电子学习(eLearning, http://www.aaps.org/elearning/)给用户提供 AAPS 的各类电子课程与在线研讨会的相关信息,让来自各地的各类会员能够分享和学习最新、最前沿的药学相关技术和科学,并且实现实时交互。

求职中心(Career Center, http://www.aaps.org/careers/)给药学相关求职者提供网络招聘信息,同时给需要招聘药学人才的机构、企业和雇主提供招聘信息的发布窗口,给供需双方提供一个良好的沟通平台,并从科学的角度对供求关系、薪酬状况等给出调查和指导意见。

出版物(Publications, http://www.aaps.org/publications/)提供了 AAPS 官方出版的杂志、协会期刊、协会博客、书籍、会议论文等出版物。AAPS 的官方期刊主要有 *The AAPS Journal*、*AAPS Pharm SciTech*、*Pharmaceutical Research* 等,这些期刊在 AAPS 网站对注册会员提供免费浏览全文服务。

新闻(News, http://www.aaps.org/news.aspx)滚动提供 AAPS 网站发布的最新新闻

报道、医药新闻、医药科学更新、相关的监管新闻、社会媒体新闻等信息。

(2) 站内搜索:美国药学科学家协会的站内搜索功能可用来检索 AAPS 站点 WWW 服务器上的内容,由 Google 搜索引擎提供支持,站点首页设有检索框,为用户提供本站点快速检索功能,直接在检索框中输入关键词,点击"搜索"按钮即可。

4) 美国药理学与实验治疗学学会(American Society for Pharmacology and Experimental Therapeutics,ASPET)

美国药理学与实验治疗学学会是由 4 800 名来自药理学、化学、生物学、疾病治疗学等不同领域的专家和学者组成的非营利性组织,为政府、大型制药企业、小型生物技术公司等提供基本和临床药理研究成果。

(1) 站点资源:美国药理学与实验治疗学学会官方网站网址为 https://www.aspet.org/,图 2-22 为美国药理学与实验治疗学学会网站首页。首页上主要包含会议(Meetings)、会员信息(Membership)、奖项(Awards)、出版物(Publications)、教育(Education)、区划与分会(Chapters)、政策支持(Advocacy)、求职中心(Careers)等分类主题。

图 2-22　美国药理学与实验治疗学学会网站首页

会议(Meetings,https://www.aspet.org/eb2016/)提供 ASPET 即将召开的年度会议、研讨会、分会会议、各类学术会议信息、指南及本年度各个月份的具体会议日程等。

会员信息(Membership,https://www.aspet.org/membership/)给用户提供会员信息介绍,包括会员利益、会员类别和会费、如何申请会员资格、入会程序、会员常见问题、如何联系等方面的相关信息。ASPET 的成员包括来自世界各地的学术界、工业界和政府的研究人员和学生,其中包括 16 位对药理学做出了重大贡献的诺贝尔奖得主。

奖项(Awards,https://www.aspet.org/awards/)给用户介绍 ASPET 开设的重要奖项、获奖人情况简介及基金捐赠情况等,这些奖项包含 ASPET Scientific Achievement Awards、ASPET Division Awards、Best Abstract Awards、SURF (Summer Undergraduate Research Fellowships) Award 等。

出版物(Publications,https://www.aspet.org/publications.aspx)提供了 ASPET 官方出版的期刊信息。ASPET 的官方期刊主要有 *Drug Metabolism and Disposition*、*The Journal of Pharmacology and Experimental Therapeutics*、*Molecular Pharmacology*、*Pharmacological Reviews* 等,这些期刊在 ASPET 网站对注册会员提供浏览及检索服务。

教育(Eudcation, https://www.aspet.org/knowledge/)给用户提供 ASPET 的各类资源信息,是 ASPET 的知识中心,包含有面向学生的职业资源、药理学方面的教学资源、药理学相关的历史资源等三大模块。

区划(Divisions, https://www.aspet.org/divisions/)给用户提供 ASPET 网络社区 10 个不同区域的基本状况,主要按研究内容的不同进行分划。

委员会(Committees, https://www.aspet.org/committees/)给用户提供 ASPET 网络社区各委员会的基本状况及成员介绍。

分会(Chapters, https://www.aspet.org/regional-chapters/)给用户提供 ASPET 网络社区不同群组的基本状况,主要按所在区域的不同进行分划。

政策支持(Advocacy, http://www.aspet.org/advocacy/)提供 ASPET 网站发布的最新新闻报道、相关政策、期刊集锦等信息。

求职中心(Careers, https://www.aspet.org/careercenter/)给健康科学领域的相关求职者提供网络招聘信息,同时给需要招聘药学人才的机构、企业和雇主提供招聘信息的发布窗口,给供需双方提供一个良好的沟通平台,分"Search Jobs"和"Post a Job"两大模块。

捐助(Donate, https://www.aspet.org/donate/)提供 ASPET 网站发布的最新可被捐助的项目、实验、科研团队等信息,希望获得企业和个人的无偿捐助。

(2)站内搜索:美国药理学与实验治疗学学会的站点提供快速检索 ASPET 站点资源的功能,站点首页设有检索框,用户可直接在检索框中输入感兴趣的关键词,点击"搜索"按钮即可完成检索工作。

5)化学信息学和定量构效关系学会(The Cheminformatics and QSAR Society)

化学信息学和定量构效关系学会网站为用户提供化学信息学和定量构效关系相关的大量信息资源。

(1)站点资源:化学信息学和定量构效关系学会官方网站网址为 http://www.qsar.org/index.htm,图 2-23 为化学信息学和定量构效关系学会网站首页。首页上主要包含关于/联系(About/Contacts)、会议(Meetings)、会员信息(Members)、新闻(News)、职位需求(Positions)、资源(Resources)等分类主题。

关于/联系(About/Contacts, http://www.qsar.org/about.htm)提供了 QSAR 的成员构成、联系方式、历史沿革、不同国家的机构分支等基本情况介绍。

会议(Meetings, http://www.qsar.org/meetings.htm)提供 QSAR 即将召开的研讨会、分会会议、各类学术会议信息、指南及具体会议日程列表及组织者等信息。

会员信息(Members, http://www.qsar.org/members.htm)以 26 个字母排序的形式给用户提供会员信息介绍链接,每个链接里包含由该字母开头的会员信息列表,包括会员姓名、邮箱地址、电话、传真号码、所在机构等具体内容。

新闻(News, http://www.qsar.org/news.htm)提供 QSAR 网站发布的时事通信、Corwin Hansch 奖项以及其他要闻等信息。

职位需求(Positions, http://www.qsar.org/position.htm)给相关领域的相关求职者提供网络招聘信息,其中包括相关求职网站链接列表及具体职位需求链接列表两部分。

资源(Resources, http://www.qsar.org/resource.htm)提供大量相关资源,包括计算、咨询顾问、数据集、教育、资料、社会、化合物、服务、常用链接等项目。

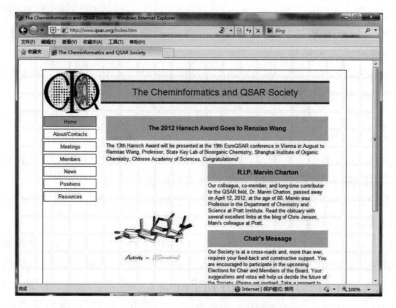

图 2-23 化学信息学和定量构效关系学会网站首页

(2) 站内搜索：化学信息学和定量构效关系学会的站点提供了丰富的数据库资源链接，在站点首页上可以通过点击"Resources"选项进入所有资源列表，通过点击"Databases"进入各类数据库信息列表，主要包含生物信息学、生物分子模拟、生物效应数据、生物聚合物相关、化学品和药品、比较建模、环境、微阵列数据、配体受体结构、特定高分子类、新陈代谢、定量构效关系等大类的数据库列表信息。

6) 中国药学会

中国药学会（CPHA）成立于1907年，是中国最早成立的学术团体之一，是由全国药学科学技术工作者自愿组成依法登记成立的学术性、公益性、非营利性的法人社会团体，是国际药学联合会和亚洲药物化学联合会成员。现有注册会员8万多人，高级会员3 000余人，团体会员53个。学会下设7个工作委员会和19个专业委员会，主办20种学术期刊。中国药学会的主要任务是：开展药学科学技术的国内外学术交流；编辑出版、发行药学学术期刊、书籍；发展同世界各国及地区药学相关团体、药学科学技术工作者的友好交往与合作；举荐、表彰、奖励在科学技术活动中取得优异成绩的药学科学技术工作者；开展对会员和药学科学技术工作者的继续教育培训；普及推广药学以及相关学科的科学技术知识；开展医药产品展示、提供医药技术服务与推广科研成果转化等活动。

(1) 站点资源：中国药学会官方网站网址为http://www.cpa.org.cn/，该网站由中国药学会秘书处主办，并负责建设和维护。图2-24为中国药学会网站首页，首页上主要包含新闻中心、关于学会、会员之家、学术活动、国际交流、编辑出版、继续教育、科学普及、表彰奖励、科技咨询、党群建设、联系我们等主题内容，并在网站首页上提供实时更新的滚动新闻：通知公告、学会动态、年度活动计划等内容，以及国家食品药品监督管理总局、中国科学技术学会、民政部、国家卫生和计划生育委员会、工信部、国家中医药管理局、FIP、医药经济信息网、中国药学杂志、各地药学会等快速链接通道。

(2) 站内搜索：中国药学会网站提供给用户简单检索和高级检索两种检索方式。

第2章 药学信息资源网站

图2-24 中国药学会网站首页

① 简单检索：中国药学会站点首页设有站内文章检索框，为用户提供本站点内的文章快速检索，直接在检索框中输入关键词，点击"搜索"按钮即可。

② 高级检索：中国药学会站点也提供高级检索界面，可通过直接点击网站首页上的"搜索"按钮进入高级检索界面，用户输入关键字前，可根据提供的多个检索范围选项（文章内容、文章标题、文章作者、录入者）及所在栏目来缩小检索范围，提高检索效率。

7) 中国药理学会

中国药理学会（CNPHARS）是由全国药理学工作者自愿组成，依法登记成立的学术性、公益性、非营利性的法人社会团体，是全国性高水平的药理工作者的群众组织，是中国科协的组成部分，由会员、通讯会员和资深会员组成，正式注册会员4 000余人，分别来自于全国药理学相关的大专院校、科研机构、医疗机构、企事业单位、政府机关和医药企业等机构。目前设有23个专业委员会，主办有《中国药理学报》（英文版）、《中国药理学通报》《中国药理学与毒理学杂志》《中药药理与临床》《中国临床药理学与治疗学杂志》和《医药导报》等学术期刊。学会的主要任务是团结全国药理学工作者，开展广泛的学术活动，组织国内外药理学工作者的学术交流和合作，全面提高我国药理学科研、教学、应用水平，促进我国药理学科学的发展、新药的研发和药物的科学应用。

(1) 站点资源：中国药理学会官方网站网址为http://www.cnphars.org/，设有中文和英文界面可供用户选择，图2-25为中国药理学会网站中文首页，首页上主要包含学会简介、新闻发布、会议中心、会议纪要、出版刊物、学术活动、会员园地、药理通讯、求职与招聘等主题内容，并在网站首页上提供实时更新的滚动新闻：最新动态、会议通知等内容，以及理事名单、分支机构、给理事长写信、在线申请学会会员、临床用药安全药理学基础信息资源系统、会议纪要、中国药理学会历年会议论文集查询入口、出版刊物、友情链接等快速链接通道。

(2) 网站数据库：中国药学会网站给用户提供了临床用药安全药理学基础信息资源系统，用户可在网站首页点击系统链接进入该系统进行"临床用药安全数据查询"，如图2-26所示，用户可选择临床用药类别中的药物名称、药物类型及用药安全类别、年限检索，并在关键字检索框中输入关键词，点击"查询"按钮即可完成检索工作。

图 2-25 中国药理学会网站首页

图 2-26 中国药理学会临床用药安全数据查询界面

8) 中国非处方药物协会

中国非处方药物协会(简称 CNMA)前称为中国大众药物协会,成立于 1988 年 5 月,由医药及保健品相关领域的生产企业、分销企业、研究、教育、咨询机构、媒体、广告等单位组成,现有团体会员 350 个。中国非处方药物协会的主要任务是:沟通会员单位与政府有关部门的联系,提出有关非处方药生产、经营管理方面的政策法规建议;向会员单位提供咨询、培训和信息等各项服务;向广大消费者宣传普及自我药疗理念和知识;开展国际交流与合作。自 2000 年起,我国正式实施处方药与非处方药分类管理制度,中国非处方药物协会随后展开了广泛的宣传、教育、培训及调研工作,积极推进药品分类管理制度的实施。协会于 2003 年成立了自我药疗教育专业委员会,开展自我药疗教育、培训和出版工作,传播自我药疗理念和自我保健知识,促进公众健康。2011 年成立市场营销专业委员会,以提高非处方药市场营销水平,推进非处方药企业、产品及服务的品牌建设。现拟成立政策法规工作委员会,旨在积极参与药品分类管理、医疗体制改革等政策法规的制定。

(1) 站点资源:中国非处方药物协会官方网站网址为 http://www.cnma.org.cn/,图 2-27 为中国非处方药物协会网站首页,提供中文和英文界面供用户选择,首页上主要包含关于协会、资讯动态、精品活动、自我保健、会员风采、下载中心等主题内容。并在网站首页上提供实时更新的滚动新闻:最新动态、协会动态、政策法规、行业动态、会员风采等内容,以及 CFDA、中国非处方药物协会、自我药疗教育专业委员会、药历网、中国医药物资协会、自我药疗、第1医学频道、药品安全合作联盟、健康公益网等快速友情链接通道。

图 2-27 中国非处方药物协会网站首页

(2)站内搜索:中国非处方药物协会网站首页设有站内文章检索框,为用户提供本站点内的文章快速检索,直接在检索框中输入关键词,点击"搜索"按钮即可。

9)中国中药协会

中国中药协会(CATCM)是国家中医药管理局主管的,依照国家有关法律、法规自愿组成的自律性、非营利性的全国中药社会团体法人组织,于 2000 年 12 月 18 日经民政部批准成立。本会采用单位个人会员和团体会员并存的会员制。协会的主要任务是:开展行业调研,代表行业向政府提出行业发展、立法、政策等方面的意见建议;组织开展行业统计,收集发布行业信息;创办报刊杂志和网站,开展法律、政策、科研、技术、管理、知识产权、市场等信息方面的咨询服务;开展新技术、新工艺、新装备、新型原辅材料和新产品的鉴定、推广及转让等相关工作;组织人才、技术、管理、法规等培训和行业交流活动;举办交易会、展览会,帮助企业开拓市场;组织开展行业资质认证;组织开展企业及产品评价、优秀企业及企业家表彰活动;建设公共服务平台,开展国内外经济技术交流与合作等。

(1)站点资源:中国中药协会官方网站网址为 http://www.catcm.org.cn/,图 2-28 为中国中药协会网站首页,提供中文和英文界面供用户选择,首页上主要包含协会简介、协会动态、政策法规、行业资讯、价格专题、企业与产品、中药保健、统计直报、会员专区、论坛等主题内容,并在网站首页上提供实时更新的滚动新闻:重要信息、政策法规、展会信息、分支机构、会员风采、会议主题等内容,以及国家发改委、国家中医药管理局、中国药材公司、中国中药研究与评价网、中药材天地网、国家食品药品监督管理局等快速友情链接通道。

(2)站内搜索:中国中药协会网站提供给用户简单检索和高级检索两种检索方式。

① 简单检索:中国中药协会站点首页设有站内文章检索框,为用户提供本站点内的文章快速检索,选择所有属性、信息标题、信息内容等选择项后,直接在检索框中输入关键词,点击"搜索"按钮即可。

② 高级检索:中国中药协会站点也提供高级检索界面,可通过直接点击网站首页上的"高级搜索"按钮进入高级检索界面,用户输入关键字后,可根据提供的多个检索范围选项

图 2-28 中国中药协会网站首页

(信息栏目、搜索范围、发布日期)来缩小检索范围,提高检索效率。

2.1.3 制药公司网站

随着人类对健康要求的不断提高,世界各大制药公司蓬勃发展,在人类健康领域积极开展研究工作并不断推出新的产品。由于互联网商业化功能的驱动,几乎所有较大的制药和医药公司都设立了自己的网站,用以将自己的成果与研发、生产、销售等信息以最快捷的方式传递给用户。这些网站蕴藏了丰富的药学信息资源,本节介绍 20 个全球著名的药企的网站,指导用户如何在这些网站中查找制药公司提供的最新研究成果及产品信息。

1) Pfizer(辉瑞公司)

美国辉瑞公司是目前全球最大的以研发为基础的生物制药公司,创建于 1849 年,迄今已有 160 多年的历史。目前辉瑞公司的产品覆盖了包括化学药物、生物制剂、疫苗、健康药物等诸多广泛且极具潜力的治疗及健康领域,其产品在心血管科、内分泌科、神经科、感染性疾病、关节炎和炎症、泌尿科、眼科和肿瘤科治疗领域占据主导地位。

辉瑞公司官方网站网址为 http://www.pfizer.com/,图 2-29 为辉瑞公司网站首页,首页上主要包含公司简介(About Us)、产品(Products)、研发(Research)、职责(Responsibility)、健康(Health)、Investors(投资者)、News(新闻)等项目,用户可重点关注

图 2-29 辉瑞制药公司首页

该公司的产品及研发版块的具体内容。

辉瑞网站提供了站内搜索及产品检索,在公司首页及各网页中都设有站内搜索框,可以提供整个网站范围内的关键词检索。而关于辉瑞公司的产品,在首页上就提供了检索框,用户可直接输入产品名称进行查询,也可以进入 Products 项目查看产品列表,产品分为处方药物和非处方药物,并分别按药品名字顺序和治疗作用字顺序排列,点击感兴趣的产品名,即可链接到该产品的相关网页,从而了解详尽的产品信息。

2) Novartis(诺华公司)

诺华公司是全球制药保健行业跨国集团,总部设在瑞士巴塞尔,在全球拥有超过 10 万名员工,业务遍及全球 140 多个国家和地区。诺华专注于医药保健的增长领域,拥有创新药品、成本节约型非专利药品、预防性疫苗和诊断试剂,以及消费者保健产品等多元化的业务组合。公司在华核心业务涉及专利药、非专利药、眼睛护理、消费者保健和动物保健等领域。

诺华公司官方网站网址为 http://www.novartis.com/,图 2-30 为诺华公司网站首页,首页上主要包含产品服务(Products)、创新科技(Innovation)、企业责任(Corporate responsibility)、关于诺华(About Novartis)、投资者信息(Investors)、新闻中心(Newsroom)、职业发展(Careers)等项目,用户可重点关注该公司的产品及研发版块的具体内容。在产品项目中提供了该公司的主要产品,包括处方药(Pharmaceuticals)、爱尔康(眼科)产品[Alcon(eye care)]、山德士产品(Sandoz)、非处方药(Over-the-Counter)、疫苗(Vaccines)等,可链接到相应产品网页查看详细信息。研发页面则提供了临床研究中的产品,用户可选择感兴趣的研究项目点击查看具体内容。

图 2-30 诺华制药公司首页

诺华网站提供了站内搜索及产品检索,在公司首页及各网页中,都设有站内搜索框,可以提供整个网站范围内的关键词检索;而关于诺华公司的产品,可进入产品服务(Products)首页,按治疗领域或产品名称查看产品列表,点击感兴趣的产品项目,从而了解详尽的产品信息。

3) Merck Sharp & Dohme(默沙东公司)

默沙东公司是一家国际上居于领先地位的药品研制与营销的跨国集团公司。其前身是美国默克(Merck)与沙东公司(Sharp and Dohme)合并的默沙东药厂(Sharp & Dohme,

MSD),2009年又收购了同为世界500强的跨国制药巨头先灵葆雅公司。默沙东公司总部在美国新泽西州白宫站,目前全球共有员工约80 000人。默沙东公司在美国与加拿大被称为默克(Merck),在其他地区被称为默沙东(MSD)。凭借处方药、疫苗、生物制品与动物保健品,默沙东与全球的客户共同合作,为全球140多个国家提供创新的医疗解决方案。默沙东中国的总部设在上海,员工总数超过5 000人,默沙东在中国主要推广抗生素、前列腺增生症用药、心血管系统用药、降脂药、非类固醇消炎止痛药、骨质疏松用药和疫苗等世界领先的产品。除以上处方药业务外,还包括动物保健业务,有近50种兽医产品,涉及家畜、家禽和宠物的疾病预防、治疗及控制等多个领域,致力于保护和关怀动物健康以及与其休戚与共的人类健康。

默沙东中国官方网站网址为 http://www.msdchina.com.cn/Pages/home.aspx,图2-31为默沙东中国公司网站首页,首页上主要包含关于默沙东、社会责任、研究与开发、公司产品、媒体中心、职业发展、默克诊疗手册、联系我们等项目,用户可重点关注该公司的产品及研发版块的具体内容。在产品项目中提供了该公司的三大类主要产品的链接,包括疫苗、处方药、动物保健等,可链接到相应产品网页查看详细信息。研发页面则提供了临床研究及默沙东实验室两项内容的具体介绍。

图2-31 默沙东中国公司首页

默沙东中国网站提供了站内搜索及产品检索,在公司首页及各网页中都设有站内搜索框,可以提供整个网站范围内的关键词检索。而关于默沙东公司的产品,可进入公司产品页面,按治疗领域或产品名称(按字母排序)查看产品列表,点击感兴趣的产品项目,从而了解详尽的产品信息。

4) Sanofi-Aventis(赛诺菲安万特)

赛诺菲安万特,由赛诺菲-圣德拉堡和安万特两家公司在2004年合并成立。赛诺菲安万特集团是世界第三大制药公司,在欧洲排名第一。其业务遍布世界100多个国家,现拥有约11 000名科学家及100 000名服务于健康事业的员工。依靠世界级的研发组织,开发创新的治疗方案,赛诺菲安万特在七大治疗领域居领先地位,分别是心血管疾病、血栓形成、肿瘤学、糖尿病、中枢神经系统、内科学和疫苗。

赛诺菲安万特公司官方网站网址为 http://en.sanofi.com/,图2-32为赛诺菲安万特公司网站首页,提供法文版和英文版供用户选择。首页上主要包含公司介绍(Our Company)、研发创新(R & D Innovation)、产品介绍(Our Products)、企业责任(Our Responsibility)、投资者信息(Investors)、媒体中心(Media)、职业发展(Careers)、合作伙伴(Partners)、供应商(Suppliers)等项目,用户可重点关注该公司的产品及研发版块的具体内容,用户也可以在公司首页上通过下拉列表直接选择赛诺菲安万特公司在全球任一国家的链接进行业务情况的查看。在产品介绍中提供了该公司的主要产品分类,包括糖尿病(Diabetes)、肿瘤(Oncology)、人类疫苗(Human Vaccines)、罕见疾病(Rare Diseases)、多发性硬化症(Multiple Sclerosis)、保健产品(Consumer Healthcare)、动物健康产品(Animal Health)等,可链接到相应产品网页查看详细信息。研发页面则提供了研究领域、临床研究中的产品、研发项目组合、临床实验、新闻等内容,用户可选择感兴趣的项目点击查看具体内容。

赛诺菲安万特公司网站提供了站内搜索,在公司首页及各网页中,都设有站内搜索框,可以提供整个网站范围内的关键词检索,用户可输入感兴趣的关键词,点击"搜索"按钮即可。

图 2-32　赛诺菲安万特公司首页

5) Hoffmann-La Roche(罗氏)

罗氏公司始创于 1896 年 10 月,是一家以科研开发为基础的跨国公司,总部位于瑞士巴塞尔,是世界 500 强企业。经过百年发展,业务已遍布世界 100 多个国家,共拥有近 66 000 名员工。罗氏的业务范围主要涉及药品、医疗诊断、维生素和精细化工、香精香料等四个领域。罗氏还在一些重要的医学领域如神经系统、病毒学、传染病学、肿瘤学、心血管疾病、炎症免疫、皮肤病学、新陈代谢紊乱及骨科疾病等领域从事开发、发展和产品销售。

罗氏公司官方网站网址为 http://www.roche.com/index.htm,图 2-33 为罗氏公司网站首页,提供德文版和英文版供用户选择。首页上主要包含公司介绍(About Roche)、产品项目(Products)、公司前景(Sustainability)、研发信息(Research & Development)、媒体中心(Media)、投资者信息(Investors)、求职信息(Careers)等项目,用户可重点关注该公司的产品及研发版块的具体内容,用户也可以在公司首页上通过下拉列表直接选择罗氏公司在全球任一国家的链接进行业务情况的查看。在产品项目中提供了该公司的处方产品、诊断产品及研究型产品,其中处方产品首页(首页—Products—Pharmaceuticals)提供了罗氏公司目前所有的处方产品列表(以字母排序),可直接点击某一药品名称链接到相应产品网页查看详细信息,用户也可以通过疾病类型进行筛选查看目标产品。研发页面则提供了最新研究领域、正在研发的产品、项目合作伙伴、临床实验注册、最近新闻等内容,用户可选择感兴趣的项目点击查看具体内容。点击该页面"Pipeline"栏目的"more"可以显示和查看罗氏公司所有正在研发阶段的药品信息。

罗氏公司网站提供了站内搜索,在公司首页及各网页中都设有站内搜索框,可以提供整个网站范围内的关键词检索,用户可输入感兴趣的关键词,点击"搜索"按钮即可。

图 2-33　罗氏公司首页

6) GlaxoSmithKline(葛兰素史克)

葛兰素史克公司(英文简称为GSK),总部设在英国,营运部设在美国,由葛兰素威康和史克必成联合,于2000年12月成立。两家公司的历史均可追溯至19世纪中叶,各自在一个多世纪的不断创新和数次合并中,在医药领域确立了世界级的领先地位。目前葛兰素史克公司是全球第二大医药企业、最大的疫苗供应商和全球500强企业。其主要产品有用于抗感染的康泰克、镇痛的芬必得、乙肝治疗的贺普丁、抗生素复达欣、西力欣、治疗糖尿病的文迪雅,防治哮喘及季节性鼻炎的定量吸入剂系列,以及疫苗系列,这些产品在全球160多个国家销售。葛兰素史克公司在抗感染、中枢神经系统、呼吸和胃肠道/代谢四大医疗领域代表当今世界的最高水平,在疫苗领域和抗肿瘤药物方面也雄踞行业榜首。此外,公司在消费保健领域也居世界领先地位,主要产品包括非处方药、口腔护理品和营养保健饮料。

葛兰素史克公司官方网站网址为 http://www.gsk.com/,图 2-34 为葛兰素史克公司网站首页,提供法文版和英文版供用户选择。首页上主要包含背后的科学(Behind the Science)、公司介绍(About us)、产品介绍(Products)、职业发展(Careers)、研发信息(Research)、企业责任(Responsibility)、媒体中心(Media)、投资者信息(Investors)、消费者(Consumers)、医疗保健专业人员(Healthcare professionals)、合作伙伴(Partnerships)等项目,用户可重点关注该公司的产品及研发版块的具体内容,用户也可以在公司首页上通过下拉列表直接选择葛兰素史克公司在全球不同地区的链接进行相应内容的查看。在产品项目中提供了该公司的处方药物、疫苗、保健产品等信息,其中处方产品和疫苗页面(首页—Products—Our prescription medicines and vaccines)提供了葛兰素史克公司目前所有的处方产品及疫苗列表(以字母排序),用户也可以通过点击不同的国家链接进入葛兰素史克不同国家的站点首页进行产品信息查询。研发页面则提供了最新研究领域、正在研发的产品、研究经费、研究的疾病领域、实验对象等内容,用户可选择感兴趣的项目点击查看具体内容。

葛兰素史克公司网站提供了站内搜索,在公司首页及各网页中都设有站内搜索框,可以提供整个网站范围内的关键词检索,用户可输入感兴趣的关键词,点击"搜索"按钮即可。

图 2-34　葛兰素史克公司首页

7) AstraZeneca(阿斯利康)

阿斯利康是由瑞典阿斯特拉公司和英国捷利康公司于1999年合并而成的世界第四大制药公司,世界500强企业。总部位于英国伦敦,研发总部位于瑞典,产品销售覆盖全球100多个国家和地区,在8个国家设有17个研发机构,共有12 000名员工从事与新药研发相关的工作,在心血管、消化、麻醉、肿瘤、呼吸五大领域处于世界领先地位。

阿斯利康公司官方网站网址为 http://www.astrazeneca.com/Home,图 2-35 为阿斯利康公司网站首页。首页上主要包含公司介绍(About Us)、药物(Medicines)、研发(Research)、合作(Partnering)、责任(Responsibility)、投资者(Investors)、媒体(Media)、职业发展(Careers)、医疗保健专业人员(Healthcare professionals)、患者(Patients)等项目,用户可重点关注该公司的产品及研发版块的具体内容,用户也可以在公司首页上通过下拉列表直接选择阿斯利康公司在全球不同地区和国家的链接进行相应内容的查看。在药品页面提供了该公司的主要产品分类,包括心血管及代谢(Cardiovascular & Metabolic)、胃肠道(Gastrointestinal)、感染(Infection)、神经科学(Neuroscience)、肿瘤学(Oncology)、呼吸系统(Respiratory)等,可链接到相应产品网页查看详细信息,也可以查看以字母顺序排序的所有阿斯利康公司的药品目录。研发页面则提供了研究组织、重点领域、研究经费、新药研发、合作、外部资助、研发新闻等内容,用户可选择感兴趣的项目点击查看具体内容。

阿斯利康公司网站提供了站内搜索,在公司首页及各网页中都设有站内搜索框,可以提供整个网站范围内的关键词检索，用户可输入感兴趣的关键词，点击"搜索"按钮即可。

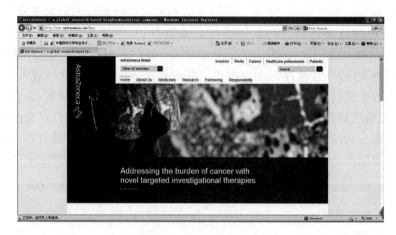

图 2-35　阿斯利康公司首页

8) Johnson(强生)

美国强生(Johnson)成立于 1886 年，名列全美 50 家最大的企业之一，强生公司是世界上最具综合性、分布范围最广的卫生保健产品制造商，生产及销售产品涉及护理产品、医药产品和医疗器材及诊断产品市场等多个领域，产品畅销于 175 个国家和地区。强生作为一家国际性大型企业，在全球 57 个国家建立了 230 多家分公司，拥有 11 万余名员工。旗下拥有强生婴儿、露得清、可伶可俐、娇爽、邦迪、达克宁、泰诺等众多知名品牌。

强生公司官方网站网址为 http://www.jnj.com/，图 2-36 为强生公司网站首页。首页上主要包含强生产品(Our Products)、强生关爱(Our Caring)、公司介绍(Our Company)、新闻中心(News Center)、职业发展(Careers)、投资者(Investors)、合作(Partnering)等项目，在强生产品页面提供了该公司的主要产品分类，包括最新产品(Recent Products)、消费产品(Consumer Products)、医疗器材及诊断产品(Medical Devices & Diagnostics)、处方药产品(Prescription Products)等，可链接到相应类型产品网页查看每种类型产品的列表信息，并可点击感兴趣的产品链接查看该产品具体信息。

图 2-36　强生公司首页

强生公司网站提供了站内搜索,在公司首页及各网页中都设有站内搜索框,可以提供整个网站范围内的产品名、公司或关键词检索,用户可输入感兴趣的关键词,点击"搜索"按钮即可。

9) Abbott(雅培)

雅培药厂(Abbott Laboratories)于1888年在美国芝加哥成立。120多年来,雅培已发展为一家全球性的多元化医疗保健公司,致力于探索维持健康的新药品、新技术和新方法。在全球多个国家拥有9万多名员工。雅培的产品跨越整个医疗护理领域,并且涵盖了人的整个生命阶段,从新生儿到老年人,从营养品到诊断品,贯穿医药保健和药物治疗。公司在全球范围内拥有销售、制造、研发以及分销等网点,其全球影响力和客户服务能力获得了广泛认可。

雅培公司官方网站网址为 http://www.abbott.com/,图 2-37 为雅培公司网站首页。首页上主要包含健康生活(Live Healthy)、获得启发(Get Inspired)、专业人员(For Professionals)、公司产品(Products)、职业发展(Careers)、投资者(Investors)、媒体中心(Newsroom)、合作伙伴(Partners)、关于雅培(About Abbott)等项目,在雅培产品页面首先提供了该公司的主要产品品牌链接,可直接点击品牌链接查看该品牌产品信息,也可以在页面下方选择产品分类链接,按领域进入分类产品信息,包括营养品(Nutrition)、诊断产品(Diagnostics)、心血管产品(Vascular)、视力保健产品(Vision Care)、糖尿病护理产品(Diabetes Care)、药物(Pharmaceuticals)等,展开每种分类下是以字母排序的该类目产品列表,用户可点击感兴趣的产品链接查看该产品具体信息。

雅培公司网站提供了站内搜索,在公司首页及各网页中都设有站内搜索框,用户可输入感兴趣的关键词,点击"搜索"按钮即可。

图 2-37 雅培公司首页

10) Eli Lilly(礼来公司)

礼来公司由药学家 Eli Lilly 创建于1876年,总部位于美国印地安纳州的印第安那波利斯市。全球共有40 000多名员工,其中7 400多名员工从事药品研发工作,在全球50多个国家进行药品临床试验研究,在全球 8 个国家设有研发中心,在全球 13 个国家建有药品生产企业,产品畅销全球 140 多个国家和地区。

礼来公司官方网站网址为 http://www.lilly.com/,图 2-38 为礼来公司网站首页。首页上主要包含公司简介(About)、企业职责(Responsibility)、产品信息(Products)、研发信息(R & D)、职业发展(Careers)、投资者(Investors)、新闻中心(Newsroom)、供应商(Suppliers)等项目,用户也可以在公司首页上通过下拉列表直接选择礼来公司在全球不同地区和国家的链接,进入相应地区的站点查看。在公司产品页面提供了该公司的主要产品相关信息,包括人类健康(Human)、动物健康(Animal)、患者安全(Patient Safety)、防伪(Anti-Counterfeiting)等类目,在人类药品页面下的"我们当前的产品"里用户可看到如下产品分类:骨关节肌肉(Bone Muscle Joint)、心血管(Cardiovascular)、糖尿病(Diabetes)、内分泌(Endocrine)、男性健康(Men's Health)、肿瘤学(Oncology)等,每种类型产品下有相应产品列表信息,用户可点击感兴趣的产品链接查看该产品具体信息。

礼来公司网站提供了站内搜索,在公司首页及各网页中都设有站内搜索框,用户可输入感兴趣的关键词,点击"搜索"按钮即可。

图 2-38 礼来公司首页

11) Teva(梯瓦公司)

以色列梯瓦制药工业有限公司成立于 20 世纪初,是全球著名的跨国制药企业,自 1976 年以来,在其长达 30 余年的并购时代,陆续收购了多家制药公司。梯瓦致力于非专利药品、专利品牌药品和活性药物成分的研究开发、生产和推广,目前是全球排名前 20 位的制药公司,也是世界上最大的非专利药制药公司。

梯瓦公司官方网站网址为 http://www.tevapharm.com/,图 2-39 为梯瓦公司网站首页,提供英文版和希伯来语版供用户选择。首页上主要包含公司简介(About)、产品信息(Products)、研发信息(Research)、社会职责(Responsibility)、新闻媒体(Media)、投资者关系(Investors)、职业发展(Careers)等项目。在公司产品页面提供了该公司的非专利产品及处方药产品的相关信息,包括中枢神经系统(CNS)、呼吸系统(Respiratory)、肿瘤学(Oncology)、女性健康(Women's Health)、疼痛(Pain)、移植(Transplant)、活性药物成分(API)等类目,每种类型产品下有相应产品列表信息链接,用户可点击感兴趣的产品链接查看该类产品具体信息。

梯瓦公司网站提供了站内搜索,在公司首页及各网页中都设有站内搜索框,用户可输入感兴趣的关键词,点击"搜索"按钮即可。

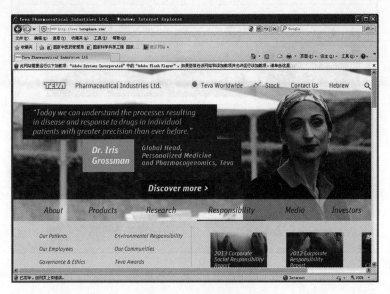

图 2-39　梯瓦公司首页

12) Amgen(安进公司)

安进是由一群科学家和风险投资商于 1980 年创建的。原供职于雅培公司的 George B. Rathmann 博士是该公司的创始人之一,并担任首任董事长兼 CEO。安进是全球生物医药产业领头羊,拥有极强的研发能力和产品优势,坚持在疾病治疗的生物技术领域内发展,主要涉足的领域有人类基因组、癌症、神经科学和小分子化学等。2001 年 12 月,安进公司以 160 亿美元并购美国另一家生物技术领域顶尖企业"英姆纳克斯公司"。安进公司的两个全球商业化最为成功的生物技术药物重组人红细胞生成素(EPO)和重组粒细胞集落刺激因子(G-CSF),不仅造福了无数血液透析患者和癌症化疗患者,也为公司带来了巨额的利润。安进在 2000 年财富 500 强排名中排在 455 位,2000 年在全球医药 50 强中排在 21 位。目前,安进公司已拥有数千名员工,公司分部遍布全球。

安进公司官方网站网址为 http://www.amgen.com/,图 2-40 为安进公司网站首页。首页上主要包含公司简介(About Amgen)、科研信息(Science)、公司礼物(Corporate Giving)、患者信息(Patients)、医学专家(Medical Professionals)、合作伙伴(Partners)、投资者(Investors)、职业发展(Careers)、媒体中心(Media)等项目,用户也可以在公司首页上通过国家站点(Country Sites)下拉列表直接选择安进公司在全球不同地区和国家的链接进入相应地区的站点查看。公司产品页面可由首页-Patients-Products 进入,提供了该公司的主要产品相关信息列表,可由下拉列表选择产品名显示该药品具体信息。也可点击各产品下方的"View Product Details"按钮,显示该产品详细信息。

安进公司网站提供了站内搜索,在公司首页及各网页中,点击"Search"按钮,即可进入站内搜索界面,用户可输入感兴趣的关键词,点击"搜索"按钮即可。

图 2-40　安进公司首页

13) Takeda(武田制药公司)

武田制药是一家以研发为基础的全球性制药公司,也是日本最大的制药企业。公司总部设在日本,在美国、欧洲及亚洲等地区设有 14 个分公司及多个研发中心,营销网络遍及欧洲、美洲、亚洲的主要国家,药品销售到全球 90 多个国家和地区。武田制药在中国同天津力生制药厂合资成立了天津武田药品有限公司,并得到 GMP 认证。公司的主要产品有兰索拉唑(lansooprazole, Prevacid)、亮丙瑞林(leuprorelin, Leuplin)、伏格列波糖(voglibose, Basen)和头孢替安(cefotiam, Pansporin)等。

武田制药公司官方网站网址为 http://www.takeda.com/,图 2-41 为武田制药公司网站首页,提供英文和日文界面。首页上主要包含公司简介(About Takeda)、产品信息(Prod-

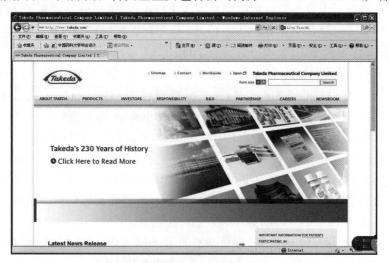

图 2-41　武田制药公司首页

ucts)、投资者(Investors)、企业职责(Responsibility)、研发信息(R & D)、合作关系(Partnership)、职业发展(Careers)、新闻中心(NewsRoom)等项目,用户也可以在公司首页上通过点击"Worldwide"按钮进入武田制药公司在全球不同地区和国家子公司的列表,通过链接进入相应地区的站点查看。在公司产品页面提供了该公司的主要产品相关信息,可按类目选择,包括心血管和代谢(Cardiovascular & Metabolic)、肿瘤学(Oncology)、中枢神经系统(CNS)等,也可以查看全部产品,每种产品有相应的图文按钮,用户可点击感兴趣的产品链接查看该产品具体信息。

武田制药公司网站提供了站内搜索,在公司首页及各网页中都设有站内搜索框,用户可输入感兴趣的关键词,点击"搜索"按钮即可。

14) Bayer(拜耳公司)

拜耳公司是世界制药巨头,全球500强企业。公司的总部位于德国的勒沃库森,在六大洲的200个地点建有750家生产厂,拥有120 000名员工及350家分支机构,几乎遍布世界各国。公司的产品种类超过10 000种,1899年拜耳获得了阿司匹林的注册商标,该商标后来成为全世界使用最广泛、知名度最高的药品品牌,被人们称为"世纪之药",也创造出了"魔鬼的杰作",就是海洛因。

拜耳公司官方网站网址为http://www.bayer.com/,图2-42为拜耳公司网站首页,提供英文和德文界面。首页上主要包含公司简介(About Bayer)、创新(Innovation)、产品信息(Products)、可持续发展(Sustainability)、媒体(Media)、投资者(Investors)、职业发展(Careers)、杂志(Magazine)等项目,用户也可以在公司首页上通过点击"Websites"按钮进入拜耳公司全球站点选择界面,可按区域、国家或产品领域选择拜耳在全球不同地区和国家子公司的列表,通过链接进入相应地区的站点查看。在公司产品页面提供了该公司的产品领域(Product Areas)、服务领域(Service Areas)及全部产品(Products from A to Z)等相关信息,其中产品领域又包括多个主题类目。用户可点击感兴趣的类目链接查看具体信息。

拜耳公司网站提供了站内搜索,在公司首页及各网页中都设有站内搜索框,用户可输入感兴趣的关键词,点击"搜索"按钮即可。

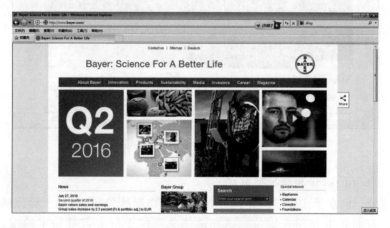

图2-42 拜耳公司首页

15) Boehringer-Ingelheim(勃林格殷格翰公司)

勃林格殷格翰公司创立于1885年,总部设在德国,在全球50多个国家和地区设立了160多家公司和分支机构,员工超过44 000名,名列全球医药公司前20位。经营范围涉及人体用药、化工、兽药及食品等多种领域,享有"呼吸病专家"的美誉。勃林格殷格翰在全球自主保健品市场排名第六,公司畅销的自主保健药品包括百舒平、乐可舒、沐舒坦、富马等,这几个药品都是其对应的疾病治疗类别中的领导产品。另外,勃林格殷格翰也是全球增长最快的兽药产品供应商,占有全球兽药市场6.1%的份额,目前排名第六。兽药产品占全公司销售总额的7%。

勃林格殷格翰公司官方网站网址为http://www.boehringer-ingelheim.com/,图2-43为勃林格殷格翰公司网站首页。首页上主要包含媒体中心(Media Centre)、公司简介(Corporate Profile)、全球活动(Global Activities)、企业职责(Corporate Responsibility)、职业发展(Careers)、研发信息(Research & Development)、临床实验(Clinical Trials)、医疗信息(Medical Information)、产品信息(Products)、合作关系(Partnering)等项目,用户也可以在公司首页上通过点击"Site Map"按钮进入公司站点地图,从而快速定位到感兴趣的主题。产品页面提供了该公司的主要产品相关信息,可按类目选择,包括处方药(Prescription Medicines)、消费者保健(Consumer Health Care)、生物制药(Biopharmaceuticals)、动物健康(Animal Health)等4个项目,其中处方药又按治疗疾病种类进行了分类,用户可点击感兴趣的产品链接查看该类产品具体信息。

勃林格殷格翰公司网站提供了站内搜索,在公司首页及各网页中都设有站内搜索框,用户可输入感兴趣的关键词,点击"搜索"按钮即可。

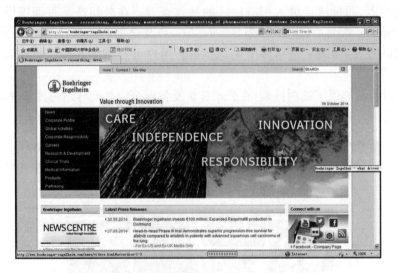

图2-43 勃林格殷格翰公司首页

16) Novo Nordisk(诺和诺德公司)

诺和诺德公司创立于1923年,是世界领先的生物制药公司,在用于糖尿病治疗的胰岛素开发和生产方面居世界领先地位。诺和诺德总部位于丹麦首都哥本哈根,员工总数约30 000人,分布于70个国家,产品销售遍布179个国家,在欧美均建有生产厂。1994年初,在北京建立诺和诺德(中国)制药有限公司总部和生物技术研究发展中心,并在天津兴建现代化生产工厂。诺和诺德的标志是古埃及动物 Apis 公牛,象征着生命和健康,也象征着公司继承和发扬几百年来药学家和化学家努力进取、不断探索的古老传统。

诺和诺德公司官方网站网址为 http://www.novonordisk.com/,图 2-44 为诺和诺德公司网站首页。首页上主要包含患者(Patients)、医护专业人员(Health Care Professionals)、职业发展(Careers)、公司简介(About Novo Nordisk)、媒体(Media)、研发信息(R & D)、可持续发展(Sustainability)、投资者(Investors)、合作关系(Partnering)等项目以及治疗领域和产品链接。直接点击需查看的治疗类型或产品名称即可进入该公司的相关产品信息页面,可按类目选择,包括糖尿病护理(Diabetes care)、止血管理(Haemostasis management)、生长激素治疗(Growth hormone therapy)、激素替代疗法(Hormone replacement therapy)等 4 个项目,用户可点击感兴趣的产品链接查看该类产品具体信息。

诺和诺德公司网站提供了站内搜索,在公司首页及各网页中都设有站内搜索框,用户可输入感兴趣的关键词,点击"搜索"按钮即可。

图 2-44 诺和诺德公司首页

17) Bristol-Myers Squibb(百时美施贵宝公司)

百时美施贵宝公司已有 100 多年历史,是一家以科研为基础的全球性的从事医药保健及个人护理产品的多元化企业,其主要业务涵盖医药产品、日用消费品、营养品及医疗器械。公司总部设在美国纽约,是一个生产及业务遍及世界 120 多个国家和地区、拥有 54 000 多名员工的全球性多元化企业。公司在治疗心血管疾病、代谢及传染性疾病、中枢神经系统疾病、皮肤疾病以及癌症的创新药物研制方面居全球领先地位。在消费者自疗药品、婴儿配方奶粉和美发产品的研制、生产方面,百时美施贵宝同样处于世界领先地位。

百时美施贵宝公司官方网站网址为 http://www.bms.com/,图 2-45 为百时美施贵宝公司网站首页。首页上主要包含公司简介(Our Company)、研发信息(R & D)、产品信息(Products)、新闻(News)、投资者(Investors)、合作关系(Partnering)、企业职责(Responsibility)、职业发展(Careers)等项目,用户也可以在公司首页上通过点击"Worldwide"按钮进入百时美施贵宝制药公司在全球不同地区和国家子公司的列表,通过链接进入相应地区的站点查看。产品页面提供了该公司的主要产品相关信息,用户可点击感兴趣的产品链接查看该产品具体信息。

百时美施贵宝公司网站提供了站内搜索,在公司首页及各网页中都设有站内搜索框,用户可输入感兴趣的关键词,点击"搜索"按钮即可。

图 2-45　百时美施贵宝公司首页

18) Daiichi-Sankyo(第一三共株式会社)

第一三共株式会社是全球著名的跨国原研制药集团,总部位于日本东京,在全球范围内专业从事各种药品、医疗器具及相关产品研究、开发、生产和经营,并在世界各地拥有数十家分公司或合资企业。2005 年原三共株式会社和第一制药株式会社合并建立了第一三共株式会社。

第一三共株式会社官方网站网址为 http://www.daiichisankyo.com/,图 2-46 为第一三共株式会社网站首页,提供英文和日文界面。首页上主要包含公司简介(About Us)、研发信息(Research & Development)、媒体和投资者(Media & Investors)等项目,其中公司简介中包括公司背景和文化介绍(Who We Are)、企业职责(Responsibility)、员工信息(Our People)、合作关系(Partnerships)、资源库(Resource Library)等内容,研发信息中介绍了该公司

图 2-46　第一三共株式会社首页

正在研发的药物,主要集中在心血管和代谢(Cardiovascular & Metabolics)、肿瘤学(Oncology)及其他(Others)领域,用户可点击感兴趣的产品链接查看该产品具体信息。

第一三共株式会社网站提供了站内搜索,在公司首页及各网页中都设有站内搜索框,用户可输入感兴趣的关键词,点击"搜索"按钮即可。

19) Astellas Pharma(安斯泰来制药公司)

安斯泰来制药集团是在2005年由原日本排名第三的山之内制药株式会社与排名第五的藤泽制药株式会社合并而成,紧逼目前处于日本首位的武田药业,是一家总部位于日本东京的研发型制药企业,在全球范围内研发、生产、销售创新型医药产品。安斯泰来制药集团已经在全球器官移植领域和泌尿治疗领域处于领先地位。借助独特的产品线,安斯泰来逐步在其他目标领域培养支柱产品。在抗肿瘤领域,安斯泰来拥有了先进的抗体药物研究技术。作为日本第二大处方药制药企业,安斯泰来已经在器官移植免疫抑制剂和良性前列腺专业治疗领域位居日本市场首位。

安斯泰来制药公司官方网站网址为 http://www.astellas.com/en/,图2-47为安斯泰来制药公司网站首页,提供英文和日文界面。首页上主要包含公司简介(About Astellas)、投资者关系(Investor Relations)、社会职责(Social Responsibility)等项目,用户可以在公司首页上通过点击"World wide"栏目进入安斯泰来制药公司在全球不同地区和国家子公司的列表,通过链接进入相应地区的站点查看具体业务及产品信息。如点击"Astellas Pharma China, Inc."则进入安斯泰来制药中国有限公司首页,提供了关于我们、全球研发、公司产品、健康事业、新闻中心、企业公民、加入我们等项目,在公司产品页面提供了该公司的主要产品相关信息,可按类目选择,包括移植免疫、感染循环、泌尿、消化等,用户可点击感兴趣的产品链接查看该产品具体信息。

安斯泰来制药公司网站提供了站内搜索,在公司首页及各网页中都设有站内搜索框,用户可输入感兴趣的关键词,点击"搜索"按钮即可。

图2-47 安斯泰来制药公司首页

20) Gilead Science(吉利德科学公司)

吉利德科学公司成立于1987年,位于美国加利福尼亚州,是一家独立的生化公司,致力于为患者提供更快更好的治疗方案。该公司所开发和销售的药物广泛应用在治疗病菌传染方面,包括病毒传染、真菌感染和细菌传染,公司还特别关注癌症的治疗。公司拥有 liposomal 药物专门对付技术,该技术的利用使药物对患者更加安全、简单和有效。

吉利德科学公司官方网站网址为 http://www.gilead.com/,图 2-48 为吉利德科学公司网站首页。首页上主要包含公司简介(About)、药物(Medicines)、研究(Research)、责任(Responsibility)、新闻(News)、投资者(Investors)、职业发展(Careers)等项目,以及治疗领域链接,直接点击需查看的治疗类型即可进入该公司的相关产品信息页面,包括艾滋病毒/艾滋病(HIV/AIDS)、肝脏疾病(Liver Diseases)、心血管疾病(Cardiovascular)、炎症及呼吸系统疾病(Inflammation/Respiratory)、其他疗法(Other Therapies)等项目。

吉利德科学公司网站提供了站内搜索,在公司首页及各网页中都设有站内搜索框,用户可输入感兴趣的关键词,点击"搜索"按钮即可。

图 2-48 吉利德科学公司首页

2.1.4 商务网站

除了药学组织机构、学术团体和著名药企的网站,因特网上还存在一些由网络服务公司与医药机构或医药公司联合设立的专业商务网站。此类网站将网络服务公司的网络技术与医药商务相关信息结合起来,信息更新速度快、商业性强,给用户提供了大量新颖、实用的药学信息。以下介绍一些国内外知名的药学商务网站。

1) Drugstore

Drugstore 是一家全球领先的在网上销售药品、保健品、美容用品等产品的网站,还为用户提供健康咨询。目前已在几十个国家开展药品销售业务,是海淘的绝对大热门,仅次于亚马逊。网址为 http://www.drugstore.com/,网站主页如图 2-49 所示。

2) PharmaceuticalOnline

PharmaceuticalOnline 由 VertMarkets 公司创建维护。VertMarkets 公司是全球领先的销售商,主要给生产商及买主提供供需信息。PharmaceuticalOnline 主要提供医药工业新闻、产品、工作等相关检索与浏览服务,网址为 http://www.pharmaceuticalonline.com/,主页如图 2-50 所示。

第2章 药学信息资源网站

图 2-49　drugstore 主页

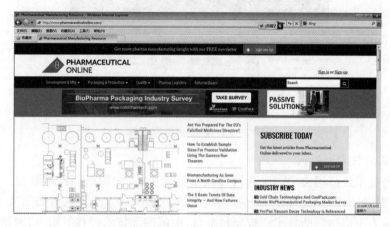

图 2-50　PharmaceuticalOnline 主页

3）东方药网

东方药网网址是 http://www.chinapharm.com.cn/，主页如图 2-51 所示，围绕医药商务，提供了大量供需、招商、代理合作及其相关市场、政策法规等信息资源。

图 2-51　东方药网主页

4) 药品资讯网

药品资讯网网址为 http://www.chemdrug.com/，主页如图 2-52 所示，是国内首家新药研发行业 B2B 电子商务网站，也是国内最大的新药研发行业门户网站。药品资讯网主要为国内外医药研发公司、药品生产厂家、药材企业、药品辅料企业、制药机械企业及化学试剂企业等提供国内外供求信息、国内外新药研发动态、药品质量标准、工艺路线、配方工艺、人才招聘、药品研发政策法规等全方位的信息资讯服务以及 B2B 电子商务解决方案和在线交易平台应用服务，具有信息资源丰富和服务对象特定等鲜明的特点。

图 2-52　药品资讯网主页

5) 中国医药技术经济网

中国医药技术经济网由中国医药科技成果转化中心、中国医药技术联盟、《中国医药技术经济与管理》杂志主办，网址是 http://www.pharmtec.org.cn/，主页如图 2-53 所示，主要为业界商业人士提供医药技术产权交易平台、中国国际技术转移等服务，网站设有网站首页、综合要闻、行业动态、政策监管、市场透视、技术前沿、技术经济、技术管理、知识产权、招聘频道、会展信息、经济人物、中心动态、新药研发、分析报告、会员中心、期刊论文、数据中心、会议专题、交易平台等板块，为医药知识产权交易提供全方位的信息支撑。

图 2-53　中国医药技术经济网

6) 医药网

医药网网址是 http://www.pharmnet.com.cn/，主要提供医药行业最新动态及商务信息资源的报道与检索服务。

7) 中国医药统计网

中国医药统计网网址是 http://www.yytj.org.cn/，主页如图 2-54 所示，除提供大量企业统计信息外，还提供中国医药行业重点企业联系直通车服务。

图 2-54　中国医药统计网主页

8) 慧聪网

慧聪网网址是 http://www.hc360.com/，提供了大量包括制药行业在内的很多行业的商务信息，每年评出的行业 TOP10 尤其引人注目。

9) 中药材天地网

中药材天地网网址是 http://www.zyctd.com/，是国家商务部中药材行业唯一电子商务示范平台，可用于检索中药材价格、供需等信息。

10) 健客大药房

健客大药房网址是 http://www.jianke.com/，主页如图 2-55 所示，作为中国最大的网上药店，提供了详尽的药品销售、购买、使用的相关信息。类似的药店还有很多，如 21 药店、第一药店、康爱多网上药店等等。

图 2-55　健客大药房主页

2.1.5 论坛

论坛,全称为 Bulletin Board System(电子公告板)或者 Bulletin Board Service(公告板服务),是因特网上的一种电子信息服务系统。它提供一块公共电子白板,每个用户都可以在上面书写,可发布信息或提出看法。它是一种交互性强、内容丰富而及时的因特网电子信息服务系统,用户在 BBS 站点上可以获得各种信息服务、发布信息、进行讨论、聊天等等。热门药学相关论坛很多,其中医药信息质量高、使用较多的有小木虫、丁香园、中国化学化工论坛、有机化学论坛等。

1) 小木虫论坛

小木虫全称是小木虫学术科研第一站,是中国最有影响力的学术站点之一。论坛创建于 2001 年,会员主要是来自国内各大院校、科研院所的博硕士研究生和企业研发人员。网站拥有旺盛的人气、良好的交流氛围及广阔的交流空间,已成为聚集众多科研工作者的学术资源、经验交流平台,内容涵盖化学化工、生物医药、物理、材料、地理、食品、理工、信息、经管等学科,除此之外还有基金申请、专利标准、留学出国、考研考博、论文投稿、学术求助等实用内容。

小木虫论坛为小木虫网站的互动交流平台。小木虫论坛网址为 http://xmuchong.com/,主页如图 2-56 所示,主要包括网络生活区、科研生活区、学术交流区、出国留学区、化工化学区、材料区、计算模拟区、生物医药区、人文经济区、专业学科区、注册执考区、文献求助区、资源共享区、科研市场区、论坛事务区和板块孵化区等,并提供 24 小时热门版块排行榜,以供用户直接进入这些论坛热门区域。木虫搜索可以便捷地实现站内资源关键词搜索。

图 2-56 小木虫论坛主页

小木虫论坛的文献求助区中包含一个"检索知识"版块,如图 2-57 所示。该版块又包含文献检索、信息搜索、检索方法、文献管理、权限交流、专家讲座、数据库知识等分类主题,其中包含了大量的检索相关的求助帖、知识帖和经验帖,定期浏览和关注定会给用户提供宝贵的检索知识和经验。

2) 丁香园

丁香园原名丁香园医学文献检索网、丁香园医学主页,成立于 2000 年 7 月 23 日,建立者的初衷是建立一个医药专业检索网站,以实现向医药院校及医药工作者介绍检索经验,传授检索方法和技巧,普及知识共享等内容。丁香园生物医药科技网目前汇聚超过 350 万医

第2章 药学信息资源网站

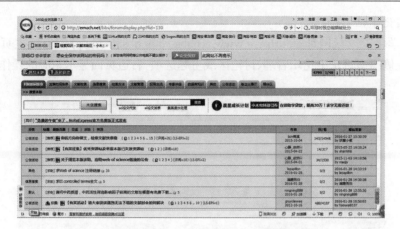

图 2-57 小木虫论坛检索知识版块

学、药学和生命科学的专业工作者，每月新增会员 3 万名，大部分集中在全国大中型城市、省会城市的三甲医院，超过 70% 的会员拥有硕士或博士学位。网站旗下有丁香人才、丁香会议、丁香通、丁香客、用药助手、PubMed 中文网、调查派等多个网站产品。

2002 年 5 月，丁香园论坛正式成立，十多年来一直致力于医药及生命科学领域的互联网实践，是目前行业规模最大，并极具影响力的社会化媒体平台。丁香园论坛网址为 http://www.dxy.cn/bbs/index.html，主页如所图 2-58 所示。主页右上角设有站内搜索检索框，用于实现站内信息关键词检索。

图 2-58 丁香园论坛首页

论坛主要设有丁香园信息发布区、临床医学讨论一区、临床医学讨论二区、临床医学讨论三区、临床医学讨论四区、临床医学讨论五区、基础医学和生命科学讨论区、药学讨论区、实验技术讨论区、公共卫生与预防医学讨论区、科研与学习交流区、考试交流区、丁香会员作品区、检索知识与求助区、丁香园资源区、休闲区和论坛管理区等版块，提供了全方位多层面的医药学专业知识与信息交流平台。其中药学讨论区版块又包含新药与信息讨论版、药物化学讨论版、制剂技术讨论版、分析技术讨论版、临床试验及药理讨论版、医药知识产权讨论版、中药与保健食品讨论版、医药产品经理专版、GXP 与认证交流版、生物制药版、医疗器械讨论版等分类主题。

3) 中国化学化工论坛

中国化学化工论坛网址是 http://www.ccebbs.com/bbs/index.php,论坛主页如图 2-59 所示,点击左侧树型目录中论坛管理、讨论区或主题选项,右边页面显示相应的操作或帖子。

图 2-59　中国化学化工论坛主页

中国化学化工论坛主要设有有机化学区、无机化学区、分析化学区、化工问题区、高分子科学、计算化学区、纳米科学区、催化化学区、热门化学区、实验技术区、文献资源区、扩充话题区等板块,提供全方位、多层面的化学化工科研信息。

4) 有机化学论坛

有机化学论坛网址为 http://bbs.organicchem.com/index.php,主页如图 2-60 所示,论坛设有技术交流区、悬赏求助区、分类信息区、信息分享区、新闻资讯、其他信息、建议公告区等版块。

图 2-60　有机化学论坛主页

2.1.6　医药资讯网站

医药产业是各国优先发展的战略性产业,受到各国政府的普遍关注和重视。纵观新药研发、批准上市、生产、销售到使用的全过程,激烈的竞争和高风险如影随形,加之医药行业政策、法规的日趋完善与不断调整,促使医药行业对医药资讯的依赖度与关注度日益增强。医药资讯媒体专注于医药行业的前沿进展,对公司、市场、政策、研发、生产、审评等动态予以及时报道,同时还定期特邀专家进行独家评论,进一步促使医药资讯成为众多医药行业从业人员关注的热点与焦点。

1) 国际医药资讯网站

医药资讯媒体众多,网站信息良莠不齐,很多网站信息的可靠性有待考证,目前全球范围内得到业界认可的权威医药资讯网站见表2-1。除了登录网站浏览外,这些网站还提供全文、邮件及 RSS 订阅的服务,其中 ＄表示相应服务需要付费。

表 2-1 权威医药资讯网站及其服务方式

网站	全文	邮件	RSS
Fierce Pharma Fierce Biotech	√	√	
BioCentury	√ / ＄	＄	√
THOMSON REUTERS DRUG NEWS	＄		
Drugs.com	√		
PharmaLive.com	√ / ＄	√	√
Medscape	√		
SCRIP Intelligence	＄	＄	√
Genetic Engineering & Biotechnology News	√	√	
PMLIVE	√		√

Fierce Pharma 网站是全球知名的生物医药资讯网站,该网站提供全球各大制药企业及医药行业的最新动态,各类新闻以及 FDA 批准产品的市场发展情况调研,并进行各类数据汇总和评比,由于其客观性及权威性的视角,受到了全球绝大部分医药企业和从业人员的认可和信赖。

Fierce Pharma 网站网址为 http://www.fiercepharma.com/,主页如图 2-61 所示,首页上主要包含新闻(News)、主题(Topics)、分析(Analysis)、功能特色(Features)、图书馆(Library)、事件(Events)、工作(Jobs)、市场(Marketplace)等分类主题。

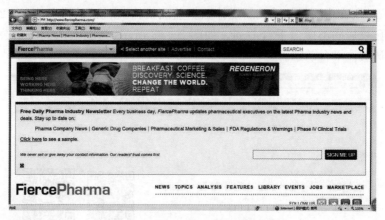

图 2-61 Fierce Pharma 网站主页

2) 国内医药资讯网站

中文医药资讯网站也有很多,常用的权威媒体主要有米内、生物谷、赛柏蓝、医药地理、E

药脸谱网、丁香园、泰脉、医药观察家网、巴傲得生物、中国药店等,这些网站多开通了微博、微信,通过订阅,可使医药资讯的获取变得更加方便、快捷。

在国家制定"互联网+"行动计划的大背景下,一些基于移动互联平台的新媒体业已成为领域内的标杆和领跑者。以赛柏蓝为例,其成立于2013年,是为医药企业提供综合性增值服务的专业机构,办公地点设在北京总部基地。每年举办近10场高级别的行业论坛,如中国医药产业发展高峰论坛、中国医药互联网大会、中国医疗设备国际合作峰会、中国医药营销高峰论坛、中国医疗器械营销论坛等,已成为行业知名的专业论坛。赛柏蓝每年举办70余场有关医药财税、招标、电商、控销、微营销、医疗器械市场营销、耗材招标、器械临床试验等专业培训,与数十家跨国药械企业及上百家本土知名药械公司签订了供应商协议,业务覆盖全国绝大部分的制药企业。赛柏蓝致力搭建中国领先的医药综合性服务平台,利用新技术、新应用,促进同行便捷、高效地沟通合作,为医药企业提供最有竞争力的优质服务。

赛柏蓝网站网址为 http://www.sbl-bj.com/,主页如图 2-62 所示,首页上主要包含新闻动态、会议论坛、精品课程、专家顾问、微信平台、云商控销、在线调查等分类主题。

图 2-62 赛柏蓝网站主页

赛柏蓝基于微信的移动端入口,旗下拥有两大微信大号"赛柏蓝(Mic366)"和"中国医疗器械(Medchina)",在中国最权威的新媒体数据监测机构"新榜"的排名中,自2014年12月以来,阅读量已稳居同类微信平台前列。如图 2-63 所示,为以上两大微信公众号的二维码,用户可扫码关注平台动态。

图 2-63 赛柏蓝微信公众号二维码

2.1.7 其他药学网站

除了前面介绍的六大类药学网站,还有一些网站也提供了丰富的药学信息资源,下面介绍国内外常用的这类网站。

1) Pharmweb

Pharmweb 网址是 http://www.pharmweb.net/,1994 年上线,药学领域知名度很高。主要服务有 26 个,分别介绍如下:

(1) PharmSearch:站内信息搜索引擎,专业、权威,站内栏目多数是分类检索栏目。

(2) Conferences/Meetings:世界范围内与药房、药学、卫生学相关的会议及日程安排。

(3) PharmWeb Discussion Forum:汇集了医学、药房、药学及健康相关的专业讨论组及讨论的邮件列表。

(4) World Wide Pharmacy Colleges/Departments/Schools:这是一个综合性的数据库,定期更新,其中包括药学相关院校的名称、地址、电话、传真号及 IP 地址。

(5) Government and Regulatory Bodies:世界各国政府及组织管理机构信息。

(6) Patient Information:病人的信息服务,如用药、医疗、疾病等信息。

(7) PharmWeb Yellow Web Pages:提供因特网上与药相关的公司、药房、医院等网站名录,每个被收载的网站事先必须经过研究人员的评估才能加入到该名录中。

(8) Societies:提供世界各地药学及卫生学(健康科学)相关的团体目录,包括 FIP(国际药学联合会)各成员组织的地址、电话及传真号。

(9) PharmWeb Appointments:工作职位信息:加入 PharmWeb 职位提醒的用户将首先获得有关科学和卫生专业工作空缺的信息。

(10) PharmWeb Virtual Library:虚拟图书馆提供有关药学教育及研究计划的信息。

(11) Newsgroups:各种科学和卫生学新闻组链接。

(12) Continuing/Further Education:药学和卫生学相关课程及教学信息。

(13) Special Interest Pages:特殊兴趣页,提供与药物、卫生相关主题如生物技术、化学等的链接。

(14) PharmWeb Index:该网站的主体部分,提供 PharmWeb 网站中栏目内容的索引,按字母 A 到 Z 的顺序排列。

(15) History of PharmWeb:PharmWeb 历史。

(16) Pharmacy and the Internet:介绍因特网上的药学出版物及因特网在药学领域的应用,如网上药房、远程处方等。

(17) PharmWeb Internet Directory:提供因特网上最佳的搜索引擎、新闻、天气、娱乐等网站的链接。

(18) What's New on PharmWeb:介绍 PharmWeb 的最新发展。

(19) Access Statistics:访问该站的人数统计信息。

(20) How to Add/Edit Links:介绍如何加入 PharmWeb 链接。

(21) PharmWeb and its Services:介绍 PharmWeb 及其提供的服务。

(22) Problem Solver:介绍网站使用中常见的问题及解决办法。

(23) Comments and Suggestions:评论与建议用以征求用户对 PharmWeb 的意见和

建议。

(24) PharmWeb Authors & Acknowledgements:介绍 PharmWeb 工作者及其分工情况。

(25) Organisations on PharmWeb:介绍通过 PharmWeh 发布信息的主要药学及卫生相关组织。

(26) Contact PharmWeb:PharmWeb 联系方式。

2) DrugDigest

DrugDigest 网址是 http://www.drugdigest.org/,由 Express Scripts,Inc.创建,主页如图 2-64 所示,该网站支持根据药品、症状和药品分类查找药物信息,并且还提供了药物过量处理措施、药物警戒等信息。

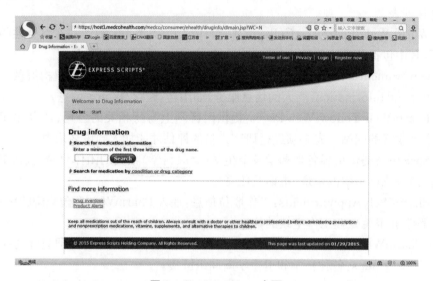

图 2-64 DrugDigest 主页

3) DrugInfoNet

DrugInfoNet 网站创建于 1996 年,改版后网址是 http://www.thepatientforum.com/,主要向用户提供药品与疾病信息,方便用户了解业内最新动态。其中的药物信息包括官方药品说明书(Official Package Inserts)和更易于患者理解和使用的患者药品说明书(Patient Package Inserts)两种。

4) Drugs

Drugs 网址是 http://www.drugs.com/,网站由网络医药信息提供商 Drugsite Trust 公司运作,主要包括以下内容:

(1) Drugs A-Z:提供处方药和非处方药的信息。

(2) Pill Identifier:用于药物鉴别。

(3) Interactions Checker:用于检索药物相互作用信息。

(4) News:提供了药学新闻、FDA 新药批准信息、新药申请信息、临床试验信息等。

(5) Q & A:提供问答及讨论组服务。

(6) Mednotes:提供个人电子用药记录等服务。

5) MediLexicon

MediLexicon 网址为 http://www.medilexicon.com/medicaldictionary.php，是目前网上最大的医药缩略词数据库，主要提供缩略词检索服务，界面如图 2-65 所示。

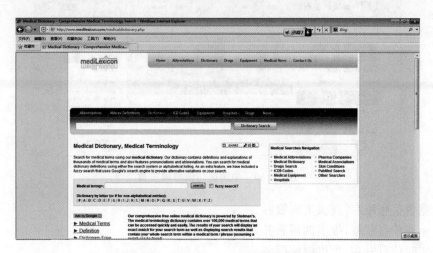

图 2-65　MediLexicon 缩略词词典界面

6) P-D-R

P-D-R 网址是 http://www.P-D-R.com/，这是由全球大型制药公司联合创建的一个制药企业网。网站主要向用户免费提供制药企业的最新研发动态、年度制药行业报告等重要信息。

7) RDinfo

RDinfo 网址是 http://www.rdinfo.org.uk/，该网由英国卫生部资助创办，主要内容是美国、英国和欧盟其他国家 1 100 多个基金会提供的 4 000 多种医药研究基金的信息，为医药研究人员查找和申请基金提供了方便。

8) RxList

RxList 网址是 http://www.RxList.com/，是美国加州旧金山的一个网上药物索引，数据库含有 5 000 多种药物，极大地方便了药师和病人查询药物信息。该网站最大的特点是列出了美国处方药市场年度前 200 个高频使用药及其详细的药物分析。

9) 中国医药信息网

中国医药信息网网址是 http://www.cpi.gov.cn/，是由国家食品药品监督管理总局信息中心建设的医药行业信息服务网站，始建于 1996 年。主页如图 2-66 所示。

中国医药信息网共建有 20 余个医药专业数据库，主要内容包括政策法规、产品动态、市场分析、企事业动态、国外信息、药市行情等，现已成为国内外医药卫生领域不可缺少的重要信息来源，不仅发挥着服务政府、服务行业的作用，同时为我国医药信息事业的发展、促进我国医药经济增长做出了应有贡献。

中国医药信息网专注于为医药监管部门、医药行业及会员单位提供信息咨询、调研以及企业宣传等服务，包括 VIP 会员服务和网络数据库会员服务两种模式，范围主要涵盖以下方面：

图 2-66 中国医药信息网主页

(1) 竞争信息跟踪,提供贵宾服务。
(2) 企业信息获取,提供调研服务。
(3) 实时信息发布,提供权威服务。
(4) 海量数据检索,提供效率服务。
(5) 文本信息制作,提供便捷服务。
(6) 展示平台搭建,提供交流服务。

10) 中医药在线

中医药在线(www.cintcm.com)是在国家中医药管理局与中国中医科学院共同领导下,由中国中医科学院中医药信息研究所创办的国内第一家提供中医药学信息服务的专业化信息网站,是中药各类信息检索与获取的权威网站。主页如图 2-67 所示。

图 2-67 中医药在线网站主页

11) 中国色谱网

中国色谱网网址是 http://www.sepu.net/,主页如图 2-68 所示。网站设有学院、讲堂、下载、技术、动态、答疑、资讯、行业、企业、应用、专题、视频、产品、化学分析、耗材、试剂、第三方服务、企业、标准、政策、动态、查询、图书馆、远程课堂、论坛、气相、液相、样品、制药、食品、会展、技术讲座、展览、会议、培训、动态、人才等栏目,提供相应服务。

图 2-68　中国色谱网主页

12) DrugFuture 药物在线

DrugFuture 药物在线网址 http://www.drugfuture.com/Index.html,主页如图 2-69 所示,主要设有国外药讯、国内药讯、FDA 药品数据库、中国专利下载、欧洲专利下载、美国专利下载、图书馆、友情链接等栏目,其中的专利下载因支持打包下载而备受业界青睐。

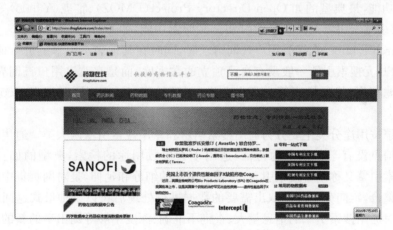

图 2-69　DrugFuture 药物在线主页

药学信息资源网站内容丰富,覆盖面广,但医药科研及其他医药相关工作均具有专业性和特殊性,检索者应留心收藏和自己工作相关的药学网站,才能更好地利用这些资源,最大限度地辅助自己的学习、科研及工作。

2.2　搜索引擎

搜索引擎作为网页信息资源检索的主要工具,除了用于课题调研的辅助性检索,补充最新信息外,更是对没有文献数据库使用权的众多检索者来说最便捷、最常用的检索工具。本节从概述、常用搜索引擎及搜索引擎使用常识3个方面阐述搜索引擎的相关知识。

2.2.1 概述

搜索引擎(Search Engine,简称SE)是因特网上的信息检索系统,主要功能是自动搜寻服务器上的信息,将信息进行整理、分类、建立索引,然后存储到可供查询的数据库中,为用户提供信息检索服务。

一个搜索引擎由搜索器、索引器、检索器和用户接口4部分组成。搜索器的功能是在互联网中漫游,发现和搜集信息。索引器的功能是理解搜索器所搜索的信息,从中抽取出索引项,用于表示文档以及生成文档库的索引表。检索器的功能是根据用户的查询在索引库中快速检出文档,进行文档与查询的相关度评价,对将要输出的结果进行排序,并实现某种用户相关性反馈机制。用户接口的作用是输入用户查询、显示查询结果、提供用户相关性反馈机制。

搜索引擎按其工作方式主要可分为3类,分别是全文搜索引擎、目录索引类搜索引擎和元搜索引擎。全文搜索引擎(Full Text Search Engine)是名副其实的搜索引擎,它们从互联网上提取各个网站的信息建立数据库,并为用户提供检索服务,典型的如Google(http://www.google.com.hk/)、百度(Baidu)等。目录索引类搜索引擎(Search Index/Directory)以人工或半自动方式搜集网络信息,将信息系统地归类和索引,建立分类导航目录或索引,提供浏览查询功能,最典型的如Open Directory Project(DMOZ)、雅虎(Yahoo)等,值得一提的是,现在很多搜索引擎兼具目录索引和全文搜索功能,如Google和Yahoo。元搜索引擎(META Search Engine)在接受用户查询请求时,同时在其他多个引擎上进行搜索,并将结果返回给用户,元搜索引擎一般没有自己独立的数据库,而是在改进用户查询界面、提高返回结果的过滤精度、优化排序等方面做改进,典型的如dogpile,同时搜索Google、Yahoo、Yandex等。

搜索引擎按用途分类主要分为通用搜索引擎和专用搜索引擎两大类。通用搜索引擎收录和检索的信息没有学科或主题特征,适用于大多数用途的检索,典型的如百度、Google等。专用搜索引擎又称垂直搜索引擎,是搜索引擎的细分和延伸,是对网页集中的某类专门的信息进行整合,定向分字段抽取出需要的数据进行处理后再以某种形式返回给用户。垂直搜索是相对通用搜索引擎的信息量大、查询不准确、深度不够等提出来的新的搜索引擎服务模式,通过针对某一特定领域(药学)、某一特定人群(学术)或某一特定需求(搜人、图片、视频等)提供的有一定价值的信息和相关服务。典型的如后续将要介绍的药学专用搜索引擎和学术搜索引擎,还有图片、视频搜索引擎。搜人搜索引擎目前为止用的人较少,常用的有whowhere(同时提供黄页和白页服务)、优库(http://www.ucloo.com/,员工背景调查和尽职调查系统)、易解网(http://www.engsnet.com/express/)的全球华人、全球企业搜索、excite网站的白页、黄页搜索等。

2.2.2 常用搜索引擎

通用搜索引擎数量众多,截至目前,全球排名前10位的搜索引擎依次是Google (http://www.google.com/)、雅虎(http://www.yahoo.com)、百度(http://www.baidu.com/)、微软必应(http://www.bing.com/)、NHN(韩国搜索引擎,http://www.naver.

com/)、eBay(http://www.ebay.com)、时代华纳(http://www.timewarner.com/)、Ask.com(http://www.ask.com/)、Yandex(Yet Another Indexer,俄罗斯搜索引擎,http://www.yandex.com/)和阿里巴巴(http://www.ALIBABA.com/)。中国最权威的搜索引擎依次是百度、奇虎360公司的360搜索、搜狐的搜狗和腾讯的搜搜。由于各搜索引擎在检索结果排序方面都将网站的权威性和规范性作为重要指标,因此,信息所在网站在各大搜索引擎的排名顺序可以作为网页信息鉴别的重要依据。

医药领域还有一些专用的搜索引擎,常用的有 MedExplore(http://www.medexplorer.com)、Medical Matrix(http://www.medmatrix.org/)、OmniMedicalSearch(http://www.omnimedicalsearch.com/)、WebMd(http://www.webmd.com/)、Healthline(http://www.healthline.com/)、HealthFinder(http://www.healthfinder.gov/)、Medicinenet(http://www.medicinenet.com/)、eMolecules(http://www.emolecules.com/)、药品通(http://ypk.39.net/)等,都是卓越的医药信息搜索引擎。

学术搜索也有专用的搜索引擎,最著名的有 Online Journals Search Engine(http://www.ojose.com/)、Google 学术(http://scholar.google.com/)、Scientific Literature Digital Library and Search Engine(http://citeseerx.ist.psu.edu/)和 sciseek(http://www.sciseek.com/)。

2.2.3 搜索引擎检索常识

搜索引擎大都提供简单检索和高级检索两种检索方法。

简单检索在搜索引擎首页的检索框中输入关键词,然后点击"搜索"就会出现检索结果,这是最简单的检索方法,使用方便,但是查询的结果不够全面和准确,可能包含着许多无用的信息,也可能漏检一些重要信息。

高级检索一般有两种实现方式,一种是切换到高级检索页面,如图 2-70 所示,可视化设置多个检索条件进行检索;另一种是利用搜索引擎的语法规则编写检索表达式,在简单检索界面的检索框输入编辑好的表达式进行检索。

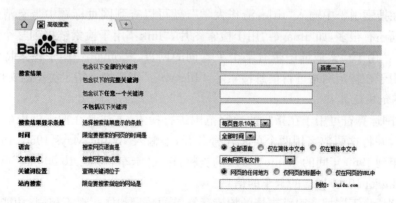

图 2-70 百度高级检索界面

所有搜索引擎都仅支持关键词语言,支持的检索运算符数量及格式各不相同,概括起来主要有 5 种,分别是逻辑运算符、词间关系运算符、截词符、限定符和数字范围运算符。

1) 逻辑运算符

搜索引擎支持的逻辑运算符主要是"and""or"和"not"3个,分别表示逻辑运算"与""或"和"非",部分搜索引擎用"+"、空格代表"与",用"－"代表"非",使用时要先看帮助文档了解。

用 and 进行连接,表示所连接的两个词必须同时出现在查询结果中,例如,输入"computer and book",它要求查询结果中必须同时包含 computer 和 book。

用 or 进行连接,表示所连接的两个关键词中任意一个出现在查询结果中就可以,例如,输入"computer or book",要求查询结果中可以只有 computer,或只有 book,或同时包含 computer 和 book。

Not 即逻辑"非",表示所连接的两个关键词中应从第一个关键词概念中排除第二个关键词,例如输入"automobile not car",就要求查询的结果中包含 automobile(汽车),但同时不能包含 car(小汽车)。

2) 词间关系运算符

搜索引擎支持的词间关系运算符主要是 near n,它表示两个关键词之间的词距不能超过 n 个单词。

3) 截词符

搜索引擎使用的截词符有两个,"＊"和"?",前者表示代表的字符数量不受限制,后者仅表示相应位置的一个字符,主要用在英文搜索引擎中。例如输入"computer＊",就可以找到"computer""computers""computerised""computerized"等单词,而输入"comp?ter",则只能找到"computer""compater""competer"等单词。

4) 限定符

搜索引擎支持的限定符一种是短语限定符,一种是元词。短语限定符为半角的双引号"",给要查询的关键词加上双引号,可以实现完整短语的检索,如输入"电传",返回结果网页中一定完整包含"电传"这个词,而不会返回诸如"电话传真"之类的网页。大多数搜索引擎都支持"元词"(metawords)功能,检索时把元词放在关键词的前面,可以标明目标网页的某种特征,如在搜索引擎中输入"title:清华大学",就可以查到网页标题中带有清华大学的网页,其他元词还有很多,如"image:"用于检索图片,"link:"用于检索链接到某个选定网站的页面,"URL:"用于检索地址中带有某个关键词的网页,"domain:"用于检索特定后缀的网站,"site:"用于在特定网站进行信息检索等,"filetype:"用于检索特定类型的文件等。

5) 数字范围运算符

数字范围运算符可用于在指定的数字范围进行检索,方法是在搜索框内的关键词后添加两个数字,并将这两数字用两个英文句号分开,如输入"Willie Mays 1950..1960",可用于检索 1950 年到 1960 年间的 Willie Mays 的资料,输入"卡车 5 000..10 000 kg"可用于检索重量在 5 000 kg 到 10 000 kg 的卡车的信息。

一般情况下,不同搜索引擎支持的检索运算符的数量和格式都不相同,功能越强大的搜索引擎支持的检索运算符数量越多,检索前要首先核实。

为了提升搜索引擎检索的效果,实际检索时要注意细化搜索条件,搜索条件越具体,搜索引擎返回的结果就会越精确,如查找有关电脑冒险游戏方面的资料,输入"game"结果项太多,"computer game"范围就小一些,当然最好是输入"computer adventure game",返回的结果会精确得多。

另外,搜索引擎还有一些停用词(Stop Words)或过滤词(Filter Words),如英文中的"and""how""what""web"和"homepage",中文中的"的""地""和"等词,检索时都会被搜索引擎忽略。

关于检索结果,一般搜索引擎都会给出目标网页的网址及其链接和目标网页的信息摘要,一些搜索引擎还会给出好评率、快照、导入文献管理软件等链接,不同搜索引擎不同,要区别对待。

2.2.4 药学专用搜索引擎

药学学科是同生物学、医学等其他学科息息相关的一门专业性较强的学科。在检索药学信息时,往往需要同时查找如解剖学、生理学、生物化学、微生物与免疫学等多门学科的综合信息,如果在前面介绍的通用搜索引擎中查找相关信息,通常难以获得准确、满意、全面的检索结果。因此,国内外很多医药专用搜索引擎应运而生,受到广大业内人士好评。

1) MedExplorer

MedExplorer是由加拿大人Marlin Glaspey在1996年3月建立的医学信息资源搜索引擎。该引擎主要收录了美国和加拿大的医学资源,还有少量其他国家和地区的资源,提供分类目录浏览和目录检索的功能。

MedExplorer搜索引擎网址为http://www.medexplorer.com,图2-71为MedExplorer搜索引擎首页,首页的左上端设有检索窗口,用户可直接在检索框中输入感兴趣的关键词,点击"搜索"按钮即可完成检索工作。检索窗口的下方设有分类目录下拉列表,分别为疾病(Disease Disorders)、健康中心(Health Centers)和当前搜索(Current MedExplorers)三大类,分类目录的下方提供了近期热门搜索(Popular Searches)。主窗体中提供了按领域区分的主题链接,其中药学(Pharmaceutical)相关的主题中主要包含仿制药(Generic Drugs)、网上药店(Online Pharmacy)、药物(Pharmaceuticals)等分类主题。

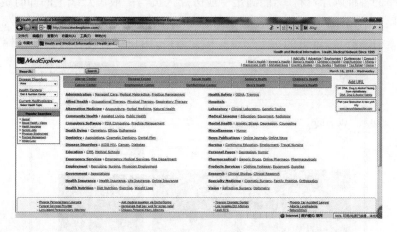

图2-71 MedExplorer首页

2) Omnimedicalsearch

Omnimedicalsearch是一个旨在为广大用户提供最全面的医学信息的权威性医学搜索

平台。Omnimedicalsearch 搜索引擎网址为 http://www.omnimedicalsearch.com/，图 2-72 为 Omnimedicalsearch 搜索引擎首页，首页风格简洁，主题明确，类似通用搜索引擎的一贯标准，只包含药学协会（Medical Associations）、在线医学期刊（Online Medical Journals）、患者论坛（Patient Forums）和医学图像（Medical Images）等四大主题链接，点击进入每个主题后，均是该主题下的按字母排序的分类主题链接列表，该搜索引擎使用起来非常实用直观。

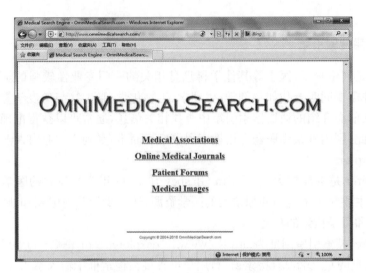

图 2-72　Omnimedicalsearch 首页

3) WebMD

WebMD 是美国最大的医疗健康服务网站，据统计，在美国有四成以上的医师是 WebMD 的忠实会员，其拥有全球最丰富的健康医疗资讯，除了汇集全美医师的临床报告，还有最新最完整的各种医疗资料库，能满足专业医疗人员与一般民众线上的即时资讯、教育、社群服务等各层面的需求。WebMD 搜索引擎网址为 http://www.webmd.com/，图 2-73 为 WebMD 搜索引擎首页，首页的右上端设有检索窗口，用户可直接在检索框中输入感兴趣的

图 2-73　WebMD 首页

关键词,并敲击回车键即可完成检索工作。检索窗口的左边设有分类主题链接,分别为健康A-Z(Health A-Z)、药物与补充物(Drugs & Supplements)、生活健康(Living Healthy)、家庭与妊娠(Family & Pregnancy)和新闻与专家(News & Experts)等五大分类主题。

4) MedicineNet

MedicineNet 是 WebMD 网站旗下的另一健康服务网站,MedicineNet 公司成立于 1996 年,管理人员由具有丰富经验的医学团队构成,借助互联网手段为用户提供值得信赖的药品、医疗保健等医药学领域的专业信息,于 2004 年被 WebMD 兼并。MedicineNet 搜索引擎网址为 http://www.medicinenet.com/script/main/hp.asp,图 2-74 为 MedicineNet 搜索引擎首页,首页的右上端设有检索窗口,用户可直接在检索框中输入感兴趣的关键词,并敲击回车键即可完成检索工作。检索窗口的下方设有分类主题链接,分别为幻灯片(Slideshows)、图像(Images)、测验(Quizzes)、条件(Conditions)、症状检查(Symptom Checker)、健康与生活(Health & Living)、药物(Medications)、MedTerms 字典(MedTerms Dictionary)和宠物健康(Pet Health)等分类主题。

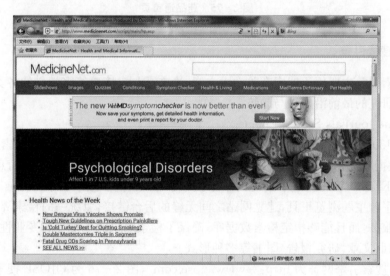

图 2-74　MedicineNet 首页

5) 药品通

药品通是中国最大最全的药品库站点,为普通患者和用户日常生活中的找药、查药、买药、辨药、服药等一系列需求提供一站式服务。除了自由词搜索、分类搜索外,还提供药品购买与推荐系列服务,包括同类药品对比、用药指南、在线买药及附近药店定位等。药品通搜索引擎网址为 http://ypk.39.net/,图 2-75 为药品通首页,首页的右上端设有检索窗口,用户可直接在检索框中输入感兴趣的关键词,并敲击回车键即可完成检索工作。页面左侧设有分类主题链接,分别为中西药、保健品、中药材、家用器械、药品、疾病、药企品牌等分类主题。网站还提供了手机药品通软件下载,致力于为用户提供更加便捷与实用的查找方式。

图 2-75 药品通首页

2.2.5 学术搜索引擎

学术搜索引擎主要用于搜索有关学术文章、论文、图书、摘要等多学科的各类资料,为用户提供科学研究的最前沿发展与趋势。

1) Online Journals Search Engine

Online Journals Search Engine(在线期刊搜索引擎),简称 OJOSE,该搜索引擎整合了约 60 多个数据库资源,不仅整合了包括开放获取期刊在内的各类学术期刊信息,如德国期刊集成系统 EZB,而且还链接了其他的学术搜索引擎,如科学搜索引擎 Scirus。OJOSE 提供优秀的跨平台主题浏览工具,建立网站之间无缝的后台链接,以统一的检索界面对用户提供免费索引服务,而且能够指定检索数据库,确保了检索结果的准确性和专业性。其中文献类型包括期刊、文章、研究报告、图书等多种形式。

OJOSE 搜索引擎网址为 http://www.ojose.com/,图 2-76 为 OJOSE 搜索引擎首页,利用 OJOSE 的界面看起来比较复杂,其实搜索仅需要 3 个步骤:第一步在检索框中输入感兴趣的关键词;第二步在分类数据库列表中选择目标数据库;第三步点击"Go!"按钮提交即可完成检索工作。OJOSE 整合的 60 多个数据库分为以下 8 个方面的分类主题:

(1) 科学论文数据库(Search in Scientific Article Databases):美国 ERIC、德国 FIS-Database、法国 INIST、法国 John Libbey Eurotext、美国 MEDLINE/PubMed、美国 PsycNET、欧洲 SCOPUS、德国 SoLi、法国 Saphir、瑞士 CSPS/SZH。

(2) 在线期刊论文(Find articles in Online Journals edited)。

(3) 在线期刊列表(Locate Online Journals in journal lists)。

(4) 瑞士与德国图书馆馆藏期刊(Locate journals in CH DE libraries)。

(5) 瑞士、法国与德国图书馆馆藏图书(Locate books in CH FR & DE libraries)。

(6) 在线书店(亚马逊)[Find books in online bookstores(Amazon)]。

(7) 网络科学资源(Make a Scientific Internet Search)。

(8) 网络/百科全书(Make an Internet / Encyclopedia Search)。

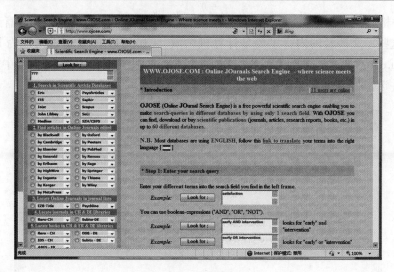

图 2-76 OJOSE 首页

2) Google Scholar

Google Scholar(谷歌学术搜索引擎)是搜索引擎公司 Google 面向研究人员推出的专门搜索学术性著作的搜索引擎,资源来源于学术印刷品、专家协会、大学及网络上的学术文章,包括评论、主题、书籍、预印本和技术报告以及开放存取的资源等,还可以查询文章被引用情况。Google Scholar 搜索引擎网址为 http://scholar.google.com/,图 2-77 为 Google 学术中文搜索引擎首页,用户可直接在检索框中输入感兴趣的关键词,点击"搜索"按钮即可完成检索工作。

图 2-77 Google 学术中文首页

3) CiteSeer

CiteSeer(又名 ResearchIndex,学术论文数字图书馆),是 NEC 研究院在自动引文索引(Autonomous Citation Indexing,ACI)机制的基础上建设的一个学术论文数字图书馆。这个引文索引系统提供了一种通过引文链接的检索文献的方式,并支持注册用户为结果添加标签,目标是从多个方面促进学术文献的传播和反馈。CiteSeer 检索 WEB 上的 PostScript

和 PDF 两种格式的学术论文。目前,在 CiteSeer 数据库中可检索超过 150 万篇论文和 3 000 万次引用,这些论文涉及的内容主要是计算机领域。CiteSeer 搜索引擎网址为 http://citeseerx.ist.psu.edu/,图 2-78 为 CiteSeer 搜索引擎首页,用户可直接在检索框中输入感兴趣的关键词,并选择是否包含引文选项,点击"搜索"按钮即可完成检索工作。

图 2-78 CiteSeer 首页

4) SciSeek

SciSeek(Science Search Engine,自然科学信息搜索引擎)是一个专注于科学与自然领域的搜索工具,采取人工收集处理的方式,提供农林、工程、化学、物理和环境方面的科技期刊及其他信息学术论文数字图书馆。SciSeek 还提供科学博客、最新资讯和交流论坛服务。SciSeek 搜索引擎网址为 http://www.sciseek.com/,图 2-79 为 SciSeek 搜索引擎首页,用户可直接在检索框中输入感兴趣的关键词,点击"搜索"按钮即可完成检索工作。

图 2-79 CiteSeer 首页

5) eMolecules

eMolecules(商用化学品数据库)是一个为化学家采购化合物提供检索和可靠信息的专业搜索工具,采用 eMolecules 化学结构数据处理技术,用子结构或者关键词搜索来迅速而方便地检索到所需要的化学品。SciSeek 还提供科学博客、最新资讯和交流论坛服务。eMolecules 搜索引擎网址为 http://www.emolecules.com/,图 2-80 为 eMolecules 搜索引擎首页,用户可直接在检索框中输入感兴趣的关键词,点击回车键即可完成基本检索工作。

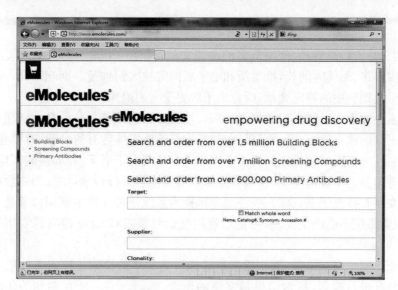

图 2-80 eMolecules 首页

2.3 本章小结

本章主要讲述了 7 大类权威药学信息网站的信息分布,同时介绍了搜索引擎使用的相关知识,是网页信息检索和网站数据库检索必备的基础。

☞ 习题

1. 列举和你专业相关的 6 个权威医药组织机构网站,简要介绍这些网站提供给用户的主要药学资源。
2. NIH 网站上有哪些著名的医药信息数据库?每个数据库给出一个检索案例。
3. 如何通过大型医药公司网站跟踪某个新药的研发进展?
4. "小木虫""丁香园"分别提供了哪些有价值的药学信息资源?
5. 试用 DrugDigest 网站上的五大类药学信息数据库,各给出一个检索案例。
6. 列举国际上最著名的五大搜索引擎,并说明各自的特点。

第3章 书籍、期刊检索

书籍、期刊是人们最熟悉、使用最多的两类文献,其存在形式主要有纸质版和电子版两种。书籍因内容多、阅读时间长,纸质版和电子版同等被人们钟爱。期刊不同,一般情况下,读者需要的只是期刊中的特定文献,因此电子版更受人们追捧。

书籍检索一般事先已知书籍的作者、书名、摘要或出版社等部分信息。纸质书籍检索的目的是获得书籍的藏书地点、是否可借阅、如需购买哪些实体店有售、网购有哪些书店、价格是多少等信息。电子版书籍检索是为了获得是否有免费电子书下载、如需购买应该到哪里、价格是多少等信息。少数情况下,检索者会依据书籍内容进行检索,如按照主题搜书或按照书中的一段文字查找电子书,这时,要注意书籍检索系统是否支持主题词检索及基于内容的检索,如果检索系统不能满足要求,可借助通用搜索引擎或 Google 搜书等专用搜索引擎进行搜索。

期刊检索不同于书籍检索,期刊检索准确地讲是文章的检索。检索者一般依据文章的外表或内容特征进行检索,检索结果是文章的作者、标题、摘要,所在期刊的年、卷、期等信息,检索者最终获取的是符合要求的文章的全文。个别情况下,检索者以获取整本期刊为目的,这时期刊检索转变为书刊检索,在书籍检索系统进行检索。

3.1 书籍检索

书籍检索和获取的途径很多,一般大学图书馆藏书都很丰富,而且专业性强,是高校师生员工借阅书籍的首选。因此,大学院校的师生检索书籍,应首选本校的馆藏书目检索系统。

单位图书馆馆藏不能满足要求时,通常按照使用的便捷程度和覆盖范围由小到大的思路,选择使用一些联合体资源、大型数据库、专门文献服务中心或数字图书馆检索并获取。这类系统常见的有读秀、百链、市区高校联合体(如南京江宁高校联合体)、各省工程技术文献信息中心(如江苏省工程技术文献信息中心)、省级高等教育文献保障系统(如 JALIS:江苏省高等教育文献保障系统)、CALIS(中国高等教育文献保障系统)、NSTL(National Science and Technology Library,国家科技图书文献中心)、OCLC(Online Computer Library Center,联机计算机图书馆中心)、世界数字图书馆、中国国家数字图书馆和超星数字图书馆等。

特别值得关注的是百链云图书馆(www.blyun.com)和读秀中文学术搜索。百链云图书馆是由若干有着共同目标的图书馆,本着共享技术与信息、共同发展、互惠互利的原则组建起来的图书馆联合体,是基于网络环境下共建共享的可扩展的知识网络系统,是超大规模的、分布式的、便于使用的、没有时空限制的、可以实现跨库无缝链接与智能检索的知识中心。"读秀"是由海量全文数据及其元数据组成的超大型数据库,为用户提供深入到图书章节和内容的全文检索、部分文献的原文试读,以及高效查找、获取各种类型学术文献资料的一站式检索,是一个真正意义上的学术搜索引擎及文献资料服务平台。百链和读秀已成为获取各种文献全文的首选,同时也是书籍检索与获取的最便捷途径。

另外,汤森路透(Thomson Reuters)公司新近推出了图书引文数据库(Book Citation Index,简称 BKCI),分为 BKCI-Science(BKCI-S)和 BKCI-Social Science & Humanities (BKCI-SSH)两个子集,是检索和评价图书的权威系统。BKCI 数据来源于 2005 年以来出版的 28 000 多种在世界上有影响力的重要图书(包括丛书),内容几乎覆盖所有学科。BKCI 和 SCI、SSCI、CPCI 等一样,是 Web of Science 引文索引数据库的一部分,其访问平台为 Web of Knowledge。

[例 3 - 1] 利用中国药科大学图书馆馆藏书目检索系统查找"计算机辅助药物设计"的书籍。

中国药科大学图书馆馆藏书目检索系统界面如图 3 - 1 所示,检索者可通过多种途径检索书籍,具体如图 3 - 2 所示。

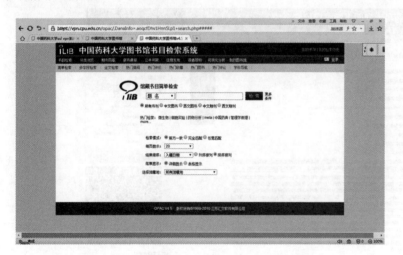

图 3 - 1 中国药科大学馆藏书目检索系统界面

图 3 - 2 检索途径

首先在检索框输入"计算机辅助药物设计",然后在"检索类型"项选"题名",其他项取默认值,点击"检索"按钮进行检索。

检索结果给出了符合条件的书目的学科分类、馆藏地、所属主题、书名、主编、出版社、馆藏情况、可借阅状态等信息,具体如图 3 - 3 所示。

图 3-3 "计算机辅助药物设计"书籍检索结果

浏览检索结果,确定所需书籍,假设为第 42 本。点击第 42 条记录的题名部分,打开详细信息页面,如图 3-4 所示,从中可以看到书籍的详细信息、外界对该书的反映和可借阅状态等信息。

图 3-4 书籍详细信息页面

[例 3-2] 使用百链检索"计算机辅助药物设计"的书籍。

百链检索界面如图 3-5 所示。

首先点击"图书"切换到图书检索页,在检索框输入"计算机辅助药物设计",检索结果如图 3-6 所示。从检索结果看,系统已自动切入到读秀数据库检索。检索结果页面同时给出符合条件的记录数、本馆馆藏的纸书数量和电子全文数量、年代统计、学科分类,书籍的题名、作者、出版社、主题词等信息。点击命中记录的题名,可进一步查看相应书籍的详细信息及获取途径。

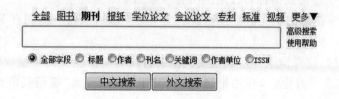

图 3-5　百链检索界面

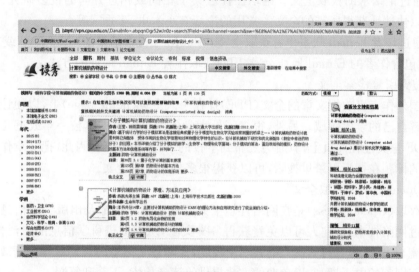

图 3-6　百链检索"计算机辅助药物设计"的书籍

3.2　期刊文献检索

3.2.1　概述

期刊论文是文献检索的主要对象。检索目的很多，有时是为了调研某一主题研发的最新进展及趋势，以辅助选题、成果鉴定等；有时是为了检索某一主题相关的新文献或权威文献，帮助解决科研工作中遇到的问题。还有很多其他的目的，如查找某个作者论文被 SCI 收录的情况、查找国际上有哪些科学家正在关注自己的课题等。

期刊论文的完整检索过程包括 8 个环节，依次是破题、制定检索策略、试验性检索、分析与评价检索效果并据此修正检索策略、正式检索和辅助性检索、文献鉴别与筛选、保存检索结果和获取全文。其中，检索结果一般只有论文的概要信息，如篇名、作者及机构、期刊、发表时间、摘要等，没有全文，但会包含获取全文的一些链接，是否可通过这些链接获得全文取决于检索者拥有的权限。正常情况下，任何机构和个人都不可能拥有全部全文的下载权，因此,期刊论文检索必须面对如何获取全文的问题。

常用的免费获取全文的方法主要有以下 11 种:

(1) 点击文献管理软件的获取全文按钮获取全文。如点击 EndNote 的"Find Full Text…"按钮,一次性可获得拥有权限的所有检索结果对应的全文。

(2) 通过检索结果的全文链接按钮获取全文。一次可获得一篇拥有下载权限的文献的全文。

(3) 通过百链、读秀检索并获取全文。检索者没有所需全文的下载权限时,可以将文献的标题放入百链或读秀检索,在结果页面点击"电子全文"或"邮箱获取全文"便捷地获取全文。

(4) 通过论坛求助获取全文。论坛往往汇集了相同或相近方向的很多研究人员,在论坛求助可以快捷地获得所需的全文。常用的论坛有小木虫、丁香园等。

(5) 通过作者 E-mail 联系作者获取全文。PubMed 检索结果的"Abstract"或"AbstracPlus"格式包含作者的 E-mail 地址,是常用的获取作者 E-mail 地址的方法。

(6) 搜索引擎检索全文

很多国外作者喜欢把文章的全文(PDF)挂在个人主页(home page)上,以便让别的研究者更加了解自己的学术领域。另外,很多国外大学的图书馆会把本校一年或近几年的学术成果的 PDF 全文挂在网页上,有时会发布到本校的 FTP 服务器。因此,把文章作者的名字或者文章的标题在搜索引擎里搜索,可以获得很多外文文献全文。

(7) Open Access 获取全文

开放存取(Open Access)是在网络环境下兴起的学术界传播及出版学术信息的一种新方式。通过网络技术,任何人可以免费获得各类文献,从而促进科学信息的广泛传播,学术信息的交流与出版,提升科学研究的共利用程度,保障科学信息的长期保存。开放存取期刊是经由同行评审的电子期刊,以免费的方式提供给读者检索、下载和复制。

常用的 OA 平台包括 DOAJ (Directory of Open Access Journal)、HighWire Press、J-STAGE(Japan Science and Technology Information Aggregator,Electronic)、SciELO (Scientific Electronic Library Online)、Open J-Gate、PloS(Public Library of Science)、BioMed Central(简称 BMC)、The Max Planck Society、JSTOR(Journal Storage)、Socolar、cnpLINKer、开放阅读期刊联盟、汉斯开源国际学术期刊、OALib(Open Access Library)和美国科学研究出版社等。

(8) 检索者还可以尝试通过一些免费全文网站获取全文,常用的网站主要有 http://www.freemedicaljournals.com/、http://intl.sciencemag.org、http://www.pnas.org、http://www.genetics.org 等。

(9) 高校图书馆的"文献传递"服务也是常用的获取全文的方法,如中国药科大学图书馆主页右下角就提供了文献传递服务的链接。

(10) 使用通用借书证可以在多个图书馆借阅书籍期刊。

(11) 通过同学、朋友单位购买的全文数据库获取全文。期刊检索结果一般都会给出文献所在的全文数据库或网站的信息,通过百度检索这些数据库的购买单位,然后请该单位的同学、朋友帮助下载。

当以上方法均无法获得全文时,检索者可考虑联系国家科技图书文献中心(NSTL)获得帮助，或者付费给数据库服务商下载全文。具体使用哪种方法，检索者可根据自身拥有的权限和便捷程度选择使用。

3.2.2 常用检索工具

经典的期刊文献检索工具主要是四大索引数据库，除此之外，INSPECT、Scopus 和 Google Scholar 应用也很广泛。

除了上述几个常用工具，药学领域还有一些专用的期刊检索工具，著名的有 CA(SciFinder)、MEDLINE(PubMed)、IPA(International Pharmaceutical Abstracts)、BA(Biological Abstracts)和 BA/RRM(Reports，Reviews，Meetings)、EM(Excerpta Medica)、DDF(Derwent Drug Files)和 TOXLINE。

近几年，我国也研发上市了很多期刊文献数据库，常用的有知网的中国学术期刊网络出版总库、万方的中国学术期刊数据库、维普的中文科技期刊数据库、中国中医药期刊数据库、中国药学文摘数据库(CPA)、中国生物学文摘数据库(CBA)、化学核心期刊文献数据库(KCBD)和中国化学文献数据库(CCBD)等。

鉴于我国研发的系列数据库都是中文数据库，易学易用，本章后续部分仅介绍中国学术期刊网络出版总库的使用方法，其余可触类旁通，不做介绍。另外，SciFinder(CA)和 PubMed(MEDLINE)在后续章节详细介绍，本节也不赘述。下面介绍常用的七大数据库和药学领域除 SciFinder 和 PubMed 外其余的数据库。

1) SCI/SSCI/A&HCI

该系统由美国科学情报研究所 ISI(Institute for Scientific Information)出版，是学术界公认的权威的文献检索与评价工具。其中，SCI(Sciences Citation Index)是科学引文索引，内容函盖自然科学、工程技术、生物医学等 150 多个学科领域的期刊论文。SSCI(Social Science Citation Index)是社会科学引文索引，收录了世界上最重要的社会科学期刊，包括人类学、法律、经济、历史、地理、心理学等 55 个领域，收录的文献类型包括研究论文、书评、专题讨论、社论、人物自传和书信等。A&HCI(Arts & Humanities Citation Index)是艺术与人文科学领域重要的期刊文献索引数据库，数据覆盖了考古学、建筑学、艺术、文学、哲学、宗教、历史等领域。

2) EI

EI(Engineering Index)是《工程索引》，1884 年创刊，由美国工程信息公司(Engineering information Inc.)出版。报道工程技术各学科的期刊、会议论文、科技报告、标准、图书等文献。收录的文献几乎涉及工程技术各个领域。其中大约 22% 为会议文献，90% 的文献语种是英文。EI 不收录纯基础理论方面的论文。EI 支持分类检索和叙词检索。

3) CSCD

CSCD(Chinese Science Citation Database)是中国科学引文数据库，由中国科学院文献情报中心出版，是我国规模最大、最具权威性的科学引文索引数据库，收录我国数学、物理、化学、天文学、地学、生物学、农林科学、医药卫生、工程技术、环境科学和管理科学等领域出版的中英文科技核心期刊和优秀期刊近千种。CSCD 来源期刊每两年遴选一次，每次遴选均采用定量与定性相结合的方法，定量数据来自于 CSCD，定性评价则通过聘请国内各学科领域的专家对期刊进行评审。CSCD 收录的期刊分为核心库和扩展库 2 种，其中，核心库期刊以 C 为标记,扩展库期刊以 E 为标记。2007 年,CSCD 与美国 Thomson-Reuters Scientific 合作,以 ISI Web of Knowledge 为平台发行,实现了与 Web of Science 的跨库检索。CSCD 是 ISI Web of Knowledge 平台上第一个非英文语种的数据库。

实际应用中,国内高校和研究机构对另一种核心期刊评价体系更加推崇,那就是《中文核心期刊要目总览》,即北大中文核心期刊目录,每四年由北大图书馆评定一次。该目录也是 CNKI 检索时核心期刊筛选的标准。

4) CSSCI

CSSCI(China Social Sciences Citation Index)是南京大学研制成功的"中文社会科学引文索引",是我国社会科学主要文献信息统计查询与评价的重要工具。它可以为社会科学研究者提供国内社会科学研究前沿信息和学科发展的历史轨迹,为社会科学管理者提供地区、机构、学科、学者等多种类型的统计分析数据,从而为制定科学研究发展规划、科研政策提供科学合理的决策参考。目前,教育部已将 CSSCI 数据作为全国高校机构与基地评估、成果评奖、项目立项、名优期刊的评估、人才培养等方面的重要指标。CSSCI 遵循文献计量学规律,采取定量与定性评价相结合的方法从全国 2 700 余种中文人文社会科学学术性期刊中精选出学术性强、编辑规范的期刊作为来源期刊,目前收录了包括法学、管理学、经济学、历史学、政治学等在内的 25 大类、500 多种学术期刊。

5) INSPECT

英国的科学文摘 INSPECT 在检索界颇负盛名。INSPECT 主要收录了 1898 年至今物理、电气\电子、工程、计算、控制工程与信息技术领域的全球期刊和会议文献,支持叙词检索。

6) Scopus

ELSEVIER 于 2004 年 11 月推出 Scopus,这是目前全球规模最大的文摘和引文数据库,涵盖了由 5 000 多家出版商出版发行的科技、医学、社会科学、经济、商业与管理、心理学、艺术与人文等方面的 18 000 多种期刊,还囊括了很多高质量的 Web 资源及专利信息。相对于其他单一的文摘索引数据库而言,Scopus 的内容更加全面,学科更加广泛,特别是在检索和获取欧洲及亚太地区的文献方面,较其他工具更加便捷。

7) Google 学术

Google 学术搜索(Google Scholar)是一项免费服务,可以帮助检索者快速寻找学术资料,如专家评审文献、论文、书籍、预印本、摘要以及技术报告。Google 学术搜索在索引中涵盖了来自多方面的信息,包括万方数据资源系统、维普资讯、主要大学发表的学术期刊、公开的学术期刊、中国大学的论文以及网上可以搜索到的各类文章。利用 Google 学术,检索者可方便地搜索全球的学术科研信息。在检索界,一度有 SCI、Scopus 和 Google 学术三足鼎立之说,可见 Google 学术检索的重要性。

8) IPA

IPA(International Pharmaceutical Abstracts)是由 American Society of Health System Pharmactists Inc(美国医院药师协会)建立的数据库。文献记录来源于 1970 年以来世界范围内出版的 800 余种药学期刊及美国出版的药学期刊,还有主要会议录,药学专业的博士、硕士论文等,可提供有关药学发展、应用以及专业药学实践等方面的信息。数据库内容也包括临床用药、药物技术、药学实践、药学经济、药学教育和药理及药品的立法以及其他科学文献,其有关临床研究的文献特征包括研究设计、患者数量、剂量、剂型以及剂量表。OVID平台是IPA的常用检索途径。

9) BA和BA/RRM

BA(Biological Abstracts)是世界生物学领域最具权威的工具书BA的电子出版物,其内容涵盖普通生物学、植物学、动物学、微生物学、生物物理、临床和实验医学等学科和内容,还报道生物仪器手段和技术方法的最新动态。文献类型包括期刊、会议、专利和书籍,覆盖了来自生命科学领域的近6 000种期刊、1 500多个国际会议,以及与生命科学研究相关的美国专利。

BA/RRM(Reports,Reviews,Meetings)是对BA的补充。

BIOSIS Previews是BA检索的主要途径。但BIOSIS Previews数据库除包含Biological Abstracts(1969年至今)和Biological Abstracts/RRM(1980年至今)外,还包含BioResearch Index(1969年至1979年)的内容。

BIOSIS Previews在OVID平台和WEB of knowledge平台均可检索。

10) EM

EM(Excerpta Medica)是由荷兰医学文摘基金会(EMBASE)编辑出版的一套大型国际性医学文摘。EMBASE数据库以EM内容为主,收录了更多药学方面的信息,50%以上的内容来源于欧洲地区的期刊。EMBASE数据库对每一条记录都进行了分类,检索者还可以使用EMTREE中的关键词查找所需文献。EMTREE是一种比较先进的分类表和可控词汇表,由46 000个词语和20万个同义词组成,涉及药学、毒物、临床、实验医学、生物、公卫、环境、精神、法医、生医等诸多学科。EMBASE数据库网站地址是http://www.embase.com,也可以在OVID平台中检索该数据库。

11) DDF

DDF(Derwent Drug Files)是德温特药学文档数据库,由世界著名的科学与专利信息机构——德温特公司生产,旨在满足从事药品生产、制备工作的科研人员及情报人员的需求,涵盖1983年至今几乎所有药学文献,年收录文献约10万条,数据来源于大约1 200种科学出版物,包括世界范围内的期刊和会议,其中大约11%的资料来源于非英语语种的文献。该数据库内容涉及药品发展、生产制备、评估等方面,其中包括药品在以下领域方面的资料:分析、生物化学、化学、内分泌、免疫学、医学、微生物学、制药学、药学、生理学、毒理学等。数据库每条记录包括全部书目引导文,其中包括由德温特公司的专家撰写的英文摘要。与其他数据库不同的是,该数据库中许多记录还包括扩展摘要(extension abstract),提供更详细的关于药品生产使用方法与结果方面的信息。该库对新药的所有资料均予收录,而常规药的常规资料如病例报告、讨论、评述等则不予收录,除非论文中有重大发现如副反应等。该数据库可以通过OVID等平台检索。

12) TOXLINE

TOXLINE是美国国立医学图书馆(National Library of Medicine,NLM)收录药物与化学物质的毒物学、药理、生物医学与生理学的重要文献资料库。收录以国际性的英文资料为主,资料库每月更新,约加入9 300篇新的文献,现有250万笔记录。收录资料的类型有期刊论文、专论、技术报告、学位论文、信函、会议摘要与报告。TOXLINE资料取自16种免版税权的资料库,如MEDLINE、BIOSIS Previews、IPA等,支持题名、摘要、关键词的自由词检索。

其中,1985 年以后来自 BIOSIS 的资料可用 MeSH 叙词检索,化学物质可用 CAS 号检索。检索该库的网址是 http://toxnet.nlm.nih.gov/cgi-bin/sis/htmlgen? TOXLINE。

3.2.3 SciFinder

1) 简介

SciFinder 检索平台由美国化学文摘服务社(Chemical Abstracts Service,CAS)自主研发,为全球超过 1 200 多个学校提供有关生物化学、化学、化学工程、医药等化学相关学科的一站式信息服务。

SciFinder 数据库收录了来自全球 200 多个国家和地区的 60 多种语言的文献资料,收录的文献量占全世界化工化学总文献量的 98%。SciFinder 收录的文献种类很多,主要包括期刊、专利、评论、会议录、学位论文、技术报告和图书中的化学研究成果等。

SciFinder 共包含六大数据库,其中 CAplus 涵盖了 CA 从 1907 年至今的所有内容,同时整合了欧洲和美国等 50 多家专利机构的全文专利资料;Registry 收录了始自 1957 年的有机、无机物质 5 400 余万个、生物序列 6 200 余万条,并且以日增 7 000 个物质的速度快速增长,每种化学物质都有唯一对应的 CAS 注册号;CASReact 收录了始自 1840 年的化学反应共计 3 900 多万条;Chemcats 收录了 3 960 余万条商业化学物质信息,其中包括产品价格和供应商联络方式等资料;Chemlist 收录了来自 19 个国家和国际性组织的约 28 万条管制化学品的信息,包括物质的特征、详细目录、来源以及许可信息等,每周更新多于 50 条;MEDLINE 主要收录生物医学期刊的文献,始自 1951 年,每周更新 4 次。

2) 检索方法

SciFinder 检索界面如图 3-7 所示,主要支持文献检索、物质检索和反应检索 3 种类型的检索。

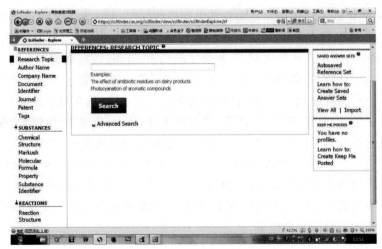

图 3-7 SciFinder 检索界面

(1) 文献检索

用户可以通过主题、作者、组织机构、文献标识符、杂志、专利和用户自定义标识共 7 种途径进行文献检索,同时,系统还为文献检索提供了高级检索界面,如图 3-8 所示,检索者可一次性设置出版年限、文献类型、语种、作者、组织机构等多个条件进行检索。

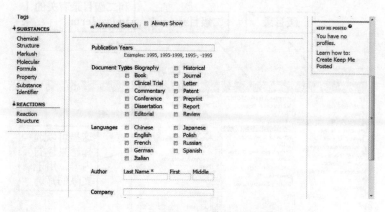

图 3-8　SciFinder 文献的高级检索

文献检索的结果常用结果页面左侧的 Analyze 面板和 Categorize 面板进行分析,检索者常常会根据分析结论进一步调整检索策略或用 Refine 面板及 Categorize 面板进行文献精炼,从而得到可靠性、先进性和适用性都很好的文献。

具体的 Analyze 和 Refine 选项如图 3-9 所示。

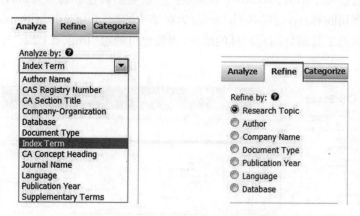

图 3-9　Analyze 和 Refine 相关选项

其中,"Analyze by"—"Author name"有助于获取该主题相关权威人士的信息;"Analyze by"—"Company-Organization"有助于获取该主题权威机构的信息;"Analyze by"—"Index Term"有助于定位更准确的检索词,从而进一步优化检索策略;"Analyze by"—"Publication Year"有助于分析课题发展趋势。

Refine 可将检索结果限定为权威人士发文、权威机构发文、较新文献等范围,限定选项一般取决于 Analyze 和 Categorize 分析的结果。

Categorize 常用于文献分析和限定,其相关操作如图 3-10 所示。

检索结果页面中间的"Sort by"设置有助于检索结果的进一步筛选。

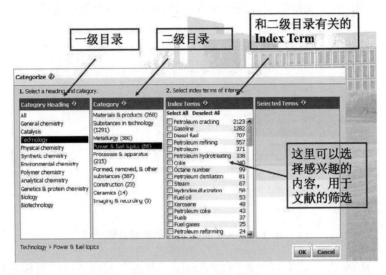

图 3-10　Catagorize 相关选项

（2）物质检索

物质可以通过化学结构、Markush 检索、分子式、物质特性和物质标识符 5 种途径检索。

如需检索阿司匹林（acetylsalicylic acid）为亚结构的物质，可选择"Chemical Structure"，然后用系统提供的工具画好阿司匹林的结构，当然也可通过"Import CXF"导入，如图 3-11 所示。

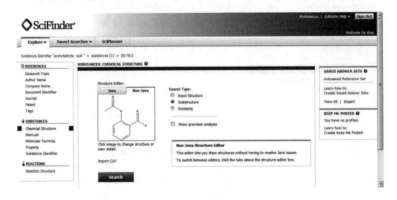

图 3-11　阿司匹林为亚结构的物质检索

检索类型有精确结构、亚结构和相似结构 3 种，根据实际需要选择其中一项，本例选择亚结构，点击"Search"，即可得到检索结果，如图 3-12 所示。

检索结果共计 17 280 条，从结果可以看出，前 3 个结果是同一种物质，这是由于物质的不同命名造成的，随着化学物质统一命名规则的推广，这种情况会逐年减少，但目前无法避免。

物质检索的结果也常用左侧的 Analyze 面板进行分析，Refine 面板进行精炼。点击结果页面的结构图可打开新的页面，显示对应物质的详细信息。

第3章　书籍、期刊检索

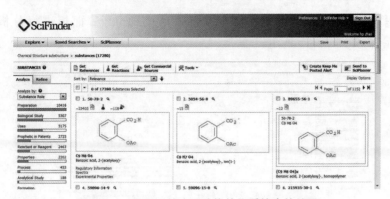

图3-12　阿司匹林为亚结构的物质检索的结果

（3）反应检索

反应可通过反应有关的结构进行检索,其基本检索界面如图3-13所示,其结构可通过导入CXF文件或实时绘制获得,然后选择"Substructure"或"Allow variability only as specified",点击"search"按钮进行检索。高级检索界面如图3-14所示,可设置溶剂、不参与反应的功能团、几步反应、分类和文献来源等多重限制条件进行检索。

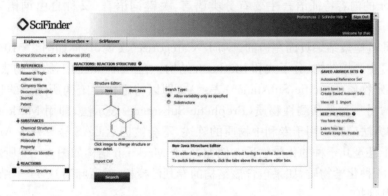

图3-13　反应检索——基本检索

图3-14　反应检索——高级检索

· 99 ·

反应检索的结果同样也可通过结果页面左边的 Analyze 面板进行分析，然后利用 Refine 进行精炼，如图 3-15 所示。

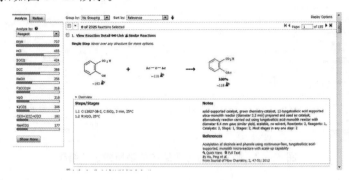

图 3-15 反应检索结果页面

3) SciFinder 主要语法

SciFinder 的外表特征语言使用者可以不必学习就能轻易上手。外表特征内容的输入可通过系统提供的 Index 列表框选择输入。

SciFinder 的内容特征语言主要有分类语言、关键词语言（又称自由词语言）和其他 3 种，SciFinder 不支持叙词检索。

分类可通过检索结果页面左边的选项卡"Categorize"实现，具体如图 3-10 所示。

其他语言主要指结构、分子式和 Markush 结构。在 SciFinder 中，物质的表示有两种方法，一种是特定物质（Specific Substance）表示法，即以特定化学结构所陈述的特定物质，并标示 CAS 号；另一种是预测性物质（Prophetic Substance）表示法，即用 Markush 结构陈述的物质，这种方法广泛应用于专利中物质的陈述，不会被标示 CAS 号。一个 Markush 结构可以陈述几十甚至几千种的化学物质。例如，一个 Markush 结构如图 3-16 所示，这个结构实际陈述了 44 种化学物质，如果包含该结构的专利已授权，就意味着这 44 个结构对应的物质都已被专利保护。

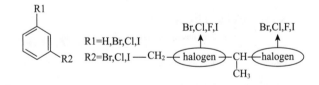

图 3-16 一个 Markush 结构

关于逻辑运算符，SciFinder 不支持 and 和 or，但支持 not，可以表述为 not 或 except。当检索式中出现多个概念时，SciFinder 用 of、in 或 with 等介词连接。如要检索石油裂解催化剂有关的参考文献，检索式应为"petroleum cracking with catalyst"。

关于检索词的位置关系，SciFinder 在输入检索式之后出现的选择对话框中有两个选项标示，"Closely associated with one another"表示两个概念同时出现在一个句子中，"were present anywhere in the reference"表示同时出现在一段话中。

SciFinder 不支持截词符，但 SciFinder 内部有一本词典，CAS 始终维持着一个拥有 800 名博士的专业团队根据词典对文献进行人工标引，从而自动解决了同义词扩展、词根提取并扩展检索、美式英式英语自动转换和缩写词补全等问题,如,检索者输入"cancer"进行检索,检索结果会出现不包含"cancer"但含有"neoplasm"或"carcinoma"的文献;同理,检索者输入"freeze",检索结果会出现不包含"freeze"但含有"froze"或"frozen"的文献。在图3-20所示的对话框中,"Concept"表示系统已做了这些处理。

SciFinder 在检索结果页面,通过"Refine"选项卡实现限定符和时间范围运算符,检索者可以不用学习相关语法。

4) 文献著录格式

SciFinder 的检索结果,除了物质检索对应的结果物质和反应检索对应的反应信息,文献检索结果主要有期刊论文、专利、会议论文、学位论文等,下面分别给出其释义。

(1) 期刊论文。

标题:A Pt-free catalyst for oxygen reduction reaction based on Fe-N multiwalled carbon nanotube composites

全文链接:Full Text

作者:By Merzougui, Belabbes; Hachimi, Abdouelilah; Akinpelu, Akeem; Bukola, Saheed; Shao, Minhua

杂志名(年),期,页码,语言,数据库:From Electrochimica Acta (2013), 107, 126–132.| Language:English, Database:CAPLUS

摘要:An Fe-based non-precious metal (NPM) catalyst was synthesized by chem. coating a polymer contg. N, such as polyaniline (PANI), on multiwalled C nanotubes (MWCNTs)…

(2) 专利

文献标题[机器翻译]:Fluorescent carbon quantum dots and light emitting polymer based composite material and preparation method [Machine Translation]

专利全文链接:Full Text

发明设计人:By Huang, Jiajia; Rong, Minzhi; Zhang, Mingqiu

专利类型:From Faming Zhuanli

申请时间(年),国别 专利号 A 型 授权日,语言,数据库:Shenqing (2013), CN 103382389 A 20131106.| Language:Chinese, Database:CAPLUS

专利描述[及其翻译]:[Translation of Descriptors]. The invention discloses a fluorescent carbon quantum dots and light emitting polymer based composite material and prepn. method, more particularly relates to a method for prepg…

(3) 会议论文

论文标题:Effect of the ratio of edge/basal planes on the catalytic activity of graphitic carbon for the oxidative dehydrogenation of isobutane

全文链接:Full Text

作者:By Schwartz, Viviane; Tsai, Yu-Tung; Fu, Wujun; Rondinone, Adam J.; Wu, Zili; Overbury, Steven H.; Dathar, Gopi; Xu, Ye; Liang, Chengdu

会议名称,地点(城市,国别),会议年月日,论文集,语言,数据库:From Abstracts of Papers, 246th ACS National Meeting & Exposition, Indianapolis, IN, United States, September 8-12,2013 (2013),ENFL-532.| Language：English,Database：CAPLUS

摘要：The utilization of carbon-based materials for catalysis, both as a support or as an active phase, has been growing in importance as a variety...

（4）学位论文

论文题目：Degradation mechanisms of carbon-based electrocatalyst support materials and development of an advanced support based on electrically conducting diamond

全文链接：Full Text

作者：By Fischer, Anne Elizabeth

获取资源的数据库（无），年份（2005年），页数（182页）语言（英语），子库（CAPLUS）：No Corporate Source data available | （2005），182 pp.. | Language：English, Database：CAPLUS

5）检索结果的输出

在检索结果页面的右上角,点击"Export"可以导出检索结果。文献检索结果导出对话框如图3-17所示,如果结果需要输出到文献管理工具如EndNote管理,应选择"Tagged format"格式。

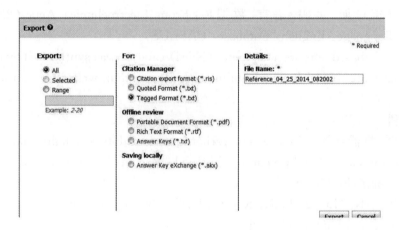

图3-17 结果导出

6）其他

对于科研人员,时刻了解最新的科研成果至关重要。然而,每天登录系统检索显然是很不方便也很不现实的。鉴于此,先进的检索系统大都为检索者提供了跟踪课题文献的功能,SciFinder也不例外。

首次使用SciFinder需要注册,注册成功后方可登录系统检索。在检索结果页面,点击页面右上角的"Greate Keep Me Posted Profile",出现如图3-18所示的对话框,在该对话框中依次设置邮件标题、内容描述、持续期和频率,点击"Creat"之后,SciFinder就会在数据库有新的文献时,自动把文献的内容及链接发到检索者的邮箱,这样极大地方便了检索者跟踪课题前沿进展。

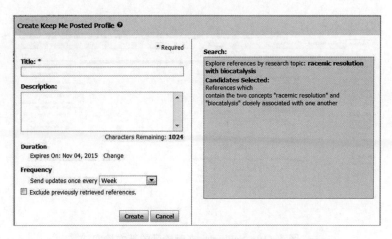

图 3-18　设置 SciFinder 自动推送新文献的对话框

7) 案例

[例 3-3]　检索生物催化外消旋体拆分的研究现状。

(1) 破题：背景知识的多少因人而异，如果检索者已具备相关知识，只需获取"生物催化外消旋体拆分"的英文表述。本例通过 CNKI 的中国学术期刊全文数据库，设置主题为生物催化和外消旋体拆分进行检索，获得课题的英文表述为"biocatalysis, racemic resolution"。之所以选择 CNKI 检索，是因为 CNKI 较搜索引擎或英文词典具有更高的准确性。

如果检索者对课题十分陌生，可以先检索百度百科（或维基百科），学习手性药物的基本知识，进而学习外消旋体拆分的相关知识。然后，通过 CNKI 的期刊全文库检索"手性技术"，选取引用频次最多的综述和最新的综述进行研读，进一步学习手性技术，特别是生物催化、外消旋体拆分及其在手性化合物生产中的应用。

(2) 制定检索策略：按照科技查新年限的规定（10~15 年），本课题检索时间跨度暂定为 15 年，试验性检索后，根据文献数量可能会做调整。

课题最新资料一般出现在科学家博客、网站、专利、杂志文章和会议论文。鉴于 SciFinder 收录的文献量占全世界化工化学总文献量的 98%，文献种类涵盖了期刊、专利、评论、会议录、学位论文、技术报告和图书中的化学研究成果，检索范围定为 SciFinder，辅助检索定为检索相关度高的文献、PubMed 最新文献检索、SCI 的 Science Web Plus 检索和 google 网页检索。

SciFinder 的检索方案确定为主题检索，检索表达式确定为"racemic resolution with biocatalysis"；PubMed 的新文献检索、SCI 的 Science Web Plus 检索和搜索引擎检索均使用关键词检索，通过 MeSH 收集所有关键词。

检索结果数量初定为 30 篇左右，输出格式对应文献管理工具 EndNote。

(3) 试验性检索：首先选择 SciFinder 文献基本检索的主题检索，输入检索表达式，如图 3-19 所示，不做年限限制，然后点击 search。

随后出现的选择对话框如图 3-20 所示，为了提高查准率，我们选择"Closely associated with one another"，然后点击 get references。

检索结果如图 3-21 所示。

图 3-19　SciFinder 文献检索的基本检索

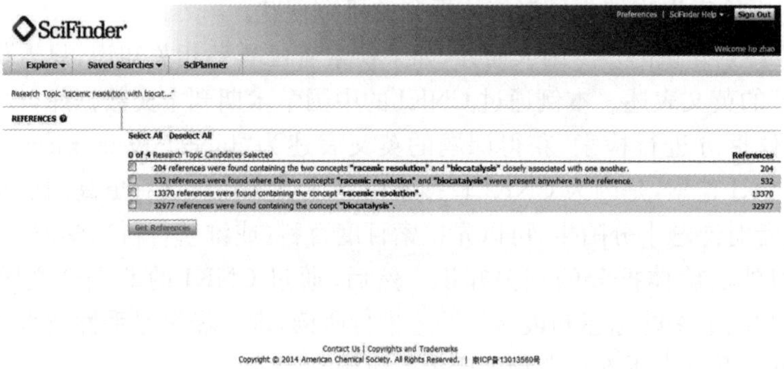

图 3-20　选择对话框

图 3-21　检索结果

"Analyze by"—"Index Term"分析，没有发现用于调整检索表达式的更好的索引词。

通过"tools"的去重功能去掉 28 篇。

进一步通过语言限定为中、英文，文献类型为综述，结果得到 32 篇相关文献，如图 3-22 所示。

图 3-22　去重、限定年限和文献类型为综述的结果

（4）分析与评价检索效果并据此修正检索策略：阅读文献标题及摘要，判别文献的查准率。再对照检索策略要求的文献数量，发现试验性检索已基本符合检索需求，本次检索的检索表达式不做修正。

（5）正式检索和辅助性检索：鉴于以上综述性文献检索获得的最新文献为"Perspectives and industrial potential of PGA selectivity and promiscuity"，发表于 2013 年。为了获悉生物催化外消旋体拆分研究的最新进展，下一步还需设置检索表达式为"racemic resolution with biocatalysis"，检索年限为 2013 年至今，进一步检索最新的研究型文献，这些检索结果应并入上述检索结果集合。

辅助性检索主要有 4 个方面：① 把结果按被引频次排序，然后选择其中相关性最高的 3 篇文献，通过点击"Get Related Citations"进一步查阅、选择相关有价值的文献；② 通过 PubMed 自由词检索检索近一周的最新文献；③ 通过 SCI 的 Science Web Plus 检索科学家博客信息；④ 搜索引擎检索网页信息。

（6）鉴别文献（略）。

（7）保存检索结果：点击 SciFinder 检索结果界面右上角的 Export，出现如图 3-17 所示对话框，选择要导出的文献范围或如图选择全部、Tagged format、文件名选默认或更改为自己喜欢的名字，点击"Export"按钮，即出现定位文件保存位置对话框，选择自己机器的文件夹即可导出。

导入 EndNote 时，选择 file 菜单的 import→file 项，出现对话框如图 3-23 所示，通过"Choose"选择

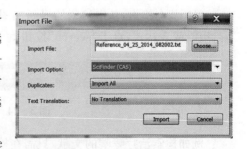

图 3-23　导入文件对话框

检索结果文件,Impot Option 部分必须选择正确的选项,对于 SciFinder,必须选择 SciFinder(CAS),然后点击 Import 即可将这 32 篇文献导入 EndNote 当前正打开的文献库。

如需要,点击"Create Keep Me Posted Profile"设置跟踪文献。

PubMed 检索结果的保存详见 3.2.4,博客及网页的保存参照第 7 章。

(8) 获取全文:在 EndNote 中"Find duplicates"并去重,然后点击"Find Full Text…"按钮,一次性获取多数文献,对于没有获得的少数文献,通过百链、文献传递等途径获取全文。

3.2.4 PubMed

1) 简介

PubMed 是美国生物信息中心(National Center for Biotechnology Information,NCBI)开发的免费生物医学文献检索系统,位于美国国立卫生研究院(National Institutes of Health,NIH)的美国国家医学图书馆(National Library of Medicine,NLM)平台上。

PubMed 是 NCBI Entrez 数据库检索系统的一个子库。Entrez 是 NCBI 提供的在线生物学、医学、药学信息检索平台。Entrez 包含很多子库,如生物信息系列数据库、书籍、基因、核酸序列、蛋白质、结构、图谱等等,在 PubMed 网站可选择检索 Entrez 其他的子库。

PubMed 包括超过 2 400 万条引文记录,主要来源于 MEDLINE 的生物医学文献、生命科学期刊和在线图书,同时也包含着与提供期刊全文的出版商网址的链接。PubMed 包括 MEDLINE 和 PreMEDLINE 2 个子库,其中,PreMEDLINE 是杂志出版商刚提交给 PubMed 记录时信息的临时存放场所,经专业人员阅读、添加叙词标引后移入 MEDLINE。PreMEDLINE 同时还是最终无法进入 MEDLINE 的信息的最终存放场所。

MEDLINE 是 NLM 出品的国际性生物医学文摘数据库,内容涵盖了基础医学、临床医学、环境医学、营养卫生、职业病学、卫生管理、医疗保健、微生物、药学、社会医学等等领域。文献类型主要是期刊论文或述评。MEDLINE 的内容回溯至 1950 年,每周更新,其中 75% 是英文文献,70%~80% 文献有英文文摘,1966 年之前的记录无文摘也无叙词标引。MEDLINE 中每条记录有唯一的 MEDLINE 编号 UID 和 PubMed 编号 PMID,全文求助常用这些编号。

PubMed 的网址是 http://www.ncbi.nlm.nih.gov/pubmed/,但在浏览器的地址栏输入 PubMed.com、PubMed.net 或 PubMed.org 都可登录到 PubMed 网站。

2) 检索方法

PubMed 提供了 3 种检索方法,基本检索、高级检索和叙词检索。

(1) 基本检索:基本检索的界面如图 3-24 所示,检索者只需在检索框中输入关键词、叙词、短语或表达式,点击"search"按钮就可以进行检索。

图 3-24 PubMed 基本检索界面

例如检索治疗哮喘的文献,只需在检索框输入"asthma and treatment",点击"search"按钮即可得到结果,如图 3-25 所示。

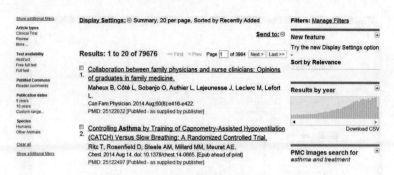

图 3-25 治疗哮喘的文献的检索结果

这里需要说明的是，PubMed 会自动进行扩展检索，如检索治疗哮喘的文献，输入检索式"asthma and treatment"，系统最终扩展为：("asthma"[MeSH Terms] OR "asthma"[All Fields]) AND ("therapy"[Subheading] OR "therapy"[All Fields] OR "treatment"[All Fields] OR "therapeutics"[MeSH Terms] OR "therapeutics"[All Fields])。从本例可以看出，PubMed 扩展检索已涵盖了同义词检索和词性变化的检索。检索者可以在系统扩展得到的检索式的基础上进一步修改、优化，得到最终的检索表达式。

(2) 高级检索：PubMed 高级检索的界面如图 3-26 所示，具体使用方法如下。

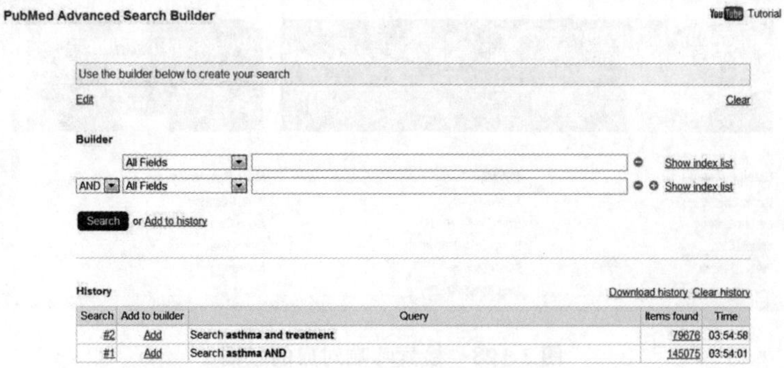

图 3-26 PubMed 高级检索界面

首先选择"Builder"构造多条件检索表达式，即先在第一行选择目标字段，并在同一行随后的检索框中输入检索的关键词或短语；然后在第二行最开始处选择逻辑运算符，接着选择目标字段并输入关键词或短语，依次类推，可构造出同时满足多个检索条件的检索表达式。

第二步，如需组合检索历史中的检索表达式，只需在"History"部分，点击相应检索的编号，然后选择合适的加入到 Builder 的操作即可，如图 3-27 所示，将"♯2"检索的表达式以"and"运算组合到了现有检索式中。

高级检索界面最上端的检索框中显示完整的检索表达式，可点击"Edit"后进行修改、优化，如添加括号改变运算顺序等，并最终完成高级检索表达式的编辑。

(3) 叙词检索：叙词检索是 PubMed 检索时构造部分表达式的常用措施，对 MEDLINE 库中的文献可以获得最高的查准率和查全率。叙词检索包括 5 个步骤：

图 3-27　组合检索历史的检索表达式

第一步,查阅 MeSH,获取相应主题的叙词。如图 3-28 所示,首先查阅词典检索哮喘对应的叙词,得到结果如图 3-29 所示。

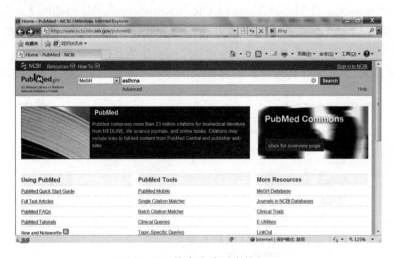

图 3-28　检索哮喘对应的叙词

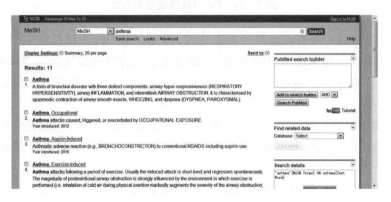

图 3-29　MeSH 检索结果

第二步,点击目标叙词,在随后出现的详细信息页面查看叙词解释,并分析上下位词,从而选定最准确的叙词,同时决定是否需要扩展下位词检索,如图 3-30 所示。

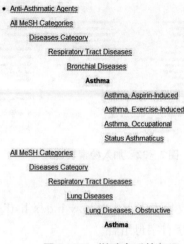

图 3-30 斟酌合适的叙词

第三步,选择副主题词,这里特别要注意的是,不要只选择英文翻译得到的副主题词,如哮喘防治,不要只选择"prevention and control",应查看所有副主题词,选择所有满足检索需求的副主题词,如图 3-31 所示。

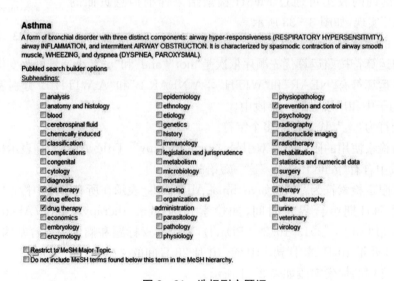

图 3-31 选择副主题词

第四步,确定是否限定在主要主题词范围检索,以及是否需要进行下位词扩展检索,并点击选择图 3-31 最下面的对应选项。

第五步,如图 3-32 所示,点击"Add to search builder",然后点击"Search PubMed"完成本次检索。该检索最后可在高级检索界面,从"History"中选择并组合到最终的检索表达式中。

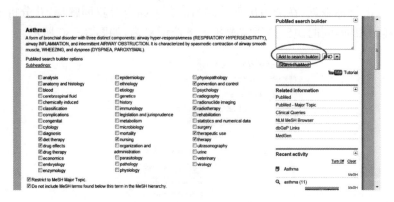

图 3-32 加入检索表达式

3) PubMed 语法

PubMed 的外表特征语言建议检索者点击"Show index list"获得启示与帮助,其中姓名缩写规则为姓(全拼)+空格+名字首字母组合。

PubMed 的分类可通过检索结果页面的 Filters:"Article types""Species"和"Search fields"等实现。

PubMed 支持叙词检索,检索时,尽量把课题分解成若干主题词和副主题词组合的子课题进行检索,可以获得最好的检索效果。关键词检索时,关键词的收集可通过 MeSH 检索结果详细信息页面的"Entry Terms"实现,如图 3-33 所示。

Entry Terms
- Asthmas
- Bronchial Asthma
- Asthma, Bronchial

图 3-33 Entry Terms

PubMed 的运算符源于 MEDLINE,主要有以下 6 类:

(1)逻辑运算符按照运算优先顺序依次是"not""and"和"or",小括号可改变优先顺序。

(2)位置运算符有"NEAR"和"WITH","A NEAR B"和"A WITH B"分别表示 A 和 B 出现在同一句子中和出现在同一字段中。

(3)截词符为"*",代表任意多个字符。

(4)短语检索使用的限定符是双引号,"gene therapy"[Title/Abstract]表示检索那些标题或文摘字段中含有"gene therapy"这一短语的记录。

(5)字段限定检索符为"[ ]",如 asthma[All Fields]表示在所有字段中检索"asthma"。

(6)冒号和日期组合界定时间,如检索式为"gene therapy"[Title/Abstract] AND ("2008/10/30"[PDat] :"2013/10/28"[PDat]),表示检索标题和摘要中包含基因疗法,而且发表日期在 2008 年 10 月 30 日到 2013 年 10 月 28 日间的文献。

PubMed 常用的检索字段如表 3-1 所示。

表 3-1 PubMed 常用的检索字段

字段名与标识	中文说明
Affiliation[AD]	第一著者单位地址
ArticleIdentifier[AID]	文献 ID 号(如论文的 DOI)
AllFields[All]	任意字段

续表 3-1

字段名与标识	中文说明
Author[AU]	著者
AuthorIdentifier[AUID]	作者 ID 号
Book[book]	书或书的章节
CorporateAuthor[CN]	集体著者
CreateDate[CRDT]	文献记录创建日期
CompletionDate[DCOM]	文献处理完成日期(不属于 AllFields)
EC/RNNumber[RN]	酶号或化学登记号
Editor[ED]	编者
EntrezDate[EDAT]	文献被 PubMed 收录日期
Filter[FILTER]	用于外部链接过滤的技术标识
FirstAuthorName[1AU]	第一著者
FullAuthorName[FAU]	著者全名
FullInvestigatorName[FIR]	研究者或合著者全名
GrantNumber[GR]	基金号
Investigator[IR]	提供资助的主要调研者或合作者
ISBN[ISBN]	国际标准书号
Issue[IP]	期刊的期号
Journal[TA]	期刊名称
Language[LA]	文献语种
LastAuthor[LASTAU]	末位著者
LocationID[LID]	在线论文定位标识
MeSH Date[MHDA]	主题词标引日期
MeSH MajorTopic[MAJR]	主要主题词
MeSHSubheadings[SH]	副主题词
MeSH Terms[MH]	主题词
ModificationDate[LR]	记录最近的修订日期(不属于 AllFields)
NLM UniqueID[JID] NLM	馆藏目录编码
OtherTerm[OT]	其他非主题词术语(如关键词),只能显示,不能检索,可用[TW]检索
Owner	提供文献的机构名称缩写(检索式为 owner+theowneracronym)
Pagination[PG]	文献首页码
PersonalNameasSubject[PS]	人名主题词
PharmacologicalAction[PA]	药理作用术语

续表 3-1

字段名与标识	中文说明
PlaceofPublication[PL]	出版国
PMID[PMID]	文献的 PubMed 系统 ID 号
Publisher[PUBN]	图书出版者
PublicationDate[DP]	出版日期
PublicationType[PT]	文献出版类型
SecondarySourceID[SI]	第二来源标识
Subset[SB]	按主题词、期刊类别等设定文献子集
SupplementaryConcept[NM]	补充概念,包括化学、疾病等术语
TextWords[TW]	文本词(覆盖题名、摘要、主题词、副主题词、出版类型、物质名称、人名、主题词、合著者、第二来源标识、评论或修改注释、其他术语等字段)
Title[TI]	篇名
Title/Abstract[TIAB]	篇名或摘要
TransliteratedTitle[TT]	非英文的原始篇名
Volume[VI]	期刊卷号

4)文献著录格式

PubMed 主要收录的是期刊文章,下面以期刊文献为例介绍检索结果包含的具体项目。

检索结果记录如下:

13. Efficacy and safety of once-daily fluticasone furoate 50 mcg in adults with persistent asthma: a 12-week randomized trial.

O Byrne PM, Woodcock A, Bleecker ER, Bateman ED, Lötvall J, Forth R, Medley H, Jacques L, Busse WW.

Respir Res. 2014 Aug 11;15(1):88 [Epub ahead of print]

PMID:25108545 [PubMed - as supplied by publisher] Free Article

Related citations

该记录中的字段项依次是序号.题名.作者.杂志.年月日;卷(期):页码[是否是印刷前的电子版];PubMed 编号[记录状态]是否可获得免费全文;相关文献链接。

这里的记录状态有 5 种,"[PubMed - as supplied by publisher]"表示杂志社刚提交给 PubMed;"[PubMed - in process]"表示正在进行阅读、分析及叙词标引;"[PubMed - indexed for MEDLINE]"表示已完成叙词标引移入到 MEDLINE 库中;"[PubMed]"表示最终没有移入 MEDLINE 库的记录;"[PubMed - OLDMEDLINE]"表示 1966 年以前那些连摘要都没有的 MEDLINE 的老记录。

5)检索结果的输出

PubMed 检索结果页面,和结果输出相关的主要有 2 项:"Display Settings"和"Send to"。

"Display Settings"主要有 3 类选项,分别是结果格式、每页的记录数和排序依据,其中,结果格式决定了显示和输出的字段个数,后期如需 EndNote 管理,这里应选"MEDLINE"格式。见图 3-34。

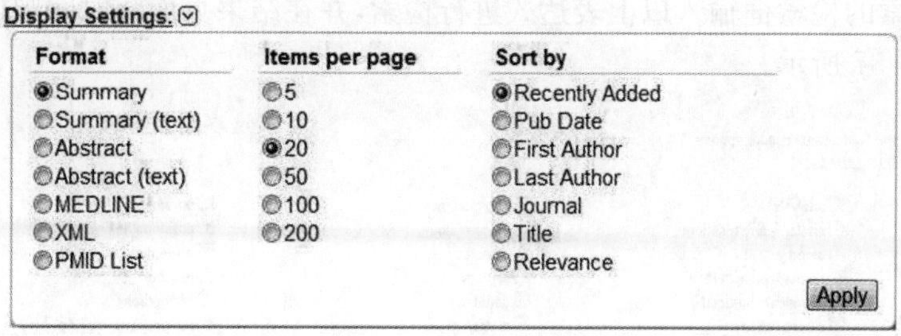

图 3-34 Display Settings

"Send to"的选项依次为文件、选中记录集合、编号、文献管理软件、剪贴板、邮件和我的文献。后期如需 EndNote 进行管理,这里可选择"文件"或"文献管理软件"。选择"文件"的结果是生成一个 PubMed 结果文件,后续应在 EndNote 中打开特定的文献库,导入生成的 PubMed 结果文件;选择"文献管理软件"将创建一个新的文献库并存入选择的记录。见图 3-35。

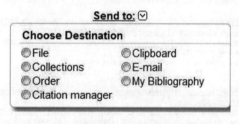

图 3-35 Send to

6) 案例

[例 3-4] 利用 PubMed 调研哮喘治疗的研究状况。

第一步,查 MeSH 表,获取主题词,具体如图 3-28 所示。

第二步,点击"Asthma"打开详细信息页面,通过阅读 Asthma 的解释并联系上下位词确定主题词为"Asthma",并决定扩展检索,如图 3-30 所示。

第三步,观察并选择副主题词,最终确定为"食物疗法""药物疗法""放射治疗""手术"及"治疗"5 个,如图 3-36 所示。

第四步,选择"Restrict to MeSH Major Topic"。

第五步,点击"Add to search builder",然后点击"Search PubMed"完成检索。

第六步,通过关键词检索获取尚未进入 MEDLINE 库的文献,具体方法为:由 MeSH 表的 Entry Terms 获得哮喘的所有自由词为 Asthmas、Bronchial Asthma 和"Asthma, Bronchial";由 MeSH 表获得治疗的所有自由词为 therapy、treatment、diet therapy、drug therapy、radiotherapy 和 surgery。为了提高查准率,将两个关键词限制在同一字段。鉴于 PubMed 扩展检索已涵盖了同义词检索和词性变化的检索,这里不考虑词性变化。最终构造自由词检索的检索表达式如下:

（Asthma OR "Asthma，Bronchial" OR "Bronchial Asthma"）WITH（therapy OR treatment OR radiotherapy OR surgery）

在基本检索的检索框输入以上表达式进行检索，并在结果页面将时间限定在近一周，得到结果如图 3-37 所示。

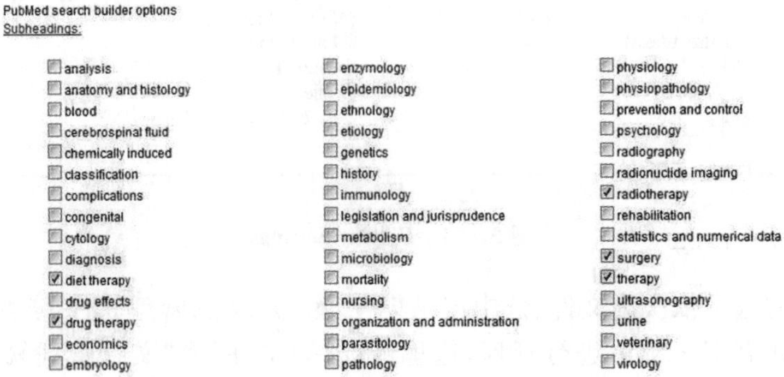

图 3-36 选择副主题词

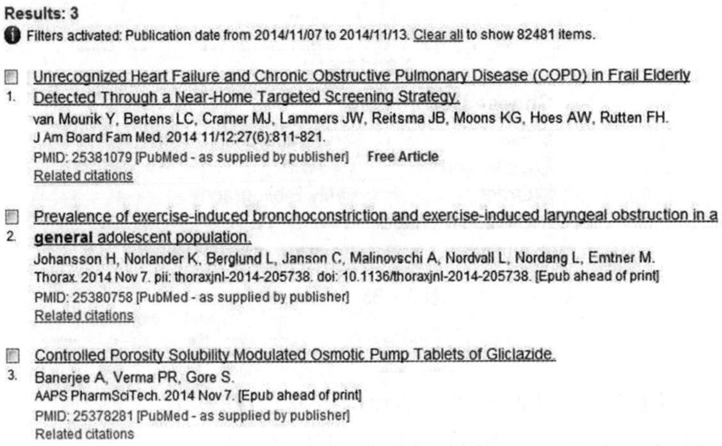

图 3-37 自由词检索结果

第七步，切换到高级检索界面，从"History"中选择并用"or"组合两次检索，得到最终检索表达式为：

（((("Asthma OR"Asthma，Bronchial" OR"Bronchial Asthma"）WITH（therapy OR treatment OR radiotherapy OR surgery））AND（"2016/07/01"［PDat］:"2016/07/07"［PDat］））OR（（"Asthma/diet therapy"［Majr］OR"Asthma/drug therapy"［Majr］OR"Asthma/radiotherapy"［Majr］OR"Asthma/surgery"［Majr］OR"Asthma/therapy"［Majr］））

检索最终获得 3 条记录，由图 3-38 的

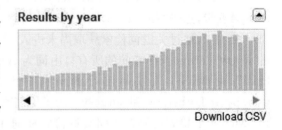

图 3-38 文献走势图

文献走势图可以看出,哮喘治疗的研究启始于1945年,文献量自1999年突破1 000篇以来,持续走高,说明哮喘治疗的研究医学界的热点。如需获得进一步研发状况,可以筛选出所有的综述文章及最新综述没有涵盖的之后的所有文章进行阅读。

以上PubMed检索方法可以获得最高的查全率和查准率。

3.2.5 SCI

1) 简介

SCI(Science Citation Index)是《科学引文索引》,是美国科学情报研究所(Institute for Scientific Information Inc.,ISI)出版的一部世界著名的科技期刊文献检索与评价工具。

SCI动态选录全世界出版的数、理、化、农、林、医、生命科学、天文、地理、环境、材料、工程技术等自然科学各学科最具影响力的期刊,所选用的刊物来源于94个类、40多个国家、50多种文字,这些国家主要有美国、英国、荷兰、德国、俄罗斯、法国、日本、加拿大等,也收录一定数量的中国刊物。要访问拉丁美洲、葡萄牙、西班牙及南非等国在自然科学、社会科学、艺术和人文领域的前沿公开访问期刊中发表的权威学术文献,应检索SciELO Citation Index(2002年至今)数据库。

这里,期刊的影响力主要指期刊的影响因子。ISI每年出版JCR(《期刊引用报告》,全称*Journal Citation Reports*)。JCR对包括SCI收录的3 500种期刊在内的4 700种期刊之间的引用和被引用数据进行统计、运算,并针对每种期刊定义了影响因子(Impact Factor)等指数加以报道。一种期刊的影响因子,指的是该刊前两年发表的文献在当前年的平均被引用次数。一种刊物的影响因子越高,也即其刊载的文献被引用率越高,一方面说明这些文献报道的研究成果影响力大,另一方面也反映该刊物的学术水平高。

使用SCI,能够轻松破解最新、最重要的科技文献在期刊与期刊之间、数据库与数据库之间以及出版社与出版社之间的壁垒,帮助科研人员轻松地找到世界范围内自己研究领域最新、最相关、最前沿的科技文献,激发科研人员的研究思想,获取更多的研究思路,SCI是科研工作最重要和必需的检索工具之一。

SCI通过ISI Web of Knowledge平台的Web of Science数据库进行检索,但Web of Science由著名的三大引文索引数据库SCI、SSCI、A&HCI以及两大化学信息数据库(Index Chemicus和Current Chemical Reactions)构成,若只检索SCI,检索时必须选择SCI-EXPANDED。

2) 检索方法

登录到ISI Web of Knowledge平台后,必须在"所有数据库"部分选择"Web of Science™核心合集"(如图3-39所示),然后点击打开左下方的"更多设置",选择"Science Citation Index Expanded(SCI-EXPANDED)—1992年至今"(如图3-40所示),才可以进行检索。

检索界面如图3-39所示。首先在"基本检索"下方的检索框中输入检索表达式,并选择字段范围,从而设置好一个检索条件。如有需要,可点击检索框下方的"添加另一字段",开始设置第二个检索条件,同时要正确选择第二个检索框前的逻辑运算符。依次类推,可以输入多个检索条件的组配,最后,在"时间跨度"部分选择时间范围,点击"检索"按钮开始检索。

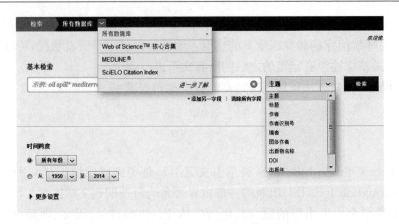

图 3-39　ISI Web of Knowledge 界面

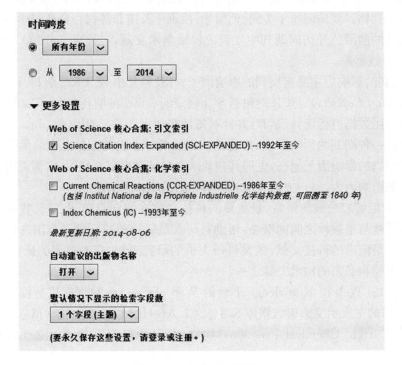

图 3-40　选择 SCI 数据库

3) SCI 主要语法

SCI 的外表特征语言使用者可以不必学习,系统提供了"从索引中选择"和"查看缩写列表"帮助使用者正确输入检索词,如图 3-41 和图 3-42 所示。

图 3-41　"从索引中选择"示例

图 3-42 "查看缩写列表"示例

SCI 的内容特征语言主要有分类语言和关键词语言（又称自由词语言），SCI 不支持叙词检索。

分类可通过检索结果页面左边的"精炼检索结果"的"Web of Science 类别"选择实现，具体如图 3-43 所示。

SCI 使用关键词语言，因此，主题词的搜集至关重要，检索前必须获取主题相关的全部关键词，并筛选出正确的关键词组建检索表达式，才可以获得满意的查全率和查准率。

SCI 支持的检索运算符主要有三大类，分别是逻辑运算符、位置关系运算符和截词符。

SCI 的逻辑运算符包括 NOT、AND、OR 3 个，具体用法如下：

NOT 排除含有某一特定关键字的数据。例如，检索式为"aids NOT hearing"，表示检索含有"aids"的文献，排除含有"hearing"的文献。

图 3-43 按学科分类

AND 检索包含所有关键字的记录。例如，检索式为""stem cell * "AND lymphoma"，表示检索含有"stem cell"或者"stem cells"同时含有词语"lymphoma"的文献。AND 可用空格代替，因此，这个检索式等效于""stem cell * " lymphoma"。

OR 检索的记录中至少含有一个所给关键字，用于检索同义词或者词的不同表达方式。例如，检索式为"aspartame OR saccharine OR sweetener * "，表示检索至少含有其中一个关键字的数据。

SCI 的位置关系运算符主要有 NEAR 和 SAME，具体用法如下：

NEAR/x 代表所连接的两个词之间的词语数量小于等于 x，默认的使用 NEAR 的缺省值是 15。例如，"canine NEAR/10 virus"表示检索同时包含 canine 和 virus 而且两词之间的词语数量不超过 10 个的文献；"canine NEAR virus"表示检索同时包含 canine 和 virus 而且两词之间的词语数量不超过 15 个的文献。

SAME 只在地址字段中进行检索，同时要求两个词是在同一个地址字段中。例如，"yale SAME hosp"表示检索同一个地址字段同时包含 yale 和 hosp 的记录。

SCI 支持的截词符共 3 个，分别是 * 、$ 和?，具体用法如下：

* 表示零个或多个字符，如 enzym * 可用于查找 enzyme、enzymes enzymatic、enzymic 等。

$ 表示零或一个字符，如 colo$r 可用于查找 color、colour 等。

? 只代表一个字符，如 en?oblast 用于查找 entoblast 和 endoblast 等。

除上述3种运算符外,SCI用双引号支持短语检索,例如"tidal wave"表示检索结果必须完整包含短语"tidal wave"。

当使用多个运算符组建表达式时,要注意运算符的优先顺序。SCI运算符的优先顺序依次是NEAR/x>SAME>NOT>AND>OR。和数学计算类似,SCI支持用括号改变运算顺序。一个检索式中最多可使用50个运算符。

4)文献著录格式

SCI收录的主要是期刊论文,下面以期刊论文为例说明检索结果的内容。

如图3-44所示,SCI检索结果主要包含序号、标题、被引频次、作者、期刊名、卷、期、页码、出版年、"出版商处的全文"链接按钮和"查看摘要"链接按钮。

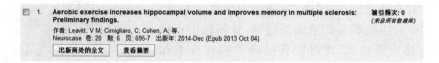

图3-44 SCI检索结果

5)检索结果的输出

在SCI检索结果页面有4个和结果输出有关的按钮,如图3-45所示。第一个按钮表示设置并打印输出检索结果;第二个按钮表示将结果发送到邮箱;第三个按钮选择文件格式并输出检索结果,这里的文件格式取决于后期文献管理使用的软件,如使用EndNote进行文献管理,应选择"保存至EndNote"选项;第四个按钮"添加到标记结果列表"用于多次完成一个检索课题时,前面几次检索结果的临时保存,最后可通过点击检索结果页面右上角的"标记结果列表",切换到所有标记的记录页面,然后再使用前面提到的3个按钮之一输出所有检索结果。

图3-45 SCI检索结果的输出

3.2.6 中国学术期刊网络出版总库

1)简介

中国学术期刊网络出版总库是世界上最大的连续动态更新的中国学术期刊全文数据库,英文全称是China Academic Journal Network Publishing Database,简称CAJD,位于CNKI平台。CNKI(China National Knowledge Infrastructure)是中国知识基础设施工程,CNKI网站提供国内期刊、报纸、博硕士学位论文、会议论文、图书、专利、标准、科技报告等文献的查询与获取服务,是全球信息量最大、最具价值的中文综合信息资源服务平台。

CAJD 收录内容以学术、技术、政策指导、高等科普及教育类期刊为主,覆盖了自然科学、工程技术、农业、哲学、医学、人文社会科学等各个领域。收录年限自 1915 年起,部分期刊回溯至创刊。CAJD 收录期刊共计 8 188 种,全文文献总量 46 644 403 篇,是检索国内期刊文献和获取全文的最重要的数据库。

2) 检索方法

CAJD 的检索方法如图 3-46 所示,主要有三大类,分别是学科分类检索、期刊导航和字段限定检索。

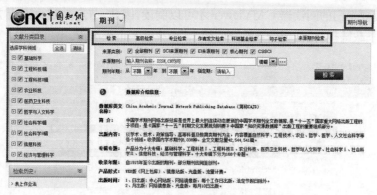

图 3-46　CAJD 检索方法

(1) 学科分类检索:学科分类检索方法如图 3-47 所示。首先,在"文献分类目录"部分点击相应专辑前面的"＋"展开下级目录,本例点击了"信息科技"专辑,"＋"已变为"－",表示已展开下一级专题目录;在展开的专题目录中继续点击相关专题前面的"＋"展开第三级目录……直至出现检索者关注的专题;选中目标专题前面的复选框,如本例选择了"计算机软件及计算机应用"专题,图中右下方的结果区即显示出检索结果,共计 1 086 899 条记录。

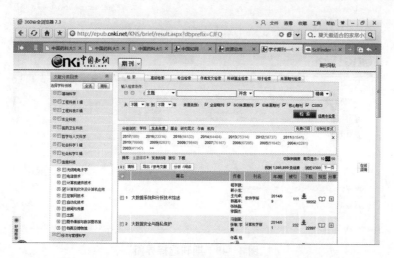

图 3-47　学科分类检索

(2) 期刊导航:在图 3-46 所示界面,点击"期刊导航"打开期刊导航检索的界面,如图 3-48 所示。

在期刊导航界面,可选择"分类导航""首字母导航"或"检索"3种方式查找期刊。例如,选择"分类导航"的"专辑导航"的"自然科学与工程技术",右下方结果区即展示出6个相关专辑,依次是基础科学、工程科技Ⅰ、工程科技Ⅱ、农业科技、医药卫生科技和信息科技。选择"信息科技"的"计算机软件及计算机应用",结果区展示出相关的78种杂志。点击其中的"中国图象图形学报",出现杂志选择界面,如图3-49所示。在杂志选择界面,可选择年、期及文章三级的检索,点击文章标题,将出现节点文献的详细信息,如图3-50所示。在节点文献界面,选择CAJ下载或PDF下载可获取全文。注意:CAJ和PDF需要相应的阅读器才可以阅读,特别是CAJ,需要专门的阅读器CAJViewer才可以阅读,因此,节点文献页面上方同时给出了CAJViewer的下载链接。"首字母导航"和"检索"查找期刊也很简单,不再赘述。

图3-48 期刊导航界面

图3-49 期刊选择界面

(3)字段限定检索:字段限定检索支持基本检索、高级检索、专业检索、作者发文检索、科研基金检索、句子检索和来源期刊检索七种检索。这七种检索主题明确,都很容易学习和掌握,书中以"高级检索"为例介绍字段限定检索的使用方法。

图 3-50 节点文献

"高级检索"的界面如图 3-51 所示。

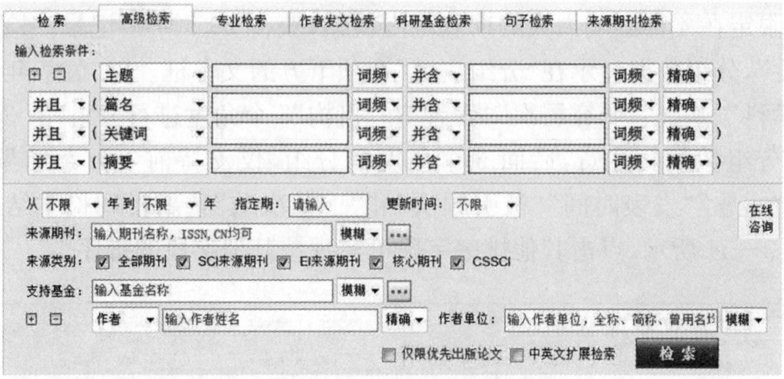

图 3-51 高级检索界面

高级检索实质是多字段特征组合外加一系列限制条件的检索。检索界面上半部分用于设置字段特征,下半部分用于设定其他限制。

字段设置部分,右上角的"+"和"-"分别用于增加和减少字段条件的数量,默认是 4 个字段条件。每个字段可设置两个特征,具体如图 3-52 所示,首先从 9 个字段中选择一个字段如"主题",然后输入第一个主题的关键字如"数据挖掘",然后选择词频,接着,设置当前字段两个特征的逻辑关系,"并含""或含"或"不含",本例选择"并含",然后设置第二个主题的关键字如"粗糙集"并设置"粗糙集"的词频,最后选择"精确"还是"模糊"检索,完成当前字段的设置。设置好第一个字段条件后在下一行的开始处选择第二个字段条件和前序字段条件的关系,"并且""或者""不含"选一,然后用和第一个字段类似的方法设置第二个字段的特征……直至完成所有字段的设置。

其他限制条件主要是年限、更新时间、来源期刊、来源期刊类别、基金、作者、作者单位、是否仅限于优先出版的论文和是否进行中英文扩展检索。本例设置了年限为 2005 年至今。

字段特征和其他限制条件都设置完成后,点击右下角的"检索"按钮,就可以在右下方的检索结果区看到检索结果。本例的检索结果为 544 篇文献,同时,高级检索条件设置面板的

图 3-52 高级检索示例

右下角出现"结果中检索",其使用方法是,首先设置面板的检索条件,然后点击该链接,从而实现检索结果的进一步精炼,减少文献数量,提高查准率。

文献检索的结果常常使用结果区的"分组浏览"和"排序"功能辅助进行分析与筛选。如图 3-53 所示,文献分类目录选择"信息科技"的"计算机软件及计算机应用",设置年限为 2014 到 2015,限定在 4 种影响力大的期刊范围检索,获得 29 509 条记录。检索结果默认分组为"发表年度",分组数据显示在"分组浏览"选项下方的文本框。除"发表年度"外,分组浏览还支持从"学科""基金""研究层次""作者"和"机构"5 个角度进行分组,图 3-54 给出了按"学科"分组的分组数据。注意,后面 5 个角度的分组,仅支持前 4 万条结果记录的分组。"排序"支持按"主题""发表时间""被引频次"和"下载次数"重新排列检索结果,默认按"主题"排序,如图 3-54 所示,点击其他排序字段可实现按其他字段的排序。

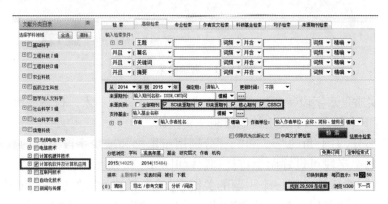

图 3-53 文献分析案例

另外,检索结果区还提供"分析/阅读"功能。"分析"功能产生文献互引图,让检索者直观分析文献的相互印证关系。文献互引图中,蓝色球表示选中的文献;绿色球表示蓝色球的参考文献,代表蓝色球的研究基础;黄色球表示蓝色球的引证文献,即以蓝色球为参考文献的文献,代表了选中文献的研究方向。球大小表示引用次数多少,刚进入一个新的领域一般重点查看蓝色和黄色大球。"阅读"功能提供"组合在线阅读"支持,有利于文献比对。

CAJD 为用户提供的检索方式灵活多样,文献分析功能强大,检索时要合理使用这些功能。

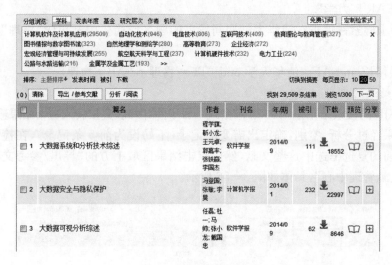

图 3-54 按学科分组

3）**语法规则**

CAJD 不支持叙词，因此，典型的外表特征和内容特征语言就是关键词语言。

CAJD 的分类参照了《中图法》，CAJD 把“中图分类号”列为检索字段，但 CAJD 分类不同于《中图法》，CAJD 共分十大专辑：基础科学、工程科技Ⅰ、工程科技Ⅱ、农业科技、医药卫生科技、哲学与人文科学、社会科学Ⅰ、社会科学Ⅱ、信息科技、经济与管理科学。十大专辑下分为 168 个专题。

CAJD 主要的检索运算符及其含义见图 3-55。

运算符	检索功能	检索含义	举例	适用检索项
='str1'*'str2'	并且包含	包含str1和str2	TI='转基因'*'水稻'	所有检索项
='str1'+'str2'	或者包含	包含str1或者str2	TI='转基因'+'水稻'	
='str1'-'str2'	不包含	包含str1不包含str2	TI='转基因'-'水稻'	
='str'	精确	精确匹配词串str	AU='袁隆平'	作者、第一责任人、机构、中文刊名&英文刊名
='str /SUB N'	序位包含	第n位包含检索词str	AU='刘强 /SUB 1 '	
%'str'	包含	包含词str或str切分的词	TI%'转基因水稻'	全文、主题、题名、关键词、摘要、中图分类号
='str'	包含	包含检索词str	TI='转基因水稻'	
=' str1 /SEN N str2 '	同段，按次序出现，间隔小于N句		FT='转基因 /SEN 0水稻'	
=' str1 /NEAR N str2 '	同句，间隔小于N个词		AB='转基因 /NEAR 5 水稻'	主题、题名、关键词、摘要、中图分类号
=' str1 /PREV N str2 '	同句，按词序出现，间隔小于N个词		AB='转基因 /PREV 5 水稻'	
=' str1 /AFT N str2 '	同句，按词序出现，间隔大于N个词		AB='转基因 /AFT 5 水稻'	
=' str1 /PEG N str2 '	全文，词间隔小于N段		AB='转基因 /PEG 5 水稻'	
=' str $ N '	检索词出现N次		TI='转基因 $ 2'	
BETWEEN	年度阶段查询		YE BETWEEN ('2000','2013')	年、发表时间、学位年度、更新日期

图 3-55 CAJD 的检索运算符

另外，CAJD 使用“AND”“OR”“NOT”等逻辑运算符和“()”符号将表达式按照检索目标组合起来。

注意：

（1）所有符号和英文字母，都必须使用英文半角字符。

（2）“AND”“OR”“NOT”3 种逻辑运算符的优先级相同；如要改变组合的顺序，可使用英文半角圆括号“()”将条件括起。

（3）逻辑关系符号“与(AND)”“或(OR)”“非(NOT)”前后要空一个字节。

（4）使用“同句”“同段”“词频”时，需用一组西文单引号将多个检索词及其运算符括起，如"流体 /NEAR 5 力学"。

例如:要求检索钱伟长在清华大学期间发表的题名或摘要中都包含"物理"的文章。检索式为:

AU＝钱伟长 and AF＝清华大学 and（TI ＝物理 or AB＝物理）

4）检索结果的输出

鉴于CAJD的检索结果是中文,著录格式一目了然,因此,直接转入检索结果输出的介绍。

检索结果经过分析、鉴别,确定出需要的记录(不妨设为前5条记录),在检索结果区点击相应文献前的复选框选中这些文献,然后点击结果区域上方的"导出/参考文献",将5条记录导入"文献管理中心",具体如图3-56所示。

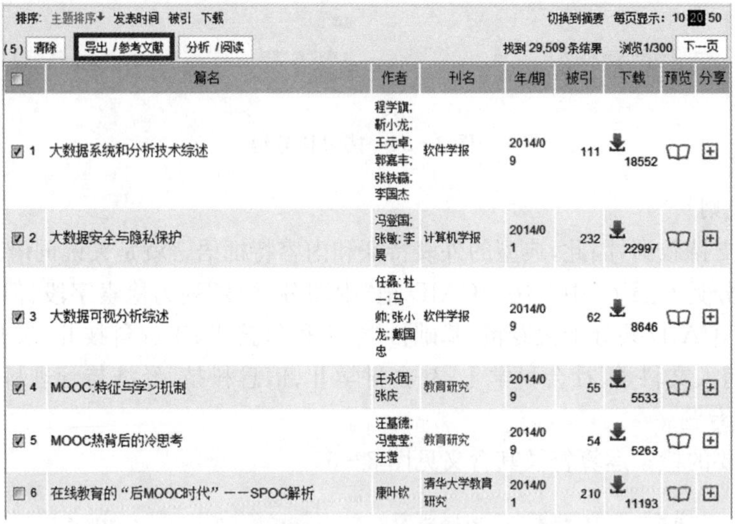

图 3-56　选中文献导出

在"文献管理中心",进一步筛选文献或选中多次导出至此的目标参考文献,然后点击"导出/参考文献"进入文献输出页面,具体如图3-57所示。

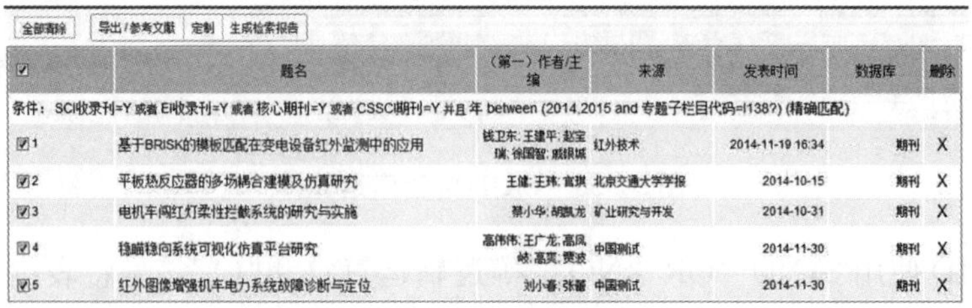

图 3-57　文献管理中心

文献输出页面的左边列出了CAJD支持的结果输出格式列表,默认为"CAJ-CD 格式引文",可以切换为列表的其他格式,如后续管理软件使用 EndNote,应选择"EndNote"格式,页面右边结果显示区会动态调整为左边选中的格式,具体操作如图3-58所示。最后,在页面右上方选择输出方式,CAJD的输出方式主要有"剪贴板""打印""导出""xls""doc"和"定制到个人/机构馆"6种,最常用第三种"导出",在随后出现的对话框中设定文件名、位置,即可实现结果导出为指定格式的文件,具体操作如图 3-59 所示。

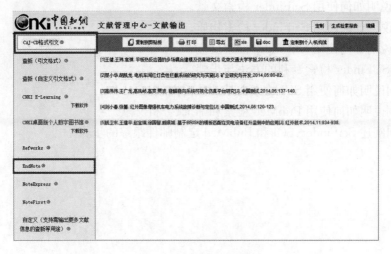

图 3-58　文献输出页面

图 3-59　导出对话框

3.3　本章小结

书籍、期刊是两类最常见、最常用的文献。本章主要讲解了书籍检索常用的系统,特别强调了百链和读秀的使用;同时,本章阐述了期刊文献检索的步骤、获取全文的方法和期刊检索常用的系统,重点对药学领域常用的期刊文献检索系统 SciFinder、PubMed、SCI 和 CNKI 的中国学术期刊网络出版总库进行了详细介绍。本章是药学信息检索篇的重点。

☞ 习题

1. 说出 5 种以上常用的期刊文献检索工具及其特点。
2. 常用的免费获取全文的方法有哪些?如何使用?
3. 如何使用 CNKI 检索期刊,结果如何导出为 word 格式的文件?
4. 百链可以检索哪些类型的信息资源?举例说明如何使用百链检索书籍。

5. 如何使用百链获取期刊全文？
6. 举例说明如何使用 SciFinder 检索文献。
7. 举例说明如何使用 SciFinder 检索物质。
8. 举例说明如何使用 SciFinder 检索反应。
9. 试述 SciFinder 检索专利的方法与步骤。
10. 举例说明如何使用 SCI 检索文献及分析文献。
11. 举例说明如何使用 PubMed 检索和筛选、分析文献。
12. 分别阐述 SciFinder、SCI 和 PubMed 定制邮件跟踪的步骤。

第4章 特种文献检索

特种文献,一般指通过常规的出版流通途径或一般的查阅方法难以获得的、有使用价值的各种知识信息载体,具有特殊的、其他文献所不能取代的价值,又称灰色文献、半文献内部资料。它是当前国内外图书情报界公认的重要情报源之一,在医学文献检索中也占有重要地位。

特种文献的类型很多,它包括:没有公开出版的各种政府机关内部报告、政府文书、政策性文件及调研报告;各种内部专业技术报告和学术会议资料;未正式出版的学位论文;内部书刊、书信、手稿、档案文献;未在媒体上正式出现的商业广告、企业产品样本、产品目录和技术开发信息资料;科研情报机构的内部出版物等等。

特种文献内容丰富,信息量大,涉及各个学科、各种主题,反映最新的科研动态、成果和信息;同时,特种文献出版及时迅速,资料来源可靠,具有权威性。因而它是一种反映各领域发展动态、发展水平的高质量、新信息的信息源,蕴含的情报价值是常规文献所无法代替的。本章主要介绍专利文献、会议文献、学位论文、标准文献和科技报告几类特种文献的特点、作用以及检索方法。

4.1 专利检索

专利检索就是根据一项或数项特征,从大量的专利文献或专利数据库中挑选符合某一特定要求的文献或信息的过程。由于全世界专利众多,且具有优先权的特征,任何人都不能保证自己的想法是世界上独一无二的,个人能想到的发明专利,别人很有可能也想到,所以任何个人和企业在申请专利前,都应认真检索一下是否自己的想法已经被其他人实现,是否专利已经出现在世界各大专利局的数据库中而不自知。

专利检索对于企业的成长,对于全球生产力的节省与提高,是有举足轻重的作用的。专利检索成为专利人和企业之间的一座桥梁,为推动专利转化做出了不朽的贡献,专利人只需提供专利名称、专利人姓名、专利号等其中任何一项,企业就可以通过专利检索来查询专利的真实性和法律状态。

4.1.1 专利概述

专利信息是现代社会不可缺少的重要信息资源。据欧洲专利局统计,世界上所有技术知识的80%都能在专利信息中找到。世界知识产权组织(WIPO)有关部门也做过统计,世界上90%~95%的发明成果以专利信息的形式问世,其中约有70%的发明成果无法通过其他非专利信息形式获取,若能应用好专利信息,可节省40%的研发经费,节省60%的时间。

1) 专利的定义

专利一词最早出现于英国,早在1324年到1377年,英王爱德华二世和爱德华三世在位期间,为了发展工业,英国国王废除了不许外国人在英国国内经营工业的规定,采取了保护和鼓励其他国家的技术人员定居英国的政策,并对有发明的技术人员授予法令特权,即把由国王亲自签署的特殊权利证书授予发明人,持有这种证书的,就享有垄断发明的权利。当时把这种证书称为专利证书(Letters Patent),目前英文"专利"一词(Patent)即源于此。

1623年,《垄断法规》在英国问世,它是世界上第一部具有现代意义的专利法。到目前为止,全世界共有160多个国家建立了专利制度。

在建立了专利制度的国家,某一发明创造由发明人或设计人向专利主管部门提出申请,经审查批准授予在一定年限内享有独占该发明创造的权利,并在法律上受到保护,任何人不得侵犯。这种受法律保护、技术专有的权利被称为专利。

2) 专利的三层含义

在我国,专利有三层含义,分别是专利权、专利技术和专利文献。

第一,专利是专利权的简称,指专利权人对发明创造享有的专利权,即国家依法在一定时期内授予发明创造者或者其权利继受者独占使用其发明创造的权利,这里强调的是权利。专利权是一种专有权,这种权利具有独占的排他性。非专利权人要想使用他人的专利技术,必须依法征得专利权人的授权或许可。

第二,技术是受国家认可并在公开的基础上进行法律保护的专有技术。"专利"在这里具体指的是技术方法——受国家法律保护的技术或者方案。

第三,专利指专利局颁发的确认申请人对其发明创造享有的专利权的专利证书或指记载发明创造内容的专利文献,是在专利管理过程中产生的文件及各类出版物的总称。

广义的专利文献主要有两种,即专利说明书和专利公报。

专利说明书是个人或企业为了获得某项发明的专利权,在申请专利时必须向专利局呈交的有关该发明的详细技术说明,一般由3部分组成:① 著录项目。包括专利号、专利申请号、申请日期、公布日期、专利分类号、发明题目、专利摘要或专利权范围、法律上有关联的文件、专利申请人、专利发明人、专利权所有者等。专利说明书的著录项目较多并且整齐划一,每个著录事项前还须标有国际通用的数据识别代号(INID)。② 发明说明书。是申请人对发明技术背景、发明内容以及发明实施方式的说明,通常还附有插图,旨在让同一技术领域的技术人员能依据说明重现该发明。③ 专利权项(简称权项,又称权利要求书),是专利申请人要求专利局对其发明给予法律保护的项目,当专利批准后,权项具有直接的法律作用。

专利公报有广义和狭义两种解释,广义是指专利公报、实用新型公报、外观设计公报或其总合——工业产权公报的统称。即各工业产权局根据各自工业产权法、公约及条约的法律要求,报道有关工业产权申请的审批状况及相关法律法规信息的定期出版物。狭义仅指报道有关专利申请的审批状况及相关法律法规信息的定期出版物。

3) 我国专利的种类

专利的分类在不同的国家有不同的规定,如部分发达国家中分为发明专利和外观设计专利,我国专利法规定的种类为发明专利、实用新型专利和外观设计专利三种。发明专利权的期限为20年,实用新型专利权和外观设计专利权的期限为10年,均始于申请日。

(1) 发明专利

发明专利指对产品、方法或者其改进所提出的新的技术方案。

首先,发明是一项新的技术方案,是利用自然规律解决生产、科研、实验中各种问题的技术解决方案,一般由若干技术特征组成。其次,发明分为产品发明和方法发明两大类型。产品发明包括所有由人创造出来的物品,方法发明包括所有利用自然规律通过发明创造产生的方法。方法发明又可以分成制造方法发明和操作使用方法发明两种类型。另外,专利法保护的发明也可以是对现有产品或方法的改进。

(2) 实用新型专利

实用新型是指对产品的形状、构造所提出的适于实用的新的技术方案。由这个定义可以看出,实用新型专利只保护产品,而产品必须具备两个要素:第一,它是个物品,实用新型保护的产品必须是具有确定的形状、构造,占据一定空间的实体。第二,它的产生必须经过一定的生产制造过程,即该产品必须能够在产业上制造,并且能够产生积极效果。实用新型同时必须是一项新的技术方案,所谓"新的技术方案"是指该技术方案在申请日以前没有被公知公用,既没有在国内外出版物上被公开披露,也没有相同内容的在先申请被公布在中国专利公报上,该产品没有在国内被公开出售、公开使用。

(3) 外观设计专利

外观设计也称工业品外观设计。我国专利法所称外观设计,是指对产品的形状、图案或者结合以及色彩与形状、图案的结合所做出的富有美感并适于工业应用的新技术。按照这个定义,外观设计必须具备下列要素:外观设计必须与产品有关;必须是产品形状、图案或者色彩与形状、图案的设计;凡是富有美感的外观设计必须是肉眼可以直接看到的,因为肉眼看不到的设计,无法使人产生美感,是否富有美感,应按照消费者的眼光看,认为是美观的,就可以认为富有美感;适合工业上应用是指使用该项外观设计的产品能够在工业上大量复制生产。

4) 部分专利术语

在专利文献中,专业术语是其核心内容和重要组成部分,下面介绍一部分专利术语。

(1) 申请号:中国采用8位或12位数字编码,前2位数字(从2004年起使用4位数字)代表申请的年代;第3位数字(2004年后的编码为第5位数字)代表不同的专利类型[1代表发明专利,2代表实用新型专利,3代表外观设计专利,8为PCT(专利合作条约:Patent Cooperation Treaty)发明专利,9为PCT实用新型专利];后几位数字是当年各项专利申请的流水号,最后是小数点和1位计算机校验码。例如,"CN200420034660.3";校验位是用前8位数字依次和2、3、4、5、6、7、8、9相乘,将它们的乘积相加所得之和再用11除后所得的余数。当余数等于或大于10时,用X表示。

(2) 专利号:是指获得授权的专利的编号。我国的专利编号与申请号相同,仅在前面加ZL。例如,"ZL 2004214062.7"。

(3) 公开号/公告号:公开号是为发明专利申请公开说明书的编号,亦称专利文献号,此时还没有实审授权,授权后采用公告号,2007年以后两号相同。实用新型和外观设计专利两号相同。

(4) 国别代码:是指专利号前的2个英文字母,如EP(欧洲)、CA(加拿大)、CN(中国)、DE(德国)、GB(英国)、JP(日本)、WO(世界知识产权组织)等。

(5)《国际专利分类表》(IPC 分类):IPC 分类是国际上通用的专利文献分类法。用国际专利分类法分类专利文献(说明书)而得到的分类号,称为国际专利分类号,通常缩写为 IPC 号。IPC 分类每 5 年修改一次,普遍使用的是第 3 版或第 4 版,用 Int Cl～3 或 Int Cl～4 表示。

由于专利分类法众多,专利检索时常会遇到多种专利分类号,典型的有国际专利分类号(IPC)、欧洲专利分类号(ECIA)、美国专利分类号(CCL)、日本专利分类号(F1/F-term)等。其中专利检索系统比较通用的是 IPC。在欧洲专利局的网站既可以使用 IPC,也可以使用 ECIA(分类体例与 IPC 类似,但分类更细、更方便),而在美国专利商标局的网站只能使用 CCL。因为我国正在使用国际专利分类法,所以我国的专利系统检索大都支持 IPC 号检索。

4.1.2 专利检索工具

专利检索工具很多,典型的有三大类,分别是知识产权局的专利检索系统、专利数据库和专利搜索引擎。

1) 知识产权局专利检索系统

知识产权局的专利检索系统是专利检索最权威的工具,常用的知识产权局专利检索工具有中国国家知识产权局(State Intellectual Property Office of the P.R.C)专利检索、美国专利商标局(U.S. Patent & Trademark Office)专利检索、欧洲专利局专利检索数据库和日本专利局(JPO)网上专利数据库(英文版)。

(1) 中国国家知识产权局(http://www.sipo.gov.cn):是国家知识产权局建立的政府性官方网站,是国家知识产权局对国内外公众进行信息报道、信息宣传、信息服务的窗口。该网站提供多种与专利相关的信息服务,包括概况、要闻动态、法律法规、专利管理、政策理论、国际合作、信息化工作、教育培训、公告、统计信息等栏目。该网站提供了有关专利申请、专利审查、专利保护、专利代理、PCT 介绍、集成电路布图设计、文献服务、图书期刊、专利信息产品、专利培训、专利知识与专利工作问答等方面的详细信息,并建立了与知识产权相关政府网站、地方知识产权局网站、知识产权服务网站、国外知识产权网站、知识产权司法网站的链接,是用户通过因特网查找专利信息的重要途径。

国家知识产权局网站中的专利数据库收录了 1985 年中国专利法实施以来公开的全部中国发明、实用新型、外观设计专利的题录、文摘、说明书全文和法律状态信息,是检索中国专利的权威数据库。国家知识产权局专利检索与服务系统注册后才可使用,系统共收集了 103 个国家、地区和组织的专利数据,同时还收录了引文、同族、法律状态等数据信息。专利检索与服务系统如图 4-1 所示。

另外,国家知识产权局还对公众提供公众查询服务,网址为 http://publicquery.sipo.gov.cn/index.jsp?language=zh_CN,不必注册也可检索我国专利。

(2) 美国专利商标局专利检索:美国是世界上专利数量最多的国家之一。美国专利商标局网站(http://patft.uspto.gov/)是美国专利商标局建立的政府性官方网站。美国专利商标局(USPTO)已将 1790 年以来的美国各种专利的数据在其政府网站上免费提供给世界上的公众查询。该网站针对不同信息用户设置了专利授权数据库、专利申请公布数据库、法律状态检索、专利权转移检索、专利基因序列表检索、撤回专利检索、延长专利保护期检索、专利公报检索及专利分类等。

第 4 章 特种文献检索

图 4-1 国家知识产权局专利检索与服务系统

USPTO 分为授权专利数据库 Issued Patents（PatFT）和申请专利数据库 PatentApplications（AppFT）两部分：授权专利数据库提供了 1790 年至今各授权的美国专利，包括 1790 年以来公布的专利的页面影像（tiff 文件）、1971 年 8 月至 1975 年公布的部分专利和 1976 年以来公布的全部美国专利的全文（txt 文件）；申请专利数据库提供尚未被批准的专利申请的全文和页面影像。数据库每周更新一次。界面如图 4-2 所示。

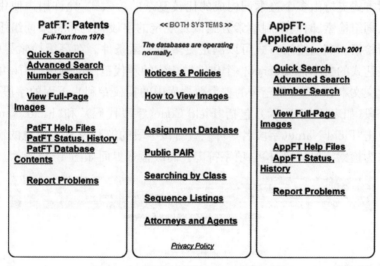

图 4-2 美国专利商标局专利检索界面

授权专利数据库含有三种检索方式：快速检索（Quick Search）、高级检索（Advanced Search）和专利号检索（Patent Number Search）。

快速检索方式仅允许两个检索字段之间进行逻辑组配检索，涉及专利名称、摘要、专利号等三十来个检索字段。

快速检索提供两个检索入口：Term 1 和 Term 2。与两个检索口对应的是两个相应检索字段选项：Field 1 和 Field 2。快速检索的两个检索字段（Field 1、Field 2）之间有一个布尔逻辑运算符选项。在检索字段"Field 2"下方有一个年代选择项（Select years）。所有选项均可以展开一个下拉式菜单,供用户根据检索需求选择所需的特定检索字段和检索年代,并在两个检索字段之间用布尔逻辑运算符来构造一个完整的检索式。具体如图4-3所示。

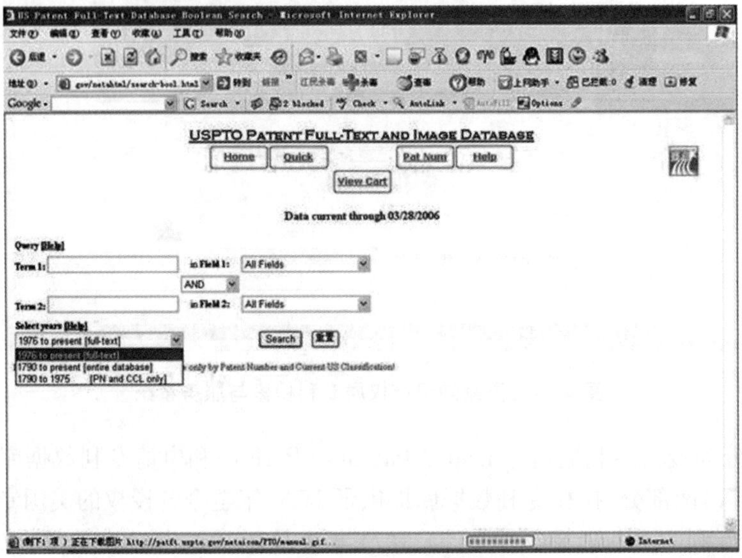

图4-3 快速检索界面

高级检索方式支持由多个检索词构成的比较复杂的检索式,允许用户使用布尔逻辑算符、截词算符、词组检索、时间限制检索方式以及规定的字段代码将检索词组织成为一个检索表达式进行检索。高级检索方式可以满足更多的检索条件。在高级检索界面上,有一个供输入检索表达式的文本框Query,一个供选取检索的年代范围的选项(1976年至今的美国授权专利的全文文本和1790年至今的整个数据库内的授权专利),下面的字段框内有31个可供检索的字段(如表4-1所示),包括"Field Code(字段代码)"和"Field Name(字段名)"的对照表。点击"Field Name(字段名)"可以查看该字段的解释及具体信息的输入方式。检索的表示方法为检索字段代码/检索项字符串。高级检索界面如图4-4所示。

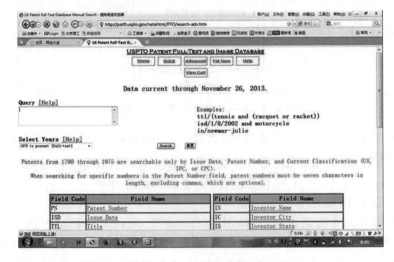

图4-4 高级检索界面

表 4-1 具体显示 31 个检索字段的字段代码及字段名称。

表 4-1 USPTO 专利数据库常用检索字段

字段代码	字段名称
TTL	Title(专利名称)
ABST	Abstract(文摘)
ISD	Issue Date(公布日期)
PN	Patent Number(专利号)
APD	Application Date(申请日期)
APN	Application Serial Number(申请号)
AN	Assignee Name(受让人姓名)
AC	Assignee City(受让人所在城市)
AS	Assignee State(受让人所在州)
ACN	Assignee Country(受让人国籍)
ICL	International Classification(国际专利分类)
CLAS	Current U.S. Classification(当前美国分类)
EXP	Primary Examiner(主要审查员)
EXA	Assistant Examiner(助理审查员)
SPEC	Description/Specification(说明书)
APT	Application Type(申请类型)
IN	Inventor Name(发明人姓名)
IC	Inventor City(发明人所在城市)
IS	Inventor State(发明人所在州)
ICN	Inventor Country(发明人国籍)
GOVT	Government Interest(政府利益)
PARN	Parent Case Information(母案申请日期)
PCT	PCT information(PCT 信息)
PRIR	Foreign Priority(外国优先权)
REIS	Reissue Data(再版数据)
RLAP	Related U.S. App.data(相关国内申请)
Ref	U.S.References(US 参考文献)
FREF	Foreign References(外国参考文献)
OREF	Other References(其他参考文献)
LREP	Attorney or Agent(律师或代理人)
ACLM	Claim(s)(权利要求)

例如,在文本框中输入检索表达式"TTL/(glyoxylic AND (production OR preparation OR manufacture) AND NOT (derivatives OR ester OR esters))",高级检索示例结果如图4-5所示。

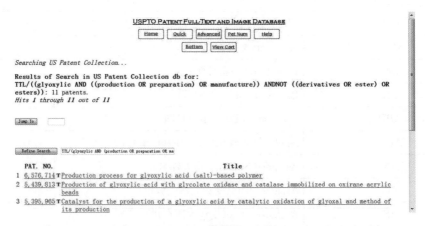

图4-5 高级检索示例

在专利号检索界面上,只设有一个专利号检索入口输入框。将已知的专利号在输入框中直接输入进行检索,即可直接索取专利说明书全文,专利号检索界面如图4-6所示。

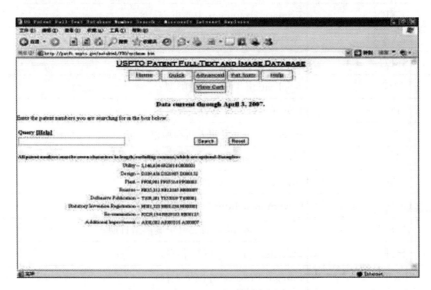

图4-6 专利号检索界面

在进行专利号检索时,不区分大小写;支持实现短语检索,如检索双氯芬酸钠,关键词为"diclofenac sodium";支持"＄"表示字符串后面的字符(只能是后面,不能是中间或前面),而且,指定字段检索时,字符串前面的字符至少3个,不指定字段检索时,至少要4个。如检索抗生素有关专利,关键词可用"antibiotic＄""antibiotic"和"antibiotics",相关记录都会被检出。

美国专利商标局的专利检索结果如图4-7所示。

第4章 特种文献检索

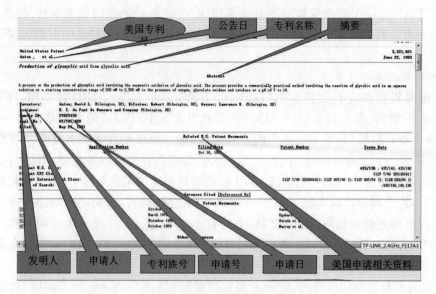

图4-7 检索结果

(3) 欧洲专利局专利检索数据库(http://worldwide.espacenet.com/)：欧洲专利局作为世界范围专利信息的主要提供者，由各成员国提供本国最新专利信息。欧洲专利局各成员国通过建立本国的网络服务器，为用户提供所需语种支持，网址中的主机名部分(worldwide)用其国别代码，如英国为 gb，法国为 fr，西班牙为 es，塞浦路斯为 cy，瑞士为 ch 等。各国的镜像站除设本国官方语言的网页外，都有英文网页。

用户可检索欧洲专利局收集的世界上63个国家和地区公布的专利，并可获得欧洲专利局、法国、德国、瑞士、英国、美国和世界知识产权组织专利的全文，中国和日本专利的文摘，以及其他国家和地区专利的题录。

欧洲专利局专利检索数据库提供4种检索方式，分别为 Quick Search（快速检索）、Advanced Search（高级检索）、Number Search（号码检索）和 Classification Search（分类检索）。检索完毕，系统在窗口显示的检索结果主要有检索结果列表、使用的数据库中与检索式相匹配的检索结果记录数。

(4) 世界知识产权组织(WIPO)网上专利检索数据库：世界知识产权组织数据库提供世界多个国家的专利数据库服务，主要包括 PCT 申请电子公报、马德里申请商标数据库、JOPAL 科学技术期刊数据库、印度专利数据库、欧洲专利数据库等。这些数据库在 WIPO 主页上都有链接。其中，PCT 电子公报数据库可以检索1997年1月1日至今公布的 PCT 专利申请，JOPAL 数据库可以检索1981年至今的世界范围内具有重要影响的科学技术期刊。该数据库提供专利免费检索和说明书全文免费下载，网站有中文界面(http://www.wipo.int/portal/zh/)，但1997年1月之前的说明书只能进入欧洲专利局网上专利检索系统的"worldwide"进行检索。数据库每周公开日（周四）及时更新著录项、摘要等内容，扫描图片在公开14天后放入数据库。在 PCT 专利数据库检索界面上还有哥斯达黎加、智利、非洲地区知识产权组织、新加坡、韩国等国家或地区组织的专利数据库，用户可根据需要自行选择。

(5) 日本专利局(JPO)网上专利数据库(http://www.jpo.go.jp/index_e/patents.

html):由日本特许厅工业产权数字图书馆提供,收集了各种公报的日本专利,包括1976年10月以后所有公开的日本专利说明书扫描图片,其中1993年以后的说明书都实现了英文文本化。

2)专利数据库

(1)德温特世界专利创新索引(Derwent Innovation Index,DII)数据库:DII数据库(1963年至今)将"世界专利索引(WPI)"和"专利引文索引(PCI)"的内容整合在一起,收录全球40多个专利机构(涵盖100多个国家和地区)的1 000多万项基本发明、3 000万个专利,利用ISI Web of Knowledge平台,为研究人员提供世界范围内的化学、电子与电气以及工程技术领域内综合全面的专利信息。DII数据库每周增加来自全球40多个专利机构授权的、经过德温特专利专家深度加工的20 000篇专利文献;同时,每周还要增加来自6个主要的专利授权机构的被引和施引专利文献,大约有45 000条记录。这6个主要专利授权机构包括世界专利组织(WO)、美国专利商标局(USPTO)、欧洲专利局(EPO)、德国专利商标局(DPMA)、英国知识产权局(UK-IPO)和日本专利局(JPO)。

DII数据库收集专利族情况,记录专利发展情况;提供Derwent分类数据,方便专利检索;提供Citations引文信息;提供Navigation导航,通过导航功能可以链接到引证专利的全文,也可以通过ISI Web of Science链接到一般技术文献。该数据库对检索结果提供专利权所有人、分类号、发明人、主题领域的统计功能,并且支持专利摘要的批量下载。DII数据库具有方便精确的检索机制和清晰简洁的专利发明解释,并因准确性著称于世。DII数据库的数据每周更新。

(2)IMS药物专利(IMS Patent Focus)数据库:IMS Patent Focus数据库是IMS HEALTH公司的产品。该数据库的信息来源于各国专利文献和相关的化学资源,提供了超过3 000种商业制药化合物的专利申请状况,包括市场动态和Ⅲ期临床试验(或之后)的信息,包括药品的属名、药厂编号、CAS注册号、化学名称、同义词、治疗说明、专利文摘、发展历史、世界范围发展的最新阶段、商业潜力和公司活动。该数据库的亮点是药物专利的全球申请状况,评估专利届满日期和延长的可能性。用户可以通过OVID等数据库平台检索该数据库。

(3)同族专利/法律状态数据库(INPADOC/Family and Legal Status):该数据库由欧洲专利局提供,包括在77个国家和地区及专利组织发布的专利目录,是公认的查找同族专利和法律状态最权威的数据库,是DIALOG的专利检索系统。国际专利文献中心(IN-PADOC)在世界知识产权组织的支持下成立于1972年,提供集中的专利文献目录资源。INPADOC目前是欧洲专利局所属的欧洲专利文献信息系统的一部分。DIALOG收录的INPADOC版本独到地集中了所有专利的系列。所有相类似的专利都享有同样的优先级别。专利系列里面包括了超过4千万专利和4 200万条专利的法律状态。每一条记录都包括了目录,有标题、发明者,大多数专利都有代理人、专利应用日期和法律状态信息。数据库甚至还可以提供70个国家组织中优先应用的号码、国家、日期和相关专利,提供22个国家的专利法律状态信息,数据每周更新。

3)专利搜索引擎SooPat

SooPat(http://www.soopat.com/)是一个专利数据搜索引擎,如图4-8所示。Soo为"搜索",Pat为"patent",SooPat即"搜索专利"。正如其网站所宣称的那样,SooPat致力于

第 4 章 特种文献检索

做"专利信息获得的便捷化,努力创造最强大、最专业的专利搜索引擎,为用户实现前所未有的专利搜索体验"。SooPat 本身并不提供数据,而是将所有互联网上免费的专利数据库进行链接、整合,并加以人性化的调整,使之更加符合人们的一般检索习惯。

图 4-8　专用搜索引擎 soopat

SooPat 中国专利的数据来自国家知识产权局互联网检索数据库,国外专利数据来自各个国家的官方网站。以"微软"为关键字来检索可得到如图 4-9 所示的结果。

图 4-9　soopat 专利检索

可以看到,每个专利有"实用新型""发明"的标示,有申请人、摘要等等的信息,可以让检索者判断是否对你有用。SooPat 不用注册即可免费检索,并提供全文浏览和下载,尤其对中国专利全文提供了免费打包下载功能,且速度极快,如果选择注册成为 SosoPat 的会员,还可以选择保存检索历史并进行个性化的设定。SooPat 还具备强大的专利分析功能,提供多种类型的专利分析,用专利图表表示。

常用的检索工具还有 SciFinder。SciFinder 检索平台由美国化学文摘服务社(Chemical

Abstracts Service，CAS)自主研发,为全球超过 1 200 多个学校提供有关生物化学、化学、化学工程、医药等化学相关学科的一站式信息服务。SciFinder 数据库收录了来自全球 200 多个国家和地区的 60 多种语言的文献资料,收录的文献量占全世界化工化学总文献量的98%。SciFinder 收录的文献种类很多,主要包括期刊、专利、评论、会议录、学位论文、技术报告和图书中的化学研究成果等。SciFinder 准确、全面,支持研究领域分析,但是需剔除 IP.com Journal 的专利信息文献、同族专利重复统计,并且期刊格式的检索结果不利于专利深度分析。DII 的每一条记录描述了一个专利家族,检索结果含金量高,易于统计分析,检索结果包含一个或多个专利号、标题、发明人、专利权属机构、德温特存取号、摘要、图、德温特分类号、德温特人工号、专利出版日期、页数及语种、申请细节及日期、优先申请信息及日期和国际专利分类号,并支持专利多角度分析。下面以拉帕替尼(lapatinib)专利检索为例,用 SciFinder 全面检索。

第一步首先检索药物结构,如图 4-10 所示。

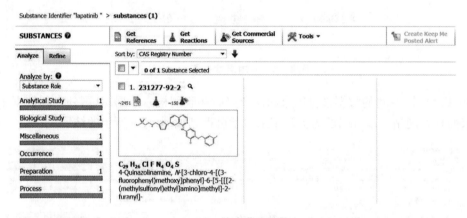

图 4-10 检索药物结构

接下来第二步进行化学结构的检索,精确结构检索或相似结构检索,得分≥99,如图 4-11 所示。

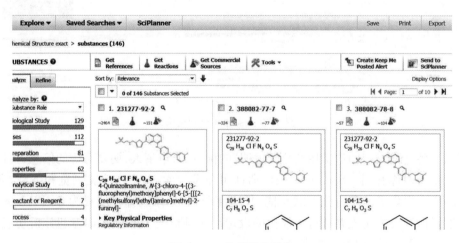

图 4-11 化学结构检索

第三步是进行专利检索和 Markush 检索,如图 4-12 和 4-13 所示。

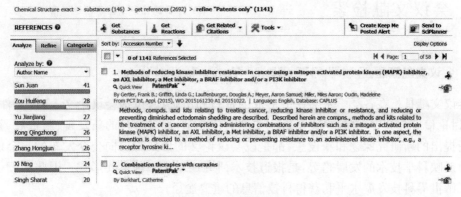

图 4-12 专利检索

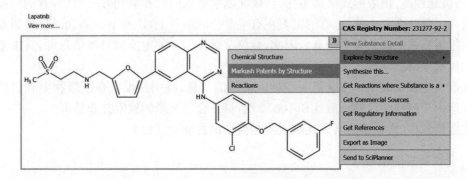

图 4-13 Markush 检索

接下来对检索结果进行合并,对检索结果标示类别,如图 4-14 所示。

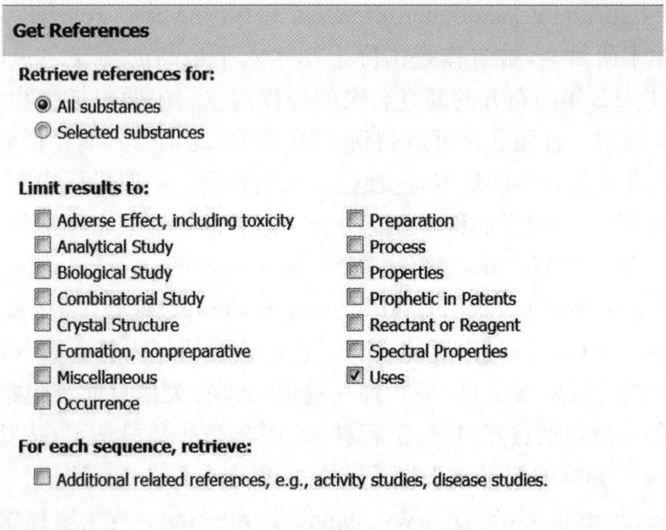

图 4-14 检索结果标示类别

4.2 会议文献检索

4.2.1 会议文献概述

会议文献是指在各类学术会议上形成的资料和出版物,包括会议论文、会议文件、会议报告、讨论稿等。其中,会议论文是最主要的会议文献,许多学科的新发现、新进展、新成就以及所提出的新研究课题和新设想,都是以会议论文的形式首次向公众发布的。会议文献能及时反映科学技术的发展趋势,是报道技术研究成果的一种主要形式。因此阅读会议文献是了解世界科技发展水平和获得科技信息的重要途径。

会议文献具有以下特点:专业性强,学术水平高;内容新颖,即时性强;信息量大,专业内容集中;可靠性高;出版形式灵活多样,会议文献主要以图书和期刊方式出版,有的科技报告中也编入了部分会议文献,也有的发表在有关学会的期刊上,还有不少期刊通过出版专辑或增刊来报道有关会议的重要信息。因此,会议文献作为一种主要的科技信息源,其重要性和利用率仅次于科技期刊。

人们从会议文献中常可获得一些难以得到的信息,特别是没有在出版物上刊登的那些文献。但由于科技会议的分散性和不规律性,科技会议文献的检索并非易事。

实际检索中,常检索的会议文献主要是会议消息和会议论文。

4.2.2 会议消息的检索

检索会议消息的工具有多种,许多综合性、专业性的检索工具对会议文献都有大量的报道,另外我们也可通过一些著名的会议信息网站主动获取与自己行业相关或个人关注的会议信息。下面是一些常见的医药相关会议消息网站。

(1) 戈登会议(Gordon research conferences,http://www.grc.org/):是由戈登非营利组织举办的国际学术研讨会,被看作是国际上学术水平最高的会议之一,其网站可以检索1994年以来以及未来2年内召开的高登会议的日程信息。议题包括生物学、化学和物理学研究的前沿和相关技术。首届会议可追溯到1931年夏(北半球),后扩展到每年几乎200个会议。会址经常选在风景独特的地点,这使会议气氛轻松。一般投稿内容为未发表成果,以鼓励自由讨论。从1991年起增加科学教育分会。著名的科学杂志经常公布其会议主题。

(2) 世界会议(World Meetings,简称WM,http://www.worldmeetings.com/):是由美国世界会议信息中心(World Meetings Information Center)编辑,美国麦克米兰出版公司(Macmillan Publishing Co. Inc.)出版的季刊。它是检索两年内将要召开的国际性、地区性和全国性学术会议的主要检索工具,是一种只报道会议有关信息而不包括会议论文的检索工具。WM报道的范围包括自然科学、工程技术、医学和社会科学等,按其报道的地区与内容分为4个分册,4个分册的编排方式和著录格式相同。

(3) Scientific Meetings(http://www.iugg.org/meetings/):主要提供科学会议预报及检索。

(4) 国际会议发布系统(http://www.ourglocal.com)

(5) Calendar of upcoming technical conferences (http://www.techexpo.com/events/):是将要召开的国际学术会议预告,可以按照年月进行浏览,可以对会议主题、地点、会议名称、主办者等信息进行检索。

(6) AllConferences.com(http://www.allconferences.com/):预报世界范围内各学科的学术会议信息,可按多项条件检索。

(7) 生物国际会议(BioConferences International,http://www.bioconferences.com):组织发布生物、医学以及科学、技术、产业方面的会议,提供有关会议的磁带等资料信息。

(8) Pharmweb 的 Conferences/Meetings 栏目(http://www.pharmweb.net/pwmirror/pwj/pharmwebj.html):包括世界范围内主要与药学相关的会议及 pharmweb 会议日程,其中有特色的重要药学会议在前面显著位置列出,具体会议内容包括时间、名称、E-mail 和 web 地址链接等。

(9) 中国学术会议在线(http://www.meeting.edu.cn/meeting/):是经教育部批准,由教育部科技发展中心主办,面向广大科技人员的学术交流公共服务平台。学术会议的与会者大部分来自各国或本国的学术性相同的团体,在会议上讨论和研究的问题大都是学科领域中的重要学术问题。许多新技术、新发现和具有高水平的研究成果都是在学术会议上首次宣布。因此学术会议就成为广大学者获悉情报信息的重要来源之一。中国学术会议在线网站提供首页、会议新闻、会议评述、会议预告、会议回顾、报告视频、会议论文、精品会议、特邀报告、经验交流、站务论坛、讲座平台、站内搜索等几个栏目及服务。

(10) 香山科学会议(http://www.xssc.ac.cn/Default.aspx):香山科学会议由科技部(原国家科委)发起,在科技部和中国科学院的共同支持下于1993年正式创办,相继得到国家自然科学基金委员会、中国科学院、中国工程院、教育部、解放军总装备部和国防科工委等部门的资助与支持。网站提供首页、会议介绍、历次会议、相关资料、会议评述、科学论坛、网上申请等栏目及相关服务。

(11) 医药网(http://www.pharmnet.com.cn/):是一个综合性的医药信息资源平台,集中了医药行业最新动态的方方面面,首页的"医药会展"一栏,报道本年度将要在国内或国际召开的医学、药学、药业方面的会议信息。

4.2.3 会议论文的检索

会议论文是在会议等正式场合首次发表并宣读的论文。会议论文属于公开发表的论文,一般正式的学术交流会议都会出版会议论文集,这样发表的论文一般也会作为职称评定等的考核内容。下面来介绍常用的会议论文的检索工具。

1) CPCI-S 和 CPCI-SSH

会议论文最著名的检索工具是 CPCI-S(Conference Proceedings Citation Index—Science,科技会议录索引)和 CPCI-SSH(Conference Proceedings Citation Index—Social Science & Humanities,社会科学与人文科学会议录索引),原名 ISTP,由 ISI(Institute for Scientific Information,即美国科学情报研究所)出版,1978年创刊,报道1990年至今世界上每年召开的重要会议论文。此会议索引收录生命科学、物理化学、农业生物和环境科学、工程技术、管理信息、教育发展、社科人文和应用科学等学科的会议文献。SCI、EI、ISTP 是世界三大重要检索系统,其收录文章的状况是评价国家、单位和科研人员的成绩、水平以及进行奖励的重要依据之一,在各类职称评定以及硕博毕业论文评审中拥有举足轻重的地位。我国被三大系统收录的论文数量逐年增长,论文被三大系统收录也已成为教师和科研人员提升自己的努力方向。

2) CPI

CPI(Conference Paper Index)由英国剑桥科学文摘社(Cambridge Scientific Abstracts)编辑出版,1973年创刊,报道1982年至今全世界召开的重要会议及其论文,主要涵盖农业、生物化学、化学、化学工程、林业、生物学、环境科学、土壤学、生物技术和临床医学等领域。

3) CCPD

中国学术会议文献数据库(China Conference Paper Database,简称CCPD)由中文全文数据库和西文全文数据库两部分构成,其中"中文版"所收会议论文语言是中文;"英文版"主要收录在中国召开的国际会议的论文,论文语言多为西文。数据库内容涵盖人文社会、自然、农林、医药、工程技术等各学科领域,是目前国内收集学科最全、数量最多的会议论文数据库,以国家级学会、协会、研究会组织、部委、高校召开的全国性学术会议论文为主,是了解国内学术动态必不可少的帮手,万方可检。

4) 中国重要会议论文全文数据库

中国重要会议论文全文数据库收录了我国自2000年以来国家二级以上学会、协会、高等院校、科研院所、学术机构等单位的论文集,年更新约10万篇论文。知网可检。

5) 国家科技图书文献中心的会议检索

国家科技图书文献中心的会议检索可分为外文会议和中文会议,分别检索中外文会议论文。对于中文会议论文,当检索到会议论文的信息后,点击相应的全文链接可获取全文;对于外文会议论文,由于收费高昂,我们可选择NSTL(国家科技图书文献中心)、万方数据知识服务平台、维普提供的外文会议论文全文服务,这样就可只付少量费用获取全文。

4.3 学位论文检索

4.3.1 学位论文的概述

学位是对专业人员根据其专业学术水平而授予的一种称号。学位制起源于12世纪欧洲的意大利,随后风行于法国和英国,公元1150年,巴黎大学授予第一批神学博士学位。现在,许多国家都实行了学位制,尽管各国学位的设置不尽相同,但多数国家采用的是三级学位制,即学士(Bachelor)、硕士(Master)和博士(Doctor)学位制度。

学位论文是伴随着学位制度的实施而产生的,是高等院校或科研单位的毕业生为获取学位资格而撰写的学术性研究论文。学位论文在欧洲国家多称为"Thesis",在美国则被称为"Dissertation"。学位论文是通过大量的思维劳动而提出的学术性见解或结论,收集资料和进行研究的过程都是在具有该课题专长的导师指导下进行的。论文的研究主题大多数是某学科的新课题,具有一定的独创性,学术性强,对问题的探讨比较专深,论文叙述也比较系统详尽。有的论点在学科或专业领域有新意或独到见解,起着重要作用。

学位论文通常分为两类。一类是理论研究型的,作者通常在搜集、阅读了大量资料之后,依据前人提出的论点和结论,再通过自己的深入研究或大量实验,进一步提出自己的新论点和新假说。另一类是调研综述型的,作者主要是以前人关于某一主题领域的大量文献资料为依据,进行科学的分析、综合和核实后,对相应专业领域的研究课题做出概括性的总结,提出自己独特的论点和新见解。

学位论文一般由授予单位收藏,另外各个国家也指定专门机构收藏。国内论文收藏单位有中国科学技术信息研究所、中国社会科学院信息所和国家图书馆;美国学位论文复制收藏中心为美国国际大学缩微品公司(UMI 公司),定期报道所收藏的学位论文题目的内容提要;日本学位收藏单位有日本国会图书馆。如欲获取学位论文的原文,一般可直接向授予单位索取,也可通过 UMI 订购全文缩微片,或者向国内外一些收藏单位借阅或复制。

4.3.2 学位论文常用检索工具

由于学位论文是为获取学位而撰写的,所以通常不正式出版,而是保存在授予学位的单位的图书馆里,可供复印,又因其份数有限,馆藏分散,传播范围很窄,因此检索较困难。学位论文检索通常需要借助于检索工具来查找,但综合性检索工具中较少涉及学位论文,因此在纸品时代搜集学位论文是比较困难的。但随着高密度存储技术和网络技术的发展与应用,光盘版和网络版的学位论文及其检索工具的出现,为世界各国学位论文资源的查询、直接浏览、下载复制提供了极大的便利。下面介绍一下常用的学位论文检索工具。

(1) PQDD(ProQuest Digital Dissertations,现在常被称为 PQDT,http://proquest.calis.edu.cn/):是美国 ProQuest 公司(原名 UMI 公司)推出的网络版博硕士论文数据,北美地区每年通过的学位论文 90%以上收入该库。PQDD 学位论文全文库是目前国内唯一提供国外高质量学位论文全文的数据库,主要收录了来自欧美国家 2 000 余所知名大学的优秀博硕士论文,目前中国可以共享的论文已经达到 40 多万篇,涉及文、理、工、农、医等多个领域,是学术研究中十分重要的信息资源。PQDD 收录年代长,数据更新快,信息量大。

PQDD 系统提供了基本检索和高级检索两种检索方式,其检索途径为文摘、国际标准书号、导师、关键词、著者、语言、授予学位日期、订购号、学位名称代号、学校名称代号、数据库代号、主题词、卷期、题目。在基本检索中可以通过逻辑关系下拉菜单对检索条件进行逻辑组合,可确定检索字段,也可以年代限制检索。高级检索可以进行更多字段的检索或进行更多主题概念的逻辑组配。在构造检索式时,PQDD 系统支持布尔逻辑检索、位置检索、字段限制检索、截词检索、词组/短语检索以及自动忽略噪音词等功能。

(2) NDLTD(Networked Digital Library of Theses and Dissertations,http://www.ndltd.org/):是由美国国家自然科学基金支持的一个网上学位论文共建共享项目,为用户提供免费的学位论文文摘,还有部分可获取的免费学位论文全文(根据作者的要求,NDLTD 文摘数据库链接到的部分全文分为无限制下载、有限制下载、不能下载几种方式),以便加速研究生研究成果的利用。目前全球有 170 多家图书馆、7 个图书馆联盟、20 多个专业研究所加入了 NDLTD,其中 20 多所成员已提供学位论文文摘数据 7 万条,可以链接到的论文全文大约有 3 万篇。

(3) VT ETDs(http://scholar.lib.vt.edu/theses/etd-search.html):可免费检索和下载很多电子方面的外文学位论文全文。

(4) 中国优秀博硕士学位论文全文数据库(http://www.cnki.ent/index.htm)：是目前为止中国学者使用最多的学位论文数据库，是由知网建设与发布的检索和获取相关学位论文的常用的学位论文数据库。

(5) 中国学位论文文摘数据库(Chinese Dissertaions Database，简称 CDDB，http://www.wanfangdata.com.cn)：是中国科技信息研究所委托万方数据股份有限公司加工的数据库，是国内最早、最全的学位论文数据库，收录1977年以来我国硕博士学位论文的相关信息，学科覆盖理、工、农、医、生物、人文社科，在全国范围内产生了深远的影响。中国学位论文文摘数据库可以从万方数据资源系统中的科技信息子系统进行访问。其数据来源于各高等院校、研究生院和研究所向中国科技信息研究所送交的硕士、博士和博士后的论文。

(6) 中国药科大学自建博硕学位论文数据库系统(http://202.119.185.16/idl/)：学位论文全文一般通过万方、CNKI 的学位论文全文数据库和百链等获取。另外国外学位论文的国内收藏单位有国家图书馆(收藏自然科学和社会科学方面的博士论文)、中国科技信息研究所(自然科学的博硕士论文)和中国社科院信息所(社会科学的博硕士论文)，而国家科技图书文献中心(NSTL)负责科技文献信息资源共建共享工作的组织、协调与管理。当常规方法无法获得所需学位论文的全文时，国家图书馆、中国科技信息研究所、中国社科院信息所和国家科技图书文献中心是获取原文的有效途径。

4.4 标准文献检索

4.4.1 标准文献概述

1) 标准文献的定义

标准文献是按照规定程序编制并经过一个公认的权威机构批准的，供在一定范围内广泛而多次使用，包括一整套在特定活动领域必须执行的规格、定额、规划、要求的技术文件所组成的特种科技文献体系。标准文献与其他科技文献不同，标准文献的制定要通过起草、提出、批准、发布等过程，并规定出实施时间与范围，以供人们共同遵守和使用。广义的标准文献是指记载、报道标准化的所有出版物；狭义的标准文献是指技术标准、规范和技术要求等，主要是指技术标准。

2) 标准文献的作用

标准文献是一种重要的科技出版物，它为整个社会提供了协调统一的标准规范，起到了解决混乱和矛盾的整序作用。标准文献的作用可总结为下列7点：

(1) 通过标准文献了解世界各国的技术政策、生产水平、加工工艺水平等。

(2) 采用国内外先进的标准可提高工艺水平和技术水平，为开发新产品提供参照。

(3) 采用标准化的概念、术语、符号、公式、量值、频率等有助于克服技术交流障碍。

(4) 标准文献还可以为进口设备的检验、装配、维修配置零部件提供参考。

(5) 采用标准可以规范工程质量的鉴定、产品的检验。

(6) 采用标准可以简化设计、缩短时间、节省人力、减少成本、保证产品质量。

(7) 采用标准以使企业与生产机构经营管理活动统一化、制度化和科学化。

3) 标准文献的特点

标准文献作为一种特殊的文献,它具有许多独特而重要的特点,主要表现在:

(1) 标准文献有统一的产生过程和专门的编写格式。

(2) 标准文献有明确的适用范围和用途。

(3) 具有法律约束力,时效性强。标准一般缺少新技术内容,因此需要不断更新。标准文献作为"共同遵守的准则和依据",技术内容不可能非常先进,但也要与科学技术发展和管理水平相适应,随着标准化对象的变化和技术水平的提高,也要不断地对标准进行修订和补充,以新代旧。例如,2007 年 3 月 26 日开始实施的"CAS150—2007 家用微波炉蒸功能要求及试验方法"的标准,补充了原家用微波炉标准的内容。所以在使用标准文献时,必须注意标准的时效性。

(4) 数量庞大。

4) 标准文献的分类

从不同的角度,标准可分为很多不同的类别。

按标准的使用范围不同,标准文献可分为 5 大类,分别是国际标准、区域标准、国家标准、行业标准和企业标准。其中,国际标准是经国际标准化团体通过的标准,如国际标准化组织 ISO 标准、国际电工委员会制定的国际电工标准等;区域标准是由世界某一区域标准化组织通过的标准,适用于世界某一地区;国家标准是由各国的标准机构通过的在本国范围内使用的标准,例如我国国家标准(GB)是由国务院标准化行政主管部门制定的全国范围内统一的技术规范;行业标准适用于一个国家的某一行业或相关专业;企业标准是由企事业单位或其上级有关机构批准、发布的标准,我国的企业标准一般由企业自行组织制定,按省、自治区、直辖市人民政府的规定备案,并将其作为组织生产的依据。标准使用范围的大小与标准级别的高低无关,很有可能企业标准高于国家或国际标准。

按内容及性质划分,标准文献常分为技术标准和管理标准。其中技术标准是对产品和工程建设的质量、规格、技术要求、生产过程、工艺规范、检验方法和计量方法所做的技术规定,反映了当时的技术工艺水平及技术政策。技术标准是组织现代化生产、进行科学管理的具有法律约束作用的重要文献。

按法律约束程度划分,标准文献分为强制性标准和推荐性标准两大类。其中,强制性标准具有法律属性,在一定范围内通过法律、行政法规等手段强制执行的标准是强制性标准,其范围主要是保障人体健康、人身、财产安全的标准和法律行政法规规定强制执行的标准。对不符合强制标准的产品禁止生产、销售和进口。根据《中华人民共和国标准化法》的规定,企业和有关部门对涉及经营、生产、服务、管理有关的强制性标准都必须严格执行,任何单位和个人不得擅自更改或降低标准。推荐性标准是指导性标准,WTO/TBT 对推荐性标准的定义是"由公认机构批准的、非强制性的、为了通用或反复使用的目的,为产品或相关生产方法提供规则、指南或特性的文件。推荐性标准是自愿性标准,并不要求企业一定要遵照执行。鉴于国家或国际标准的权威性,企业一般是会按照推荐性标准执行的。企业虽可不执行推荐性标准,但一般意味着企业执行自己的标准或更高的标准,不等于没有标准或执行低标准。

5) 我国标准的代号

我国的国家标准由各专业(行业)标准化技术委员会或国务院有关主管部门提出草案,

并且由国家标准化主管机构批准发布。《中华人民共和国标准化法》将我国标准分为国家标准、行业标准、地方标准、企业标准四级。

(1) 国家标准代号：根据我国《国家标准管理办法》规定，强制性国家标准用"GB"为代号，推荐性国家标准用"GB/T"为代号，中华人民共和国国家标准化指导性技术文件用"GB/Z"为代号，国家工程建设标准用"GBJ"为代号，国家实物标准用"GSB"为代号，国家军用标准用"GJB"为代号，降为行业标准而尚未转化的原国家标准用"GB/*"为代号。国家标准编号由"国家标准代号＋顺序号＋发布年代号"组成。例如"GB 1350—2009（稻谷）"，"GB/T 1774—2009（超细银粉）"。

(2) 行业标准代号：根据我国《行业标准管理办法》规定，强制性行业标准的代号，用行业名称的两个汉语拼音字母表示；推荐性行业标准的代号，则在该拼音字母后加斜线"/"再加"T"表示。

行业标准编号由"行业标准代号＋顺序号＋发布年代号"组成。其中，行业标准代号由标准化行政主管部门审查确定并正式公布，如教育为 JY、汽车为 QC、石油化工为 SH、纺织为 FZ、轻工为 QB、通信为 YD、机械为 JB、电子为 SJ、化工为 HG、电力为 DL、农业为 NY、环境保护为 HJ 等。例如"NY 764—2004"是"高致病性禽流感疫情判定及扑灭技术规范"。

(3) 地方标准代号：地方标准是指在没有国家标准和行业标准的情况下，根据需要由省、自治区、直辖市标准化行政主管部门制定并报国务院标准化行政主管部门和国务院有关行业行政主管部门备案的标准。

地方标准的编号由"DB（地方标准代号）＋省、自治区、直辖市行政区划代码前两位数＋斜线（推荐性地方标准再加"T"）＋顺序号＋年份"组成。

(4) 企业标准代号：企业标准代号由汉字"企"的大写拼音字母"Q"加斜线再加企业代码组成，企业代码可用大写拼音字母或阿拉伯数字或两者兼用所组成。企业代码按中央所属企业和地方企业分别由国务院有关行政主管部门或省、自治区、直辖市政府标准化行政主管部门会同同级有关行政主管部门加以规定。例如，北京燕京啤酒集团公司生产的燕京啤酒的企业标准为"Q/BYP004—1994"，天津王朝葡萄酿酒有限公司生产的王朝半干白葡萄酒的企业标准为"津 Q/NC3043—1990"。

6）中国标准的分类体系

标准文献主要的检索工具是标准目录，一般采用专门的分类体系。中国标准文献的分类主要采用《中国标准文献分类法》，这是目前国内用于标准文献管理的一部工具书。该分类法由 24 个一级大类目组成，用一位英文大写字母表示。一级类目包括：A 综合；B 农业、林业；C 医药、卫生、劳动保护；D 矿业；E 石油；F 能源、核技术；G 化工；H 冶金；J 机械；K 电工；L 电子元器件与信息技术；M 通信、广播；N 仪器、仪表；P 土木、建筑；Q 建材；R 公路、水路运输；S 铁路；T 车辆；U 船舶；V 航空、航天；W 纺织；X 食品；Y 轻工、文化与生活用品；Z 环境保护。每个一级类目下，又进一步分为二级类目，二级类目由两位数字表示，可设"00～99"共 100 个，如：B00—林业标准化、质量管理；B01—农业、林业技术管理；W00—纺织标准化、质量管理；W01—纺织技术管理等。

例如，如果需要确定"通信网互通技术要求"这个课题的标准分类号，可以在"M 通信、广播"大类下找"M10/M29 通信网"，再往下查找即可得到"M19 通信网互通技术要求和通信网接口"这个类目。

7) 国际标准分类法(International Classification for Standards,ICS)

国际标准分类法是由国际标准化组织编制的标准文献分类法。它不同于《中国标准文献分类法》,全采用数码。例如,残疾运动员的医学和功能分级标准,中国分类为C05,而国际分类为11.020。

4.4.2 中国标准文献的检索

标准文献一般由专门机构集中出版发行,标准代号规律性较强,所以标准文献的检索比较简单。除可以利用专用检索工具进行检索外,还可以利用各种标准汇编直接进行检索。这也是标准文献检索的一个重要特点。

下面介绍几种比较常用的国内标准文献检索工具。

1)《中华人民共和国国家标准目录》

该目录由国家质量监督检验检疫总局标准化司编辑,中国标准出版社出版。《中华人民共和国国家标准目录》收录了上一年度公开发布的国家标准,著录内容包括分类号、标准号、标准名称、制定日期、实施日期等信息,正文按《中国标准文献分类法》分类编排。该目录除了可从分类途径检索外,还可通过目录后附的"标准号索引"进行检索。

2)《中华人民共和国国家标准和行业标准目录》

该目录由国家质量监督检验检疫总局标准化司编辑,中国标准出版社出版。该目录是查找我国国家标准和行业标准的重要工具。通常用目录型的标准检索工具查到标准号和标准名称,还必须查有关的馆藏目录,以便进一步索取标准原件。

3)万方中外标准数据

该数据库收录了国内外的大量标准,包括中国国家发布的全部标准、某些行业的行业标准以及电气和电子工程师技术标准;收录了国际标准数据库、美英德等的国家标准,以及国际电工标准;还收录了某些国家的行业标准,如美国保险商实验所数据库、美国专业协会标准数据库、美国材料实验协会数据库、日本工业标准数据库等。

4)知网中国标准数据库

中国标准数据库收录了1985以来所有的国家标准(GB)、国家建设标准(GBJ)、中国行业标准的题录信息,共计标准8万多条,标准的内容来源于中国标准化研究院标准馆,相关的文献、成果等信息来源于CNKI各大数据库。可以通过标准号、中文标题、英文标题、中文关键词、英文关键词、发布单位、摘要、被代替标准、采用关系等检索项进行检索。

5)国内标准检索网站

提供国内标准信息的网站如表4-2所示。

表4-2 提供标准信息的网站

网站名称	网　　址
国家标准化管理委员会	http://www.sac.gov.cn
中国标准化协会	http://www.china-cas.org
国家工程建设标准化信息网	http://www.ccsn.gov.cn/Norm/Default.aspx
中国计量在线	http://www.chinajlonline.org

续表 4-2

网站名称	网址
中国标准化研究院	http://www.cnis.gov.cn/
中国标准咨询网	http://www.chinastandard.com.cn/index.asp
中国标准服务网	http://www.wssn.net.cn
中国标准网	http://www.zgbzw.com
标准化网址汇总	http://www.dianyuan.com/bbs/u/30/1117794348.htm
中国通信标准化协会	http://www.cwts.org 或 http://www.ccsa.org.cn
深圳市质量技术监督局	http://www.szbts.gov.cn
中国建筑标准设计研究院	http://www.cbs.com.cn
中国电子技术标准化研究院	http://www.cesi.ac.cn
中国电力标准化	http://www.dls.org.cn
中煤信息网	http://www.coalinfo.net.cn
中国标准科技信息咨询网	http://www.nstn.org

6) 上海研发公共服务平台的药品标准库

本数据库收载的是国家药典委员会整理、经复核审定，由国家食品药品监督管理局颁布执行的国家药品标准。包括新药转正标准、化学药品地方标准转国家标准、试行标准等。检索字段为药品的中文通用名、英文通用名、药品的中文名称、英文名称和曾用名。进入后再点击标准号，即可查看到标准全文。网址为 http://chemdb.sgst.cn/ssdb/main/dblogin.asp。

标准文献的检索方法比较简单，主要检索途径有分类途径和标准号途径，也可利用标准名称目录进行检索。选择标准的检索工具时，要注意根据自己检索的需要选择各种形式的标准出版物，这样可以节省时间。我国标准文献的检索路线图如图 4-15 所示。

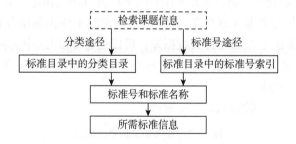

图 4-15 国内标准文献检索路线图

4.4.3 国外标准文献的检索

1）国际标准化组织(ISO)及其标准文献的检索

（1）国际标准化组织概况：国际标准化组织（International Standardization Organization，ISO)是一个全球性的非政府组织，成立于 1947 年，是制定国际标准的国际性机构。目前代表中国参加 ISO 的国家机构是中国国家技术监督局(CSBTS)。国际标准化组织的主要活动是制定国际标准，协调世界范围的标准化工作，组织各成员国和技术委员会进行情报交流，以及与其他国际组织进行合作，共同研究有关标准化问题。它负责除电工领域外的一切国际标准化工作。ISO 的所有标准每隔 5 年将重新审定一次，使用时应注意利用最新版本。

ISO 标准号分以下 2 种情况：正式标准和标准草案，其标准号均由代号、序号及制定年份三部分组成，ISO 正式标准的标准号如表 4-3 所示，ISO 标准草案的标准号如表 4-4 所示。

表 4-3 ISO 正式标准的标准号

标准类型	代 号	说 明	示 例
国际标准	ISO	1972 年以后发布的国际标准	ISO 6507/1—1982
推荐国际标准	ISO/R	1972 年以前发布而至今修订工作尚未结束的标准	ISO/R 2101—1971
技术报告	ISO/TR	指该组织制定某项标准的进展情况	ISO/TR 7470—1978
技术数据	ISO/DATA	这类标准很少，现已全部被 ISO/TR 替代	

表 4-4 ISO 标准草案的标准号

草案类型	代 号	说 明	示 例
建议草案	ISO/DP	指有关技术委员会制定并供自身内部讨论研究的建议草案	ISO/DP 8688—1984
标准草案	ISO/DIS	指经中央秘书处登记后发至各个成员国进行酝酿，最后付诸表决的标准草案	ISO/DIS 7396—1984

(2) ISO 标准的检索：ISO 标准信息的检索既可以利用 ISO 组织出版的印刷性检索工具《国际标准化组织标准目录》和《国际标准草案目录》，也可以通过 ISO 的正式网站来完成。

《国际标准化组织标准目录》(*ISO Catalogue*)是检索 ISO 标准的主要工具。该目录为年刊，用英、法两种文字出版，由国际标准化组织编辑出版，报道了 ISO 各技术委员会制定的国际标准。该目录主要包括五个部分：分类目录；主题索引；标准号索引；技术委员会(TC)序号索引；国际十进分类号技术委员会(UDC)与 ISO 的序号(TC)对照表，该部分按国际十进分类号顺序排列，在其前面列出相应的 TC 类号。利用这个对照表，可从 UDC 查找到 ISO/TC。

《国际标准化组织标准目录》是一本年刊，与之配套的还有一本月刊的《ISO 通报》(*ISO Bulletin*)，可用于检索 ISO 标准的最新信息。综上，标准检索路线如图 4-16 所示。

《国际标准草案目录》(*ISO Draft International Standards*)主要用于检索标准草案。

ISO 的正式网站（英文及法文）网址是 http://www.iso.org。单击主页右上角的"Search"链接，可分别进行标准、出版物及其电子产品和网站 3 种资源的检索。标准(Standards)的检索提供了普通检索和高级检索两种方式。高级检索页面如图 4-17 所示。

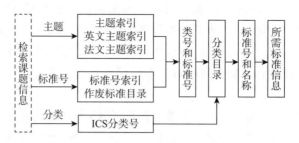

图 4-16 标准检索路线图

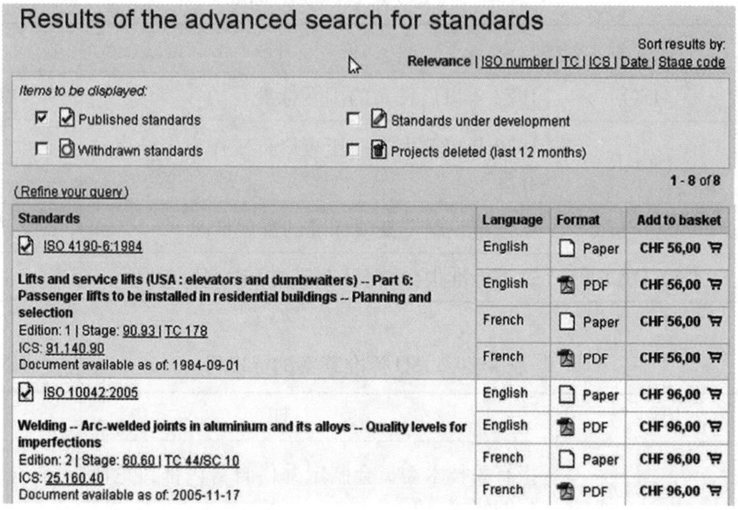

图 4-17 ISO 标准检索界面

2）国际电工委员会（IEC）及其标准文献的检索

（1）IEC 概况：国际电工委员会（International Electrotechnical Commission，IEC）成立于 1906 年，总部设在日内瓦。1947 年 ISO 成立后，IEC 曾作为电工部门并入 ISO，但在技术上、财务上仍保持其独立性。我国于 1957 年 8 月加入该组织，1982 年被选为 IEC 执委。IEC 的宗旨是促进电气、电子工程领域中标准化及有关问题的国际合作，增进国际间的相互了解。IEC 标准的权威性是世界公认的。IEC 每年要在世界各地召开一百多次国际标准会议，世界各国的近 10 万名专家参与 IEC 的标准制定、修订工作。IEC 现在有技术委员会（TC）和分技术委员会（SC）共 179 个，约 700 个项目团队。

（2）IEC 标准号：IEC 标准号的组成为 IEC＋序号＋年份。如：IEC 434—1973 标准名称为"飞机上的白炽灯的 IEC 标准"；IEC 61033—1991 标准名称为"测定浸渍剂对漆包线基材粘接强度的试验方法"。

IEC 标准号中还可以包含附加标记，形式为 IEC＋序号（附加标记）＋年份。如：IEC 871-1—1997、IEC 60335-2-58—1995。附加标记有两种，一是加数字，表示是该标准的分标准；二是加 A、B、C 等标记，以示与原标准有所区别。其他代码与 ISO 相同。

（3）IEC 标准的检索

①《IEC 标准出版物目录》（*IEC Catalogue of IEC Publications*）：由国际电工委员会

每年年初以英、法对照文本形式编辑出版,报道 IEC 78 个技术委员会(TC)、国际无线电干扰特别委员会(CISPR)、IEC 电子元器件质量平定体系(IECQ)及 IEC 电气设备安全标准合格检验体系(IECEE)指定的标准目录。

② 《国际电工委员会年鉴》(*IEC Yearbook*):该年鉴实际上是 IEC 标准的分类目录,每条标准仅著录标准号、制(修)定年份和标准名称,无内容简介。

③ IEC 的正式网站(英文及法文),网址为 http://www.iec.ch,主要提供以下链接:

IEC 内容——一般信息,IEC 成员,重要的 IEC 国际标准;

新闻——新闻工具,新闻出版物的超链接,文件,样板,会议信息;

公共信息——时事通讯,新闻发布,介绍,1999 年的工作(年度报告);

技术委员会信息中心——提供技术委员会的有关信息;

查询——查询 IEC 数据库;

顾客服务中心——服务中心,标准及文件订购;

IEC Web 存储——IEC 目录的检索、订购和下载;

常见问题与反馈等。

3) 美国国家标准(ANSI)及其检索

(1) ANSI 概况:美国国家标准学会(American National Standards Institute,ANSI)成立于 1918 年,负责制定与颁布美国国家标准。美国国家标准学会虽然是非营利性质的民间标准化团体,但它实际上已成为国家标准化中心,各界标准化活动都围绕着它进行。它协调并指导全国的标准化活动,为标准制定、研究和使用单位提供帮助,既提供国内外标准化情报,又起着行政管理机关的作用。

(2) 美国标准分类法:ANSI 标准采用字母与数字相结合的混合标记分类法,目前共分为 18 个大类,每个大类之下再细分若干个小类,用一个字母表示大类,用数字表示小类。

美国国家标准号的构成为 ANSI+分类号+小数点+序号+年份,如 ANSI L1.1—1981,标准名称为"Safety and Health Requirement for the Textile Industry","L1"在 ANSI 中代表纺织工程的分类号。

ANSI/原行业标准号+年份,如 ANSI/AATCC 36—1981,标准名称为"Water Resistance:Rain Tent",这是由行业标准升格为 ANSI 标准的构成形式——双重编号。

(3) 美国标准文献检索

美国标准文献的检索主要通过以下 2 个途径:

① 《美国国家标准目录》(*ANSI Catalogue*),该目录由美国国家标准学会编辑出版,每年出版一次,是美国标准的主要检索工具书。该目录中列举了现行美国国家标准,每年年初以英文版本形式出版,每隔两个月出一次目录补充本。该目录由 3 部分组成:主题索引列出有关标准,均按产品名称字母顺序排列,其后列出美国国家标准号;分类索引为 ANSI 制定的标准的分类索引;序号索引为经 ANSI 采用的各专业标准的序号索引。

此外,*ANSI Catalogue* 已有中译本,由科学技术文献出版社出版。该中译本是参考 1977 年版美国国家标准原文目录及馆藏资料编译而成。

② ANSI 网站(http://www.ansi.org)提供美国国家标准系统网络、查询、索引、数据库、新闻、服务等超链接。

4) 日本工业标准(JIS)及其检索

(1) JIS概况：日本标准主要是指日本工业标准(Japanese Industrial Standards, JIS)，由日本通产省属下的日本工业标准调查会(Japanese Industrial Standard Committee, JISC)制定，由日本标准协会负责发行。在国际上，JISC代表日本参加国际标准化活动。

JIS标准制定过程有着标准化的程序，并保持透明度。从制定项目的确立、标准草案的制定、标准审议等过程均在官方标准化杂志上发布官方公告，任何有兴趣、有意见者都有机会提出自己的意见或建议。目前，JIS共计有8 000多个标准。

(2) JIS分类方法：日本工业标准采用字母与数字相结合的混合标记分类法，用一个字母表示一个大类，共18个大类，大类之下再用数字细分为146个小类。但这些类别中不包含药品、化肥、农药、蚕丝、畜产、水产品和农林产品等，它们有另外的标准。

标准号的构成为JIS＋字母类号＋数字类号＋标准序号＋年份，如：JIS F 7231—2003，其标准名称为"造船钢制管形起动用压缩空气储罐"；JIS K 6347－3—2003，其标准名称为"液化石油气用橡胶软管第3部分：分配软管及软管组合件规范"。

(3) 日本标准文献检索

① 《日本工业标准目录》(JIS目录)：该目录是日本工业标准的主要检索工具，每年出版一次，报道当年3月底以前出版的日本工业标准。

② 《日本工业标准年鉴》(*JIS Yearbook*)：年鉴中的主题索引按英文主题词的字母顺序排列，用英文主题词查检JIS标准。

③ JISC网站：网址是http://www.jisc.go.jp。

5) 英国标准(BS)及其检索

(1) 英国标准概况：英国标准(British Standard, BS)由英国标准学会(British Standards Institution, BSI)负责制定。英国标准学会成立于1901年，是世界上成立最早的国家标准化机构。它不受政府控制但得到了政府的大力支持。该学会机构庞大而统一，其下设立有300多个技术委员会和分委员会。它的标准每5年复审一次。因为英国是标准化先进国家之一，它的标准为英联邦国家所采用，所以英国标准受到国际上的广泛重视。

(2) 英国国家标准号：英国国家标准号的构成为BS＋顺序号＋年份，如BS 6266—2002，其名称为"电子设备的防火实用规范"；BS＋顺序号＋分册号＋年份，如BS 6248-11—1987，其名称为"酪朊及酪朊酸盐.第11部分：硝酸盐和亚硝酸盐含量的测定方法"。

(3) 英国标准文献检索

英国标准主要有2个检索途径，具体如下：

① 《英国标准学会目录》(*BSI Catalogue*)：该目录由3部分组成。第一部分是标准序号目录，也就是按标准号顺序编排(除航天专业标准按专业分类外)；第二部分是主题索引，主要提供主题检索途径，主题词后著有标准号；第三部分是ISO标准和IEC标准与BS标准的对照表，它是按ISO或IEC标准顺序号排列，其后列出相对应的BS标准。*BSI Catalogue*已有中译本《英国标准目录(1986)》，由上海市标准情报所编译。

② BSI网站：网址是http://www.bsi-global.com。其主页提供以下超链接：管理系统登记，产品试验和证明，标准，视察服务，训练，检索，商业伙伴，标准目录，英国标准在线等。

6) 德国标准(DIN)及其检索

(1) 德国国家标准概况:德国标准由联邦德国标准学会(Deutsches Institut fur Normung,DIN)制定。东、西德国统一之后,DIN 标准已取代了东德国家标准(TFL),成为全德统一的标准。DIN 是一个经注册的私立协会,成立于 1917 年,总部设在首都柏林。大约有 6 000 个工业公司和组织为其会员。目前设有 123 个标准委员会和 3 655 个工作委员会。该学会是德国的标准化主管机构,作为全国性标准化机构参加国际和区域的非政府性标准化机构。

(2) DIN 的分类法和标准号构成:DIN 标准采用 UDC 分类法(国际十进分类法),DIN 标准号构成为 DIN+顺序号+年份,如 DIN 787—2005,标准名称为"T 型槽用螺栓和螺钉"。

(3) 德国标准检索

德国标准检索主要有 3 个工具,具体如下:

① 《DIN 技术规程目录》(*DIN Katalog fur Technische Regein*):该目录由联邦德国标准学会(DIN)编辑出版,每年出版一次,报道到上一年年底为止的现行标准。内容除了联邦德国标准外,还列出联邦德国工程师协会(VDI)、联邦德国航空标准组织(LN)、联邦德国国际防御装备标准(VG)组织的标准。

② 《英文版联邦德国标准目录》(*DIN Catalogue—English Translations of German Standards*):年刊,该目录收录近 4 000 个翻译成引文的德国标准,按 UDC 分类编排,并且附有序号索引和主题索引等。

③ DIN 网站:网址是 http://www.din.de。

7) 其他国外标准检索网站

(1) 国际电信联盟(ITU),网址是 http://www.itu.int/ITU-T/index.html。

(2) 全球标准化资料库(NSSN),网址是 http://www.nssn.org。

(3) 世界标准服务网(WSSN),网址是 http://www.wssn.net/WSSN/index.html。

(4) 开放标准网,网址是 http://www.open-std.org。

(5) 查询国外标准信息的部分国际性标准化组织网站如表 4-5 所示。

表 4-5 国际性标准化组织网站

简称	网站名称	网址
NIST	美国国家标准与技术研究院	http://www.nist.gov
ATIS	世界无线通信解决方案联盟	http://www.atis.org
BIPM	国际计量局	http://www.bipm.org
BISFA	国际人造纤维标准局	http://www.atis.org
CIE	国际照明委员会	http://www.cie.co.at
FAO	联合国粮农组织	http://www.fao.org
GSM	全球移动通信系统	http://www.gsmworld.com/index.shtml
IAF	国际认证论坛	http://www.iaf.nu
IATA	国际航空运输协会	http://www.iata.orgindex.htm

续表 4－5

简称	网站名称	网　　　址
IEEE	美国电气电子工程师协会	http://ieeexplore.ieee.org/xpl/standards.jsp
IMF	国际货币基金组织	http://www.imf.org/external/index.htm
ITMF	国际纺织品制造者联盟	http://www.itmf.org/cms/index.php
OIML	国际法定计量组织	http://www.oiml.org
UWC	全球无线通信协会	http://www.uwcc.org/English/index.cfm
WIPO	国际知识产权组织	http://www.wipo.int/portal/index.html.en
WTO	世界贸易组织	http://www.wto.org

4.5　科技报告的检索

4.5.1　科技报告概述

1）科技报告的定义

科技报告是对科学、技术研究结果的报告或研究进展的记录。它可以是与政府部门签有合同的科研项目的报告，或是科技工作者围绕某一专题从事研究取得成果以后撰写的正式报告，或是研究过程中每一阶段进展情况的实际记录（也称研究报告）。许多最新的研究成果，尤其是尖端学科的最新探索往往出现在科技报告中。

随着科技和经济的发展，科技报告数量迅速增长，1945—1950 年间年产量在 7 500 件至 10 万件之间，至 70 年代增至每年 5 万～50 万件，到 80 年代每年约达百万件，成为宝贵的科技信息源。目前，美、英、德、日等国每年产生的科技报告达 20 万件左右，其中美国占 80%，美国政府的 AD、PB、NASA、DOE 四大报告在国际上最为著名。

2）科技报告的类型

从不同的角度，科技报告可划分为不同的类型。

（1）按内容可分为基础理论研究和工程技术两大类。

（2）按形式可分为技术报告（Technical Reports，简称 TR）、技术札记（Technical Notes，简称 TN）、技术论文（Technical Papers，简称 TP）、技术备忘录（Technical Memorandum，简称 TM）、通报（Bulletin）、技术译文（Technical Translations，简称 TT）、合同户报告（Contractor Reports，简称 CR）、特种出版物（Special Publications，简称 SP）、其他（如会议出版物、教学用出版物、参考出版物、专利申请说明书及统计资料）等。

（3）按研究进展程度可分为初步报告（Primary Report）、进展报告（Progress Report）、中间报告（Interim Report）、终结报告（Final Report）。

（4）按流通范围可分为绝密报告（Top Secret Report）、机密报告（Secret Report）、秘密报告（Confidential Report）、非密限制发行报告（Restricted Report）、非密报告（Unclassified Report）、解密报告（Declassified Report）。属于机密的科技报告大多属于军事、国防工业和

尖端技术成果。

3) 科技报告的特点

(1) 反映新的科技成果迅速：由于有专门的出版机构和发行渠道，科研成果通过科技报告的形式发表通常比期刊早一年左右。

(2) 出版形式独特：每篇科技报告都是独立的、特定专题的技术文献，独自成册，以单行本形式出版发行。但是，同一单位、同一系统或同一类型的科技报告，都有连续编号，每篇报告一个号码。科技报告一般无固定出版周期，报告的页数多少不等，多则八九百页，少则几页。除一部分技术报告可直接订购外，多数不公开发行。

(3) 内容新颖、专深具体：科技报告报道的题目大都涉及尖端科学的最新研究成果，对问题研究的论述包括各种研究方案的选择和比较，各种可供参考的数据和图表、成功与失败的实践经验等，内容很具体。

(4) 流通范围：受限，如密级限制，仅相关人员可阅读。

4) 科技报告的编号

科技报告都有一个编号，但各系统、各单位的编号方法不完全相同，代号的结构形式也比较复杂。国外常见的主要科技报告的代号一般有以下几种类型：

① 机构代号。
② 分类代号。
③ 日期代号和序号。
④ 类型代号。
⑤ 密级代号。

人们可以借助一些工具书来查找科技报告代号。比如美国专业图书馆协会出版的《报告代号辞典》(*Dictionary of Report Series Codes*)，或者美国《工程文献来源指南》(*Directory of Engineering Document Sources*)等。

5) 科技报告原文的收藏单位

美国有两个科技报告收集发行中心，一个是美国商务部所属的国家技术情报服务处(National Technical Information Service，NTIS)，该中心搜集公开的美国科技情报，可以向NTIS直接订购报告的复印件；另一个是国防技术情报中心，该中心搜集有关军事的科技报告。

我国从20世纪60年代初开始引进书本型科技报告，从60年代中期开始，科技报告的引进逐步改为缩微片的全套订购。中国科学技术信息研究所是我国引进科技报告的最主要的单位；上海科技信息研究所也有四大报告的原文馆藏；中国国防科技信息中心收藏有大量的AD和NASA报告，AD报告的公开、解密部分的收藏量已达40多万件，占其全部出版总量的80%；中国科学院文献中心是收藏PB报告最全的单位；核工业部情报所收藏有较多的DOE报告。

4.5.2 美国政府四大科技报告及其检索

各个国家都有自己的科技报告，但数量最大、品种最多的是美国政府部门出版的政府报告，其收集、整理、加工和报道的工作做得很规范，网上提供免费检索的网站也比较多。我国目前已购买了美国政府报告数据库，下面介绍美国政府报告的类型以及检索方法。

美国政府报告由美国商务部下属的国家技术情报服务局（National Technical Information Service，NTIS）编辑出版，涉及学科范围有数学、物理、化学、生物、天文、地理、农、医、工程、航空航天、军工、能源、交通运输、环境保护及社会科学等许多领域，系统全面地记录了50年来美国科技发展的成就与经验，是美国科技信息中的一个重要组成部分。美国政府报告主要有四大报告：行政系统的PB报告、军事系统的AD报告、航空与宇航系统的NASA报告、原子能和能源管理系统的DOE报告。这"四大报告"历史悠久，报告数量多，参考和利用价值大，在世界各国的各类科技报告中有着重要的地位。每年发行10万多篇，累积量都在几十万篇以上，占全美科技报告的80%以上，也占了全世界科技报告的大多数。

1）美国政府的四大科技报告简介

（1）PB报告

1945年，在第二次世界大战结束之时，美国从当时的战败国德、日、意、奥等国获得了一批战时机密资料。美国政府为了系统地整理和利用这批资料，于当年6月成立了美国商务部出版局（Office of the Publication Board），负责出版这些资料。每件资料都冠以出版局的英文名称的字首"PB"为代号，故称为PB报告。

自1970年9月起，由美国商务部下设的国家技术情报服务处管理这批报告，同时也负责收集、整理、报道和发行美国研究单位的公开报告，并继续使用PB报告号。至1979年底，PB报告号已编到PB-301431，1980年开始使用新的编号（PB＋年代＋顺序号），这样使收藏号中含有时间信息，其中年代用公元年代后的末2位数字表示，如PB 91-232021。

10万号以前的PB报告主要是来自战败国的资料，内容包括科技报告、专利、标准、技术刊物、图纸及对战败国的科技专家的审讯记录等。当20世纪50年代战时资料编完后，其机构仍然存在，后来的报告（10万号以后）来源就转向美国政府机构、军事科研和情报部门、公司和国家合同单位、高校、研究所和实验所的科技报告，包括AD报告、NASA报告、AEC报告的公开部分，这三种报告也冠以PB代码，直到1961年7月。20世纪60年代后，PB报告的内容逐步从军事科学转向民用工程，如土木建筑、城市规划、环境污染、生物医学、电子、原子能利用和社会科学等方面。PB报告均为公开资料，无密级。

（2）AD报告

AD报告从1951年开始出版，原为美国武装部队技术情报局（Armed Services Technical Information Agency，ASTIA）收集、出版的科技报告，由ASTIA统一编号，称为ASTIA Documents，简称AD报告。现由美国国防技术情报中心（Defense Technical Information Center，DTIC）负责收集、整理和出版。凡美国国防部所属的研究机构及其合同户提供的科技报告都统一编入AD报告，而其中非保密的报告再加编一个PB号公布，因此早期的PB号和AD号有交叉的现象。自AD254980号报告之后，AD不再以PB号码字样出现，使得每年的PB报告量也相应减少，更多地转向民用。

AD报告的来源包括美国陆军系统（1 000个左右）、海军系统（800个左右）、空军系统（2 000个左右）、公司企业和大学所属科研机构（数千家）和几乎所有的政府科研机构、外国的科研机构、国际组织的研究成果及一些译自苏联等国的文献。AD报告的内容绝大部分与国防科技密切相关，涉及航天航空、舰船、兵器、核能、军用电子等领域，是目前国防科研部门使用价值和频率最高的大宗科技文献。目前，AD报告的内容不仅包括军事方面，也广泛涉及民用技术，包括航空、军事、电子、通信、农业等多个领域。

AD报告的密级有4种：机密(Secret)、秘密(Confidential)、内部限制(Restricted or Limited)、非密公开发行(Unclassified)。AD报告根据密级不同，编号也不同。1975年以前，不同的密级用不同的号码段区别，可以从编号最高位数字看出密级，最高位是1表示公开、秘密、机密混编，2、4、6、7表示公开，3、5表示秘密、机密，8、9表示非密限制发行。1975年以后，则在编号前加不同的字母表示不同密级，具体含义如表4-6所示。

表4-6 AD报告的文献类型

报告号形式	报 告 性 质
AD-A 000001	公开发行：TR-R 技术报告、SP-特种出版物
AD-B 000001	非密限制发行：TR-B 技术札记、EP-教学资料
AD-C 000001	秘密或机密：TR-X 技术备忘、CP-会议出版物
AD-D 000001	重要专利：CR-合同户报告、SP-技术出版物
AD-E 000001	计算机编目试验用：Case 专利说明书、TT-F-技术译文
AD-L 000001	内部限制使用
AD-P 000001	专题丛书或会议论文集中的单行本
AD-R 000001	属于国防部和能源科技情报联合协调委员会提供的能源科学方面的保密文献

(3) NASA报告

NASA报告是美国国家航空和航天局(National Aeronautics and Space Administration, NASA)出版的科技报告，现也简称N报告。NASA的前身是NACA(National Advisory Committee for Aeronautics)。

NASA报告的报告号采用"NASA＋报告出版类型＋顺序号"的表示方法，例如"NASA-CR-159698"表示一份合同用户报告。在NASA编号系统中，由"TR"表示技术报告，"TN"表示技术札记，"TM"表示技术备忘录，"TP"表示技术论文，"TT"表示技术译文，"CR"表示合同用户报告，"SP"表示特种出版物，"CR"表示会议出版物，"EP"表示教学用出版社物，"RP"表示参考性出版物等。

NASA报告的内容侧重于航空和空间技术领域如空气动力学、发动机及飞行器材、试验设备、飞行器制导及测量仪器等方面。该报告虽主要侧重航空、航天科学方面，但由于它本身是一门综合性科学，与机械、化工、冶金、电子、气象、天体物理、生物等都有密切联系，因此，NASA报告同时涉及许多基础学科和技术学科，是一种综合性的科技报告。

(4) DE报告

DE报告原称DOE报告，是美国能源部(Department of Energy, DOE)出版的报告。它原是美国原子能委员会(Atomic Energy Commission, AEC)出版的科技报告，称AEC报告。AEC组织成立于1946年，1974年撤销，成立了能源研究与发展署(Energy Research and Development Administration, ERDA)。它除了继续执行前原子能委员会的有关职能外，还广泛开展能源的开发研究活动，并出版ERDA报告，取代原AEC报告。1977年，ERDA改组扩大为能源部。1978年7月起，它所产生的能源研究报告多以DOE编号出现。AEC报告的内容除主要为原子能及其应用外，还涉及其他学科领域。ERDA和DOE报告的内容则由核能扩大到整个能源的领域。

从1981年开始,能源部发行报告都采用"DE+年代+顺序号"的形式,如"DE95009428"表示1995年第9428号报告,而"DE+年代+500000"号码则表示从国外收集的科技报告,所以DOE报告在1981年以后又叫DE报告,DE报告现年发行量约为15 000件(公开部分)。

DE报告的来源主要为五大能源技术中心和十八个大型实验室(如著名的匹兹堡能源技术中心、巴特尔斯维尔能源技术中心等,以及洛斯阿拉莫斯科学实验室、橡树岭国立实验室、诺尔斯原子动力实验室等),其他来源还包括俄罗斯、加拿大、以色列及欧盟诸国。

2) 美国四大科技报告的印刷型检索工具

美国四大科技报告所使用的印刷型检索工具不同,下面先介绍一下不同的科技报告所使用的印刷型检索工具。

(1) PB和AD报告及其检索工具——GRA&I:美国《政府报告通报与索引》(*Government Report Announcements & Index*, GRA&I)由NTIS编辑出版。这个名称是从1971年开始使用的,其编排分《政府报告通报》和《政府报告索引》两部分。前者是文摘,后者是索引,是同一种检索工具的两个部分,相互配合使用。现为双周刊。GRA&I以文摘形式报道美国政府机构及其合同户提供的研究报告和科技文献,报道全部PB和AD报告、部分NASA报告和DOE报告。

(2) NASA报告及其检索工具——IAA、STAR:美国的《国际宇航文摘》(*International Aerospace Abstracts*, IAA)和《航空航天科技报告》(*Scientific and Technical Aerospace Reports*, STAR)是检索国际宇航文献的"姊妹篇",都享有大的声誉。报道内容都选自世界各国有关航空航天方面的技术文献,但在收录范围方面不太一致。IAA是美国航空航天学会(AIAA)办的,主要收录期刊论文等;而STAR是NASA办的,主要收录科技报告。因此它们是互为补充的。STAR除收录全部NASA报告外,四大报告中的其他3种也部分转载。STAR的文摘按NASA的入藏号顺序(N+年份+顺序号)编排,其中年代只标识后两位,仅NASA的2000年版以20表示。

(3) DOE报告及其检索工具——ERA:美国《能源研究文摘》(*Energy Research Abstracts*, ERA),是美国能源部技术情报中心编辑出版的半月刊。ERA收录能源部部属科研机构和各大学等一切与能源有关的科技文献,但以科技报告为主。ERA的文摘是按能源方面的主题分类编排的,共有40个一级类(First-level Subject Categories)和284个二级类。在每期文摘的卷首分别以数字和字顺两种形式列出两级类目。

3) 美国四大科技报告的网上检索

美国四大报告网上检索主要有7个系统,具体如下:

(1) 美国政府科技报告NTIS系统:NTIS系统由美国国家技术情报服务处(NTIS)提供,是美国《政府报告通报与索引》的网络版,主要检索美国政府的四大报告,可免费检索到1990年以后的美国政府科技报告文摘,不提供全文。NTIS系统提供几乎全部的PB报告、所有公开或解密的AD报告、部分的NASA报告和DOE报告,网址是http://www.ntis.gov。

国内已有多家图书馆及文献信息机构(比如国家图书馆、中国科学院文献情报中心、中国科学院武汉文献情报中心、北京大学、哈尔滨工业大学等)订购了NTIS系统的光盘版和网络版文摘数据库。还可以通过设在清华大学的剑桥科学文摘(CSA)中国镜像站点

(http://csa.tsinghua.edu.cn)及美国工程索引(EI)中国镜像站点(http://ei.tsinghua.edu.cn)查询该数据库的网络版。

通过网址 http://www.ntis.gov/search 进入 NTIS 系统主页,在 NTIS 系统主页上提供快速检索(Quick Search)、高级检索(Advanced Search)两种检索方式。数据库提供的"Search Help"可帮助用户方便、快速地学会如何使用数据库。

① 快速检索(Quick Search)。在数据库检索页面中单击"Quick Search"选项卡,进入快速检索方式,如下图 4-18 所示。

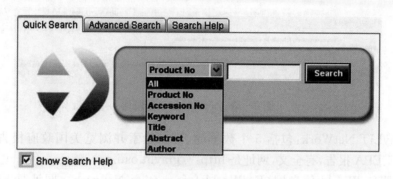

图 4-18 NTIS 快速检索页面

② 高级检索(Advanced Search)。单击"Advanced Search"选项卡,进入高级检索方式,页面如下图 4-19 所示。

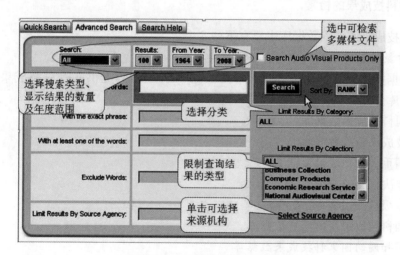

图 4-19 NTIS 高级检索页面

③ 检索结果。检索结果列表就显示在页面的检索框下方,如图 4-20 所示。

(2) STINET 美国国防技术情报中心报告数据库(STINET):网址是 http://stinet.dtic.mil。

(3) NASA Technical Reports Server (NTRS):网址是 http://ntrs.nasa.gov/search.jsp。

(4) DOE Information Bridge:网址是 http://www.osti.gov/bridge。

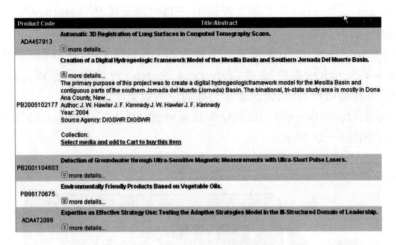

图 4-20　NTIS 检索结果页面

（5）GrayLIT NetWork：包括 5 个数据库，可以检索并浏览美国政府报告，如 DTIC、NASA、DOE、EPA 报告，有全文，网址是 http://graylit.osti.gov。

（6）美国 FedWorld 信息网（FedWorld Information Network）：网址是 http://www.fedworld.gov。

（7）国家科技图书文献中心：网址是 http://www.nstl.gov.cn/index.html。

4.5.3　中国科技成果的检索

中国科技成果的检索数据库主要有下列 5 个：

1）万方数据资源系统的中国科技成果类数据库

万方数据资源系统（http://www.wanfangdata.com.cn）提供 6 个科技成果类数据库。这 6 个数据库分别是：

① 中国科技成果数据库。

② 科技成果精品数据库。

③ 中国重大科技成果数据库。

④ 科技决策支持数据库。

⑤ 国家级科技授奖项目数据库。

⑥ 全国科技成果交易信息数据库。

2）中国知网的国家科技成果数据库

中国知网（http://www.cnki.net/index.htm）的国家科技成果库收录了 1978 年以来所有正式登记的中国科技成果，按行业、成果级别、学科领域分类。每条成果信息包含成果概况、立项情况、评价情况、知识产权状况及成果应用情况、成果完成单位情况、成果完成人情况、单位信息等基本信息。成果的内容来源于中国化工信息中心，相关的文献、专利、标准等信息来源于 CNKI 各大数据库。成果按照《中国图书资料分类法》（第四版）进行中图分类，按 GB/T 13745《学科分类与代码》进行学科分类。截至 2008 年 3 月底，已收录 29 万多条记录，每周更新。它可以通过成果名称、成果完成人、成果完成单位、关键词、课题来源、成果入库时间、成果水平等检索项进行检索。

3) 航空科技报告文摘数据库

国防科工委系统的中国国防科技报告（简称 GF 报告）是我国科技报告的重要组成部分。其中的航空科技报告已建成了航空科技报告文摘数据库，收录国内航空企事业单位具有很高专业技术水平的中国航空科技报告的文摘。现收录 1981—2003 年数据达 5 000 余条，公开的比例约为 50%。数据每年更新。1997 年以后的科技报告，只有公开级的全文报告提供借阅服务，内部（索取号后带 N）和密级（索取号后带 M 或 J）的科技报告暂不借阅。

航空科技报告文摘数据库是全面系统地反映航空工业科学技术发展水平的系列报告文摘数据库，它所涉及的专业包括空气动力学与飞行力学、飞机结构强度、发动机技术、航空电子仪表、电气设备、导航与控制系统、航空武器、航空材料与工艺、试验与测试技术、产业政策与管理等。可以通过中国航空信息网（http://www.aeroinfo.com.cn/kjbg.htm）免费检索航空科技报告文摘数据库（1981—1996）的数据。

4) 国研报告

国务院发展研究中心调查研究报告简称国研报告，是国务院发展研究中心专门从事综合性政策研究和决策咨询的专家不定期发布的有关中国经济和社会诸多领域的调查研究报告，内容丰富，具有很高的权威性和预见性。每年两百期，不定期出版，网络版每天在线更新，具有浏览、下载功能。网址是 http://www.drcnet.com.cn。

国研报告的检索方法是：进入国研网主页，在检索输入框中输入关键词，如果有多个关键词，关键词间可以使用逻辑运算符连接。在该检索系统中，使用空格、"＋"或"&"表示逻辑"与"的关系；使用字符"－"表示逻辑"非"的关系；使用字符"｜"表示"或"的关系；使用字符"（）"表示表达式是一个整体单元。单击"检索"按钮，系统显示题名与摘要。选择欲查看全文的报告，并进一步单击报告的标题名称就可以看到报告的全文。

5) 中国商业报告库

中国商业报告库是中国资讯行的子库之一，收录经济专家及学者关于中国宏观经济、金融、市场、行业等的分析研究文献及政府部门颁布的各项年度报告全文，主要为用户的商业研究提供专家意见和资讯，数据库每日更新。通过网站检索商业报告只能得到报告的标题，查看全文则需交费。网址是 www.chinainfobank.com。

4.5.4 其他国家科技成果的检索

除了美国的政府报告及中国的科技成果检索外，下面介绍一个其他国家科技成果的检索系统。

（1）NCSTRL：美国联网的计算机科技报告图书馆（Networked Computer Science Technical Reports Library，NCSTRL），收集了来自世界各国各大学计算机系、工业和政府研究实验室的计算机科技报告，网址是 http://www.cs-tr.cs.cornell.edu.com/gog_links.php? portal=Ecom2F。

（2）NISC：美国国家信息服务公司（National Information Services Corporation，NISC）提供自然科学、社会科学、艺术及人文科学方面的书目式和全文本式数据库服务，网址是 http://www.nisc.com。

（3）IAEA：国际原子能机构（IAEA）的因特网服务（IAEA Internet Service-Datalinks），网址是 http://www.iaea.org/worldatom/general/iaea-and-internet.html。

(4) J-STAGE：日本科学技术信息集成系统(Japan Science & Technology Information Aggregator Electronic，J-STAGE)由日本科学技术振兴机构(Japan Science & Technology Agency，JST)开发，收录了日本各科技学会出版的文献(英文为主)，包括 400 多种科技期刊的 18 万篇文章、100 多种会议录、50 多种科技报告，网址是 http：//www.jstage.jst.go.jp/browse/-char/en。

4.6　本章小结

特种文献是一类最常见、最常用的文献。本章主要讲解了特种文献中的专利文献、会议文献、学位论文、标准文献和科技报告的特点、作用以及检索方法。本章学习的重点是专利、会议、学位论文、标准文献和科技报告的检索，难点是在实际应用中合理选择、正确使用相关系统。

☞ 习题

1. 利用我国知识产权局专利检索系统，检索 2016 年以来提交申请的手机专利，并利用网站的专利分析工具尝试进行专利分析，写出分析结果。同时，下载最新授权的一篇专利的全文。

2. 练习 USPTO(United States Patent and Trademark Office)专利检索，给出一个案例的检索过程及结果。

3. 利用 soopat 检索抗肿瘤药物相关的最新专利，给出专利标题。

4. 查找我国有关滴丸或者颗粒的外观设计专利。

5. 什么是科技报告？科技报告是特种文献中含金量最高的文献吗？为什么？

6. 列举 3 个常用的科技报告检索系统，举例说明其检索方法。

第 5 章　其他药学信息检索

时代变迁，人们开始追求高品质的健康生活，这推动了药物和膳食补充剂市场的发展。无论是医药企业和研究机构，还是消费者个人，均希望能够获取不同方面的药学信息，如研发动态、申报规定、销售状况、药品使用、安全监控或预警报告等。这些信息可以从数据库、搜索引擎、网站、工具书、报纸等多种数据源中获取。另外一些具有门户性质的医药信息网站也推出了相应的移动业务端，提供了更加便捷的信息获取通道。本章将根据药学信息不同的作用和来源分别介绍这些信息的检索。

5.1　新药信息检索

一个具有完全知识产权的新药上市后，会给企业带来丰厚的利润，但其开发周期漫长、资金投入大且失败风险较高。对于新药研发，企业或学术机构需要掌握最新科研动态从而选题立项，在研究阶段跟踪类似项目竞争者的进展情况，不断关注药品监管部门出台的各项政策法规，了解同类产品的市场销售业绩等。因此有关新药信息的检索是医药行业从业人员所必须熟练掌握的。

5.1.1　Inpharma Database

Inpharma Database 是美国 Adis International Ltd. 公司编辑出版的最新药物信息全文数据库。该库主要收录了关于新药物、药物处方、治疗突破、药物经济学、R&D、药物不良反应、药物应用的发展趋势及卫生保健政策等方面的评论性、总结性的报告，所提供的信息具有很高的商业价值。该库收录最近 5 年世界范围内出版的 2 300 多种主要的医学及生物医学期刊中的内容，从具有临床、市场及战略意义的论文中提取的摘要具有简略、实用及易于阅读的特点。一部分文献来源于药企的报告及主要的国际会议论文。目前，该库文献量以每年 5 000 条记录的速度递增，数据库每季度更新。通过访问 Adis R&D Insight 即可进行检索。其相应的文字出版物为 *Inpharma Weekly*，可通过 Springer 获得（http://link.springer.com/journal/40285）。

5.1.2　Pharma Transfer

Pharma Transfer 是由 Innovaro 研制的药物研究与开发信息库，收集了来自药物和生物技术公司、政府机构及学术机构等各方面的信息，可提供药物早期发现、临床前及临床试验、产品注册等信息。数据库的每一条记录均由经验丰富的科学家进行选择和编辑，呈现为结构化的摘要,并附有相关机构的联系方式。这些资源为药物合作开发与授权提供了机遇。自1998年创立以来,Pharma Transfer已经为超过100个国家的2 500多个组织机构发布了近20 000条合作需求。其数据量庞大且每周更新,为研究人员了解或寻找感兴趣的项目提供了极大便利。可以在 http://www.pharmatransfer.com 上进行注册并访问。在 Power Search 中可以采用关键词检索处于不同研发时期(Early stage research, preclinical, clinical trial phases, finished products)的治疗和诊断产品,具体选项如图5-1所示。

图 5-1 Pharma Transfer 检索界面

5.1.3 Pharmaprojects Database

Pharmaprojects 是由英国 PJB Publications Ltd. 开发和维护的全球药物研发综合性智能数据库,内容包括正在研制的药品、已经广泛投放市场的药品,以及由于毒性或商业问题而终止发展的药品数据,数据记录包含行业名称、化学名称和同义词、化学结构、治疗说明、药学机理、研发公司、疗效、国家、主要事件、靶标、注册信息、发展状况等。该数据库的信息来源包括非公开渠道和公开渠道。非公开渠道主要是药物公司相关人员的访谈、国际会议和各种调研活动;公开渠道包括期刊、学术资料和会议论文等文献。Pharmaprojects 囊括自 1980 年以来超过 60 000 个各阶段药物的信息,并且每月都为 1 000 多个药物更新信息。

Pharmaprojects 中的每个药物都包含以下信息:

(1) 主要信息:包括药物名称、开发阶段、各国上市情况。

(2) 该药物开发公司的情况:包括原始开发公司、国家、开发状况、上市国家。

(3) 药理依据:包括药效分类及代号、药物用于该适应证的开发状况、药理作用描述、适应证描述、给药途径等。

（4）化学依据：包括化合物代号、CA 注册号、相对分子质量、分子式、化学名、结构式。

（5）专利情况：包括专利国家、专利号码、专利优先号、优先日期等。

（6）各国上市情况：包括上市国家、上市情况、上市时间、批准情况等。

（7）主要事件：记录了该药物开发过程中的重大事件。

（8）开发进度：记录了药物开发的进度、市场评测。

（9）细节信息：详细记录了该药物的市场和临床前以及临床情况。

Pharmaprojects 还包括：

（1）开发厂商及科研项目信息：可以全面了解 1 100 多家公司新药研究开发的总体情况以及各个品种的进展状况。开发厂商内容包括公司概况以及该公司研究开发的药物、公司业务活动、主要子公司及其附属机构、与其他子公司或学术机构的重要合同、协议、最近的财经状况、与产品许可转让负责人联系的途径、厂商的地址、电话、传真等。

（2）治疗领域药品信息：根据药物的治疗作用代码对药物进行细分，划分为 197 个领域。如代码 A 为消化/代谢药物，B 为血液/凝血药物，A4B 为胃动力药，A5B 为保肝药。

（3）广泛上市或中止开发的药品及许可转让信息：Pharmaprojects 收录了中止研发、撤销或长久未见研究开发报道的药物或化合物的信息，并介绍了中止研发的药物曾经达到的阶段，还有新药许可转让机会。

（4）化学结构及化合物的药理活性信息：数据库中的化学结构信息有化合物结构式、分子式、相对分子质量、CAS 号及创制者。

用户可以通过光盘数据库或在线方式检索 Pharmaprojects，如未购买使用权，还可通过 http://www.citeline.com/products/pharmaprojects 申请试用，界面如图 5 - 2 所示。

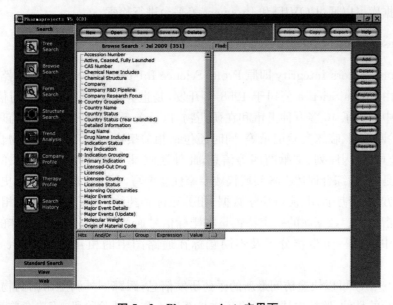

图 5 - 2 Pharmaprojects 主界面

5.1.4 IMS LifeCycle

IMSLifeCycle 整合了 IMS Health(艾美仕)公司在药物开发方面的 3 个知名数据库：IMS R&D Focus、IMS New Product Focus 和 IMS Patent Focus，分别覆盖了药物生命周期中的研发、上市和专利到期阶段。

IMS R&D Focus 数据库偏重药物的商业信息，信息来源于药物公司调研、高层访谈和官方发布的资料，还包括一些医学期刊、国际会议、科学论文和专利文献等。数据库内容包括每种药品的属名、药厂编号、CAS 注册号、化学名称、同义词、治疗说明、专利文摘、发展历史、世界范围发展的最新阶段、商业潜力、公司活动、科研进展和专利信息。数据库还提供 IMS 专家在线服务，为用户及时解答疑问。目前数据库中收录了超过 31 000 个药物，其中处于在研状态的药物有 8 900 多个。

IMS New Product Focus 数据库提供全球 70 多个国家自 1982 年以来所有上市产品信息的汇总，可细至具体的成分、辅料、包装规格与首次上市的价格信息。数据库包含超过 300 000 条产品上市记录，每月更新 1 000 多个新产品。通过该数据库，可以对上市药品进行综合分析，获得有市场价值的产品资料，分析医药市场的上市策略与趋势。

IMS Patent Focus 数据库的信息来源于各国专利文献和相关的化学资源，提供了 5 300 多种商业药品(含生物制品)及其相关产品的专利申请状况、市场动态和Ⅲ期临床试验之后的信息，如药品的名称、药厂编号、CAS 注册号、化学名称、同义词、治疗说明、专利文摘、发展历史、世界范围发展的最新阶段、商业潜力和公司活动。利用该库，不仅可以检索上市药物的专利保护情况及最新的原研厂家，还可通过调研上市药物专利保护的失效时间，评估延长保护时间的可能性，从而预测该品种的仿制趋势。数据库每年新增 8 500 多条记录。

以上数据库可以通过 OVID 和 Proquest 等平台进行检索。

5.1.5 Thomson Reuters Integrity

Thomson Reuters Integrity 即原 Prous Science Integrity，2007 年由汤森路透收购。该数据库最初由 Prous Science 公司于 1958 年开发，是世界上最早的综合医药信息数据库。目前数据库中收录了 40 多万种上市和在研药物，以及关于这些药物的实验药理学数据、药代动力学、代谢数据、临床实验记录等，同时还包括相关疾病的综合评述、药物合成方法、生物标记物、公司、基因序列、文献新闻等信息，此外还收录了 22 万篇与之相关的专利家族。值得一提的是，疾病综合评述由各领域权威专家独立撰写，介绍疾病的发现历史、发病机制、诊断和防治方法、治疗费用、流行病学数据、相关靶标和药物、重要文献概要、相关重要站点及相关学会指南等。数据库的一个特色是将靶标信号通路与通路图用多媒体的方式演示，便于展示其中的每一个生物分子及不同靶标在通路图中的相互作用。Integrity 每日均更新。

利用 Integrity 可以快速访问最新的医药研发信息，跟踪国外新上市的药物品种以及新进入临床试验的品种；监控申请专利的药物是否进入临床试验阶段，筛选有前景的药物，寻找该药物的中间体，开拓中间体项目；定制电子邮件，获得药物研发阶段的最新变化。数据库可通过以下链接 http://integrity.thomson-pharma.com/integrity 进行访问，数据库界面如图 5-3 所示。

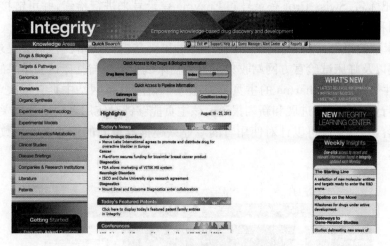

图 5-3 Integrity 检索界面

5.1.6 Thomson Reuters Pharma

Thomson Reuters Pharma 是一个整合了汤森路透的所有科学、医疗卫生和金融信息数据库的工作流工具。它的信息来源于各种科技文献、专利文件、新闻、科技会议论文等,提供了 40 162 个药物专论(每月增加 300 个以上)、7 600 多个详尽的公司报告(共涵盖 75 867 个机构)、7 636 个会议报告(每年增加约 500 个会议报告)、11 000 个医学期刊和 100 个化学期刊、3 889 193 个核心专利报告(覆盖 87 个专利授权机构)、3 505 665 种化合物(每月增加约 5 000 种)、26 578 个交易报告、70 861 个临床方案报告(每月增加 800 个以上新的临床方案)、28 204 个临床结果报告(每月增加 200 个以上新的临床结果报告)和 24 000 个药物靶标数据。化学家、生物学家、临床医学研究人员、专利申请人员、医药行业的法律顾问、竞争情报分析人员、市场拓展工作人员或非专利药研发人员等,都可以从该平台获取所需的信息。访问地址为 https://www.thomson-pharma.com。

除了信息丰富外,Thomson Reuters Pharma 还具有如下特色:

(1) 以报告的方式提供信息:Pharma 将平台下数十个数据库提供的丰富信息整理为 10 种类型的报告:药物报告、公司报告、知识产权报告(专利报告)、化合物报告、基因序列报告、靶标报告、文献、新闻报告以及新增的试验实施方案报告、临床试验结果报告和交易报告。其中每一份报告都附有业界专家撰写的综述和评论。

(2) 深加工的全球专利信息:Pharma 对专利文件进行了加工整理,重新编写了摘要,对专利的化学保护范围、生物活性和新颖性都有独立的段落进行描述,并提供专利原文。可以生成独立、综合的报告,把原始的专利全文和特定的增值专利信息结合起来。

(3) 最新科学进展及新闻报道:Pharma 从期刊、会议和新闻中提取重要的治疗学、生物技术和化学方面的前沿信息和深度报道,追踪相关领域内的最新动态。

(4) 制药公司的全面信息:Pharma 收集了全球各种医药研发机构的综合性信息,如拥有的专利、上市药物和正在研发的药物、最新的公司新闻、深度的剖析报告以及大量的金融和商业信息。

(5) 药物靶标信息:Pharma 收录了 2 000 多个药物靶标信息,包括不同的分类名和功能。可通过靶标名、Swiss-Prot 登录号和 Enzyme 登录号来进行检索,并可链接到活性医药品、基因序列和参考文献。

(6) 临床试验报告:Pharma 从各大制药公司和研究机构网站、新闻、会议录、公司出版物、学术期刊以及临床试验官方网站收集了有关临床试验方案与临床试验结果的信息。

(7) 个性化的主页:Pharma 的主页类似于一个新闻发布网站主页。每次登录时,均可以查看医药行业中最新的进展和新闻报道。该主页能够针对使用者的专业和关注的领域显示不同的内容,并且它还可以针对使用者的专业兴趣推荐最新的综述文章。数据库入口如图 5-4 所示。

图 5-4 Thomson Reuters Pharma 的检索入口

5.1.7 World Drug Index(世界药物索引)

World Drug Index 是全球已上市药物和正在研发药物的权威索引,提供了每个药物的活性、作用机制、功能主治、生产者、别名以及相关的医药学信息,现位于汤森路透平台上。

5.1.8 Novel Antibiotics Data Base(新抗生素数据库)

该数据库包括了在 *Journal of Antibiotics* 上报道的 5 430 多个新化合物,数据最早可回溯到 1947 年。该杂志由日本抗生素研究协会主办。可以通过其官方网站(http://www.antibiotics.or.jp/journal/database/database-top.htm)进行检索。

5.1.9 WBDU(世界原料药用户目录)

WBDU(Worldwide Bulk Drug User Directory)覆盖了 17.5 万种不同剂型的成药,列入原料药目录的品种达 14 900 种。成药生产厂商信息包括厂商通信地址(邮政编码、电话、传真、电子信箱)及其产品,总计 7 500 余家,遍布世界 66 个国家(除北美、西欧主要国家外还包括中国、亚洲其他国家、拉丁美洲及东欧国家)。成药涵盖人用药、兽药、非处方药和个人保健品,其中又分为专利品牌产品与非专利药。可利用该数据库检索选定的成药品种中所含的各种成分,包括活性成分(原料药)和制剂辅料,同时也可检索成药生产厂商的相关信息。该库由 Chemical Information Services, Inc.发行光盘版,按月更新。

5.1.10 医药地理

医药地理的前身为中国医药数字图书馆,于 2000 年由上海医药工业研究院信息中心和上海数图健康医药科技有限公司共同建成。收录有大量医药信息,内容涉及药品市场信息、新药研发、工艺改进、制剂开发、辅料信息、药典及其他大型工具书。作为一个综合平台,除了发布各种医药新闻与评论外,医药地理还提供了 3 个数据查询接口:中国新药研发监测数据库(China Pipeline Monitor,CPM)、药物综合数据库(Pharmaceutical Data Base,PDB)、基础数据库及医院处方分析系统。

1) 中国新药研发监测数据库

CPM 是中国医药工业信息中心为企业新药研发、商务拓展与投资团队开发的品种监测及潜力品种筛选数据库。CPM 收录全球约 50 000 个药品的研发进展和专利信息,汇集国内外上市或在研药物,并基于各种筛选条件与 2002—2011 年间 CFDA 发放的所有药品批准文号(187 890 件次)和 CDE 的所有新药申报记录(116 330 件次),对数据库的原始信息进行了匹配整理和分析挖掘,包括化学药物制剂、化学原料药、生物技术药物(含疫苗)、中药与诊断试剂等。网址:http://cpm.pharmadl.com。

2) 基础数据库

该库又包含了较多子库,如企业名录库、企业报表库、产品产量库、批准新药库、批准保健食品库、进口药品库、GMP 认证企业库、GSP 认证企业库、药品标准库及行政保护库等。网址为 http://www.pharmadl.com/yysjk-jcsjk_3.html。

5.1.11 INSIGHT—China Pharma Data

该库是由丁香园专业团队于 2005 年研发的医药行业综合数据库平台,目前包含国内药品注册受理、国内药品上市信息、美日欧药品上市信息、全国及各省市医保和基本药物情况、药品招投标价格信息、药品临床实验信息、中外医药文献数据库、药品说明书信息、药品广告信息等多个数据库内容。其注册上市情报包括 CDE 注册与受理、注册进度查询、CFDA 批准国家药品、CFDA 批准进口药品、FDA 专利药品、FDA 批准药品、药品说明书;药品研发情报包括药品专利、临床试验、全球研发进展、医药文献系统;政策市场情报包括基本药物查询、医保品种查询、药品中标信息、医院科室信息、药品广告信息。通过该库可查询调研国内外药品注册上市动态、医保及定价信息、临床研究信息、医学文献等。网址为 http://db.dxy.cn/new。

5.1.12 其他方式

以上介绍了常用新药信息检索的专门数据库和平台,而在前面章节中提到的医药信息网站、药物监管机构网站或制药公司研发中心网站上也可以查找到相应信息,并且这是数据库或平台第一手数据的来源。随着移动互联网的发展,这些网站大多在微信、微博上推出了对应的服务号,检索人员也可以通过定期浏览或定制新消息的方式对它们加以关注。

5.2 天然产物信息检索

天然产物是生物在长期进化过程中为了适应或对抗环境而产生的"化学武器",具有广泛的潜在生物活性(多靶标作用),其中许多已成为药物,如临床上广泛使用的各种抗生素、紫杉醇、青蒿素等。据统计,自 1981 年至 2010 年来属于天然产物或由其结构改造得到的新化学分子实体(NCE)占上市药物的 50% 左右。天然产物一直是国内外制药企业研发新药时重点关注的内容。在我国,中药现代化的重要方向也包括对其有效成分的研究。

5.2.1 NAPRALERT—Nature Production Alert

NAPRALERT 由美国伊利诺伊大学研制,数据库主要收录了 1975 年以来有关天然产物中具有生物活性的化学物质的相关信息,是目前世界上较大的天然产物数据库。网址为 http://www.napralert.org,需要注册并付费使用。

5.2.2 上海有机化学研究所化学专业数据库

化学专业数据库是有机所承担建设的综合科技信息数据库的组成之一。该库中包含天然产物信息的数据库有药物和天然产物数据库、植物化学成分数据库和中药与化学成分数据库。网址为 http://202.127.145.134/scdb/,可免费注册使用。

药物和天然产物数据库提供化合物标识信息:CAS 号、中英文名称(系统命名和俗名、商品名)、分子式等;药物信息:理化性质、药理毒性、用途等;天然产物信息:应用、开发状况、分解系数、毒性实验数据等;专利信息:专利号、专利文献的标题、申请日期、批准日期、发明人、所有权人、专利的用途等。其中药物信息和天然产物信息的检索结果存在一定交叉。

中药与化学成分数据库将我国传统中医的临床实践融合成一个涵盖疾病用药、中药药材、化合物性质的多层次信息数据库,其中包括了 50 000 多个处方、1 400 多种疾病及其用药、22 000 多种中药材,以及药材中的 19 700 多种化合物。

植物化学成分数据库收录了有机所采集的植物化学成分数据,包括植物分类信息、植物图片、分离出的化学成分、相关研究文献等。目前共收集化学物质 10 万余种,可通过输入植物物种名称、植物科属描述信息、治疗的疾病或化合物等检索植物信息,还可以用名录浏览部分蔬菜与水果的化学成分并进行成分比较,了解植物的共有成分。

5.2.3 创腾公司相关数据库

中药化学数据库(Neosuite Traditional Chinese Medicine Database,TCMD)由中科院过程工程研究所研制,创腾公司负责发行。其数据来源是 2009 年科学出版社出版的《中药原植物化学成分集》,目前该库收录化合物 23 033 种(截至 2009 年),其中 8 000 种成分有药理数据。涉及中药药用植物 6 735 种,参考文献 5 507 篇(截至 2005 年),200 种细胞水平抗癌模型,包括细胞因子网络调节机制抗炎模型、各种抗氧化模型、酶抑制剂模型、NO 抑制剂模型等。

中国天然产物数据库(NeoSuite Chinese Natural Product Datebase,CNPD)是创腾公

司和中国科学院上海药物研究所联合开发的综合性天然产物数据库。这一数据库是在SY-MYX化学信息管理系统的基础上建立并完成的。目前该库共收集了57 000多个天然产物，涵盖天然产物的37个类别，其中有70%的分子是类药性分子。相关的数据包括天然产物的CAS登录号、名称、分子式、相对分子质量、熔点等理化性质，以及二维及三维分子结构、生物活性、自然来源和参考文献信息。对于原植物或同属中药，还收录了对应的中文名、拉丁文名、性味、归经及功能主治信息。

微生物天然产物数据库（NeoSuite Microbial Natural Products Database，MNPD）是由创腾公司和中国医学科学院生物技术研究所联合开发的综合性天然产物数据库，也是基于SYMYX化学信息管理系统的。据统计，迄今已从各种微生物发酵产物中分离得到20 000多种代谢产物纯品，其中具有生物活性的代谢产物达16 000多种。MNPD收录了的微生物代谢产物共有15 000多个，其中有确切化学结构式的共10 000多个。化合物的相关信息包括来源、制备、理化性质、化学结构、生物活性以及原始文献等数据。

以上均为付费数据。

5.2.4　Natural Medicines Comprehensive Database（NMCD）

NMCD数据库是由国外多位药剂师、药学科研人员和学术杂志编辑合作开发的，最初发布于1999年。数据库包含90 000余种草药产品、营养补充剂、维生素、矿物质、顺势疗法产品、草药药品，以及补充替代医学、中西医结合疗法、另类疗法（如针灸）、中国传统医药（处方）产品和其他自然疗法。可检索药物的相互作用、用途、作用机理、副作用，还可获得孕妇和儿童的用药安全性评估，但其中对具体化学成分的数据收录较少。网址为http://www.naturaldatabase.com，需付费使用。

5.2.5　Dictionary of Natural Products Online（DNPO）

DNPO是Chapman & Hall/CRC Chemical Database的一个子库，主要包含天然产物的相关信息。它的数据来源于早在1992年出版的图书 Dictionary of Natural Products，但数据一直在更新。DNPO收集了近40 000条记录，一条记录不仅是一个化合物，还包括了与该化合物互为立体异构体或是该化合物衍生物的其他天然产物，如糖苷、乙酰化物、N或O-烷基化物等。可查到天然产物的化学名、俗名、CAS号、化学结构、分子式、相对分子质量、来源、用途、结构分类、理化性质、危险与毒性信息及参考文献。网址为http://dnp.chemnetbase.com/intro/index.jsp。对印刷版和光盘版 Dictionary of Natural Products 的介绍请参见本书5.4.2节。

5.3　生物信息检索

生物信息学数据库种类很多，大致可分为4大类，分别是基因组数据库、核酸和蛋白质一级序列数据库、生物大分子（主要是蛋白质）三维空间结构数据库，以及在这3类数据库和文献资料基础上构建的二次数据库。对这些数据库的检索主要是通过不同关键词组合来实现。一般情况下，数据库会将输入的关键词转换为最接近的主题词，若需检索到更加精确的结果,既可以直接输入主题词,也可以输入基因、蛋白质或核酸的专业编号。生物信息学数据量非常庞大,在调研科学信息时应将下文重点介绍的几个数据库联合起来检索。

5.3.1 基因组数据库

基因组数据库主要有人类基因组数据库 the Human Genome Database(GDB)、英国 Roslin 生物信息研究所维护的 ARKdb(http://www.thearkdb.org/arkdb/)和美国农业基因组信息系统 Gramene(http://www.gramene.org/)。其中,GDB 于 1990 年由美国霍普金斯大学开始构建,是一个专门汇集存储人类基因组数据的数据库,包括了全球范围内人类 DNA 结构和人类基因序列的研究成果,可以通过 NCBI 平台(http://www.ncbi.nlm.nih.gov/sites/genome)检索,页面如图 5-5 所示。ARKdb 包括了一组动植物的物种基因组信息。Gramene 系统目前主要包括农作物与牲畜品种的基因信息,含有水稻基因组的丰富信息资源,另外还提供了分析基因组数据的各类工具软件。此外,还可通过 Ensembl Genome Browser、NCBI Map Viewer 或 UCSC Genome Browser 等综合性平台检索多个物种的基因信息。

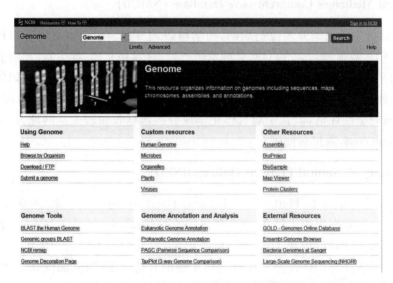

图 5-5 NCBI 平台上的 GDB 检索接口

5.3.2 核酸和蛋白质序列数据库

序列是生物信息学中最基本的数据,包括核酸和蛋白质两类序列。GenBank、EMBL 和 DDBJ 是国际上常用的三大核酸序列数据库。

美国国家健康研究院(National Institutes of Health,NIH)于 20 世纪 80 年代初委托洛斯阿拉莫斯(Los Alamos)国家实验室建立了 GenBank,后移交给 NCBI,检索页面如图 5-6 所示。它的数据直接来源于测序工作者提交的序列、由测序中心提交的大量 EST 序列和其他测序数据以及与其他数据机构协作交换的数据。GenBank 数据每天更新,每年发行 6 版。截止到 2016 年 7 月,数据库中共收录了 213 200 907 819 条碱基和 194 463 572 条序列。这些数据来源于 260 000 多个物种,其中约 12% 来源于人类,其次是家鼠、褐鼠、牛、玉米、斑马鱼等。NCBI 还提供了另一个核酸数据库 UniGene,它的特色是将来源于同一基因的非重复表达序列标签组成基因序列群(gene-oriented sequence cluster)。目前 UniGene 共有 150 多万个基因序列群,分别来自 128 个物种。网址为 http://www.ncbi.nlm.nih.gov/genbank/。

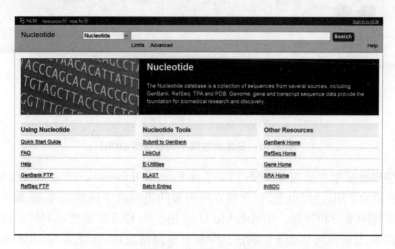

图 5-6　NCBI 平台上的核酸序列数据库 GenBank

EMBL 是由欧洲分子生物学实验室(European Molecular Biology Laboratory,http://www.ebi.ac.uk/)于 1982 年创建的,目前由欧洲生物信息学研究所(EBI)负责管理。主要收录欧洲国家发布的 DNA 和 RNA 序列信息,页面如图 5-7 所示。

图 5-7　欧洲分子生物学实验室 EMBL

DDBJ 是 DNA Data Base of Japan 的简称,创建于 1986 年,由日本国家遗传学研究所负责管理,页面如图 5-8 所示。EMBL 和 DDBJ 数据库每天都会与 GenBank 进行资料交换,因此它们的数据是相同的。

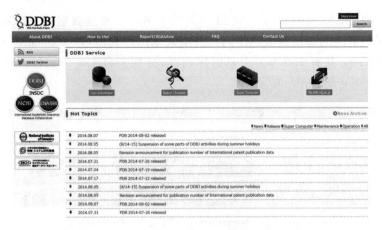

图 5-8　日本的核酸序列数据库 DDBJ

蛋白质序列数据库主要有 SWISS-PROT 和 Protein Information Resource(PIR)。SWISS-PROT 是现在最为常用、注释最全、包含独立项最多的蛋白质序列数据库,由瑞士生物信息学研究所和 EBI 共同维护和管理。SWISS-PROT 采用了和 EMBL 核酸系列数据库相同的格式和双字母标识字,目前既可从瑞士生物信息学研究所网站获得,也可从 NCBI 和 EBI 的网站上获得。SWISS-PROT 的序列信息均来自实验,由经验丰富的分子生物学家和蛋白质化学家通过计算机工具分析并查阅有关文献资料进行核实。序列附有详细注释,包括结构域、功能位点、跨膜区域、二硫键位置、翻译后修饰、突变体等数据,并可以与其他 40 多个数据库相互参照。PIR 是国际蛋白质信息中心(PIR International)收集和维护的蛋白质的序列数据库,功能与 SWISS-PROT 类似,网址为 http://pir.georgetown.edu/。

值得一提的是,SWISS-PROT 和 EBI 的蛋白质序列数据库合作共同建立了一个联合蛋白质数据库系统 Uniprot,继而成为查询蛋白质序列和功能的国际信息中心。通过该系统也可以检索到 PIR 的数据,网址为 http://www.uniprot.org,页面如图 5-9 所示。NCBI 平台

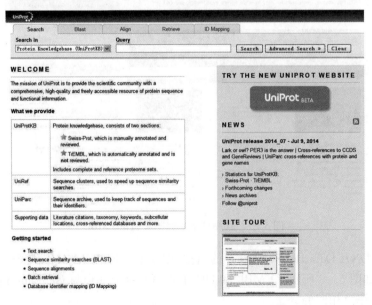

图 5-9　蛋白质数据联合检索系统 Uniprot

下 Protein 数据库的功能也十分强大,可以用于联合检索 GenPept、RefSeq、SWISS-PROT、PIR、RPF、PDB 等多个数据库中的蛋白质序列,网址为 http://www.ncbi.nlm.nih.gov/protein。

5.3.3 生物大分子三维空间结构数据库

蛋白质分子是生命活动中主要的生物大分子功能单元,其功能是通过不同的三维空间结构实现的。因此,蛋白质空间结构数据库是生物大分子结构数据库的主要组成部分。蛋白质结构数据库是伴随 X-射线晶体衍射分子结构测定技术的发展而出现的数据库,其基本内容为实验测定的蛋白质空间结构的原子坐标。随着越来越多的蛋白质分子结构被测定,蛋白质结构分类的研究不断深入,还出现了蛋白质家族、折叠模式、结构域、回环等衍生数据库。

Protein Data Bank(PDB)是目前最主要的生物大分子(蛋白质、核酸和多糖)三维结构的数据库,不但包含通过 X-射线单晶衍射、核磁共振和电子衍射等手段确定的蛋白质三维结构,还包括多糖、核酸、病毒等其他生物大分子的三维结构数据。PDB 提供有关生物大分子结构的详细信息,包括生物大分子的各种注释、序列信息、原子坐标、三维图形、VAML、结构因子、派生的几何数据以及与其他资源的链接等。PDB 数据库以文本文件的方式存放数据,每个分子各有一个独立的文件(后缀为 pdb),除了包含原子坐标外,还包括物种来源、化合物名称,以及有关文献等基本注释信息。此外,该数据文件还给出蛋白质结构的分辨率、结构因子、温度系数、蛋白质主链数目、配体分子式、金属离子、二级结构信息、二硫键位置等和结构有关的数据。数据文件即可以用文字编辑软件查看,也可以借助分子模拟软件查看大分子的三维图像。目前 PDB 收录的数据量已经达到 120 262(截止到 2016 年 7 月 8 日),每天都在不断更新。

PDB 由美国 Brookhaven 国家实验室建立,其管理和维护由结构生物学合作研究协会(Research Collaboratory for Structural Bioinformatics,RCSB)负责,网址是 http://www.rcsb.org/pdb/home/home.do,页面如图 5-10 所示。同其他生物信息学数据库一样,RCSB 注意国际合作,强调与 EBI 和 NCBI 的合作,并且实现了 PDB 与 GeneBank、PIR 和 SWISS-PROT 的交叉检索。

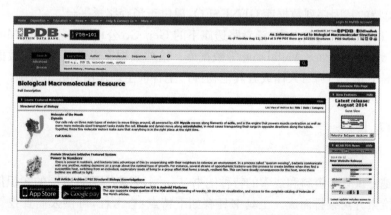

图 5-10　蛋白质三维结构数据库 PDB

蛋白质结构分类可以包括不同层次，如折叠类型、拓扑结构、家族、超家族、结构域、二级结构、超二级结构等。蛋白质的结构分类也是蛋白质研究中的一个重要方向。目前两个主要的蛋白质分类数据库分别是 SCOP（Structural Classification of Proteins，http://scop.mrc-lmb.cam.ac.uk/scop/）和 CATH（http://protein.hbu.cn/cath/www.cathdb.info/latest/index.html）。

Nucleic Acid Database(NDB)是专门收录核酸和核酸与其他分子复合物三维结构的数据库，数据格式和存储方式均与 PDB 类似，网址为 http://ndbserver.rutgers.edu/。

5.3.4 生物信息学二次数据库

除了前面 3 类基本的、常用的生物信息数据库以外，世界各地的研究机构还在此基础上开发了很多二次数据库，常用的二次数据库有：

（1）真核生物基因调控转录因子数据库 TransFac

网址：http://www.gene-regulation.com/pub/databases.html

（2）蛋白质序列保守区域数据库 Prosite

网址：http://prosite.expasy.org

（3）蛋白质结构分类数据库 SCOP

网址：http://scop.mrc-lmb.cam.ac.uk/scop/

（4）蛋白激酶资源 PKR

网址：http://pkr.genomics.purdue.edu/pkr/Welcome.do

（5）酶和代谢途径数据库 NCGR

网址：http://www.ncgr.org/

（6）京都基因与基因组百科全书 KEGG

网址：http://www.genome.jp/kegg/

（7）孟德尔人类遗传学数据库 OMIM

网址：http://www.ncbi.nlm.nih.gov/omim

（8）肿瘤基因组图谱知识库 CGAP

网址：http://www.cgap.org/p/site/c/

（9）德温特的基因序列数据库 GENESEQ，现位于汤森路透平台

（10）GENEGO 系列数据库，汤森路透旗下的 GeneGo 公司开发了 MetaMiner Partnerships、MetaCore、MetaBase、MetaDrug 等数据库。这些数据库提供了丰富的数据挖掘工具，可以帮助理解小分子药物对人体或者其他物种产生各种生理作用的分子机制。

5.4 工具书检索

工具书是专供查考资料和线索的特种图书，广泛汇集某一学科范围的知识信息，按照一定的体例和检索方法编排而成。工具书具有如下特点：查考性，可供人们查找知识点；概括性，内容全面、用词简练、高度概括；易检性，结构严谨、体例详明且具有多种检索途径。

工具书将分散在各处的大量知识、理论、数据、研究成果等集中，以简明的形式加以组

织,提供方便快捷的检索方式,供用户迅速查阅相关资料,解决相应难题。工具书大致有以下作用:

(1) 解决疑难问题:在研究中,人们会遇到难解的名词和术语,需要了解某方面的数据,查阅手册、百科全书或辞典等工具书可快速得到答案。

(2) 提供参考资料:人们在研究中,除了必须掌握本学科的基本状况,还须掌握相关学科的发展概况、研究水平和学术动态。比如对于很多研究课题,国内外可能已经有不少科研人员从各个方面进行过研究,或者可以借鉴其他相关学科的研究成果。这时通过查国内外出版的年鉴类参考工具书,就可了解近年来研究概况和发展动态,并可据此查找参考书目和论文等资料。

(3) 节省时间精力:各种参考工具书都能节省读者查阅获取知识的时间和精力。根据一定的需要,参考工具书汇集了大量有关文献,提供确实可靠的数据和快速查找途径(特定的编排体例和科学的排列方式)。

(4) 指引信息获取路径:利用百科全书类参考工具书,不仅可以了解有关学科的基本知识,还可查出深入研究需要参考哪些文献,为进一步学习和掌握有关知识提供途径。

参考工具书常用的检索方法有:

(1) 部首法:依据汉字的形态特征,按部首、偏旁相同的部分归类;再按部首、偏旁的笔画多少排列,若部首、偏旁相同,再按部首以外的其余笔画多少排列。

(2) 笔画笔顺法:笔画法按汉字的笔画数多少排列,笔画数少的排前,笔画数多的排后;而笔顺法,是按汉字笔形顺序,确定排列先后,如按"一""丨""丿""、""乛"为序。在实际使用时,二者通常相互结合,如先按笔画数多少排列,同笔画数的字再按笔顺次序排列。

(3) 号码法:把汉字按形体归纳,编成阿拉伯数码,再把所取的笔形数码连结成一体,按号码数量多少加以排列。号码法主要有四种:四角号码法、中国字庋撷法、起笔笔形法以及五笔字形法。其中,四角号码法较为常用,而五笔字形法为计算机上常用的检字法。

(4) 音序法:按字的发音为顺序排检字词。外文词典类参考工具书都是按照字母音序法排检。汉字按音序法排检也已经有悠久历史,在隋朝时《切韵》成书,即采用了韵部排检法。现代中文参考工具书多用汉语拼音字母顺序排检。

(5) 分类法:是将文献或知识,按学科或事物性质进行系统性排列的方法。书刊资料及参考工具书常用该法进行分类,如"中国图书馆图书分类法""中国科学院图书分类法""中国人民大学图书馆图书分类法"和"国际十进制分类法"等。

(6) 主题法:是按一定的主题汇集和编排资料的方法。它以自然语言中的词语或规范化的词语作为揭示文献主题的标识,并以此标识编排组织和查找文献。用于表达信息内容的词语被称为主题词。该法不受学科领域限制,能使同一事物的知识相对集中。

(7) 时序法:是按照时间顺序编排次序的排检法,常用于年表、历表、大事记、年鉴、年谱等工具书。

(8) 地序法:是按地理区划或行政区划的顺序编排的一种方法。主要用于编制和检索以地理区域分类的资料的工具书。

药学领域的常用参考工具书包括药典、辞典、手册、指南、百科全书、光谱(图谱)和丛书等。

5.4.1 药典

药典是国家颁布的有关药品质量标准的法规,是具有法律性质和约束力的文件。国家药典一般由国家的药品监督管理机构负责组织编纂和实施,而国际性药典则由公认的国际组织(如世界卫生组织)或多国协商编辑。多数国家规定药典每隔五年修订一次。药典适用范围具有区域性限制,一国药典对别国无约束力。

药典属于标准文献,是药学领域最重要的标准之一。药品标准是根据药物自身的理化和生化特性,按照批准的来源、处方、生产工艺、贮藏运输条件等所制定的,用以检测药品质量是否达到用药要求,并衡量其质量是否稳定均一的技术规定。因此药典是药品生产、经营、使用、检验和监督管理部门共同遵循的法定依据,保障用药的安全、有效、合理。

药典内容主要包括两大部分。一部分是各种法定药物的名称、化学名、化学结构、分子式、含量、性质、用途、用法、鉴定、杂质检查、含量测定、规格、制剂、贮藏等项目;另一部分是制剂通则、一般的检查测定方法、试剂等重要项目的附录和附表。

按照历史渊源,药典是从本草学、药物学以及处方集的编著演化而来。中国公认最早的药物典籍是公元659年唐代李淳风、苏敬等人负责编纂的《新修本草》。随后历代均有官方或私人组织的本草典籍编纂,直到明代李时珍编写出本草集大成者《本草纲目》。国外最早的药物典籍是1498年出版的《佛罗伦萨处方集》。其后由纽伦堡的医生瓦莱乌斯编著的《药方书》经当局承认,于1546年作为《纽伦堡药典》出版。现代以来,世界上几十个国家均颁布了国家药典,还有3部区域性药典及WHO的《国际药典》。

1) 中国药典

中国药典全称为《中华人民共和国药典》,英文名称是 *Chinese Pharmacopoeia*,缩写为 Ch.P。新中国成立以来,我国药典委员会先后编纂了10版药典,分别是1953、1963、1977、1985、1990、1995、2000、2005、2010和2015年版药典。除正式药典外,药典委员会还会发布现行版药典的增补本,具有与药典相同的法律和权威地位。中国药典的发展很快,1953年版药典只收载药品531种,其中化学药仅215种;而最新的2015年版药典(2015年12月1日实施)则收载品种5 608种,药用辅料品种增加至270种。与中国药典配套使用的书籍包括《临床用药须知》《药品红外光谱集》《中药彩色图集》《中药薄层彩色图集》和《中国药品通用名称》等。

2015年版药典分为一、二、三、四部,其中第四部为新增,包含药典附录(通则)和药用辅料内容,其编排体系参照了美国、欧洲药典等。一部收载药材和饮片618种、植物油脂和提取物47种、成方制剂和单味制剂1 493种;二部收载化学药品、抗生素、生化药品、放射性药品等,共计2 603种;三部收载生物制品,共计137种;四部收载药用辅料270种。

2015年版药典按内容可分为凡例、标准正文和附录三部分。

(1) 凡例:解释使用药典正确进行质量检定的基本原则,并将与正文附录及质量检定有关的共性问题加以规定,避免在全书中重复说明。凡例规定了名称与编排、检验方法和限度、标准品、对照品、计量、精确度。

(2) 正文:药典的主要内容,为所收载药品或制剂的质量标准,包括药品名称、结构式、分子式与相对分子质量、来源或化学名、含量或效价规定、处方、制法、性状、鉴别、检查、含量测定、类别、贮藏和制剂等。

(3) 附录:包括通用检测方法、制剂通则、指导原则及索引等。

新版药典在药物安全性控制方面有较大提升。

(1) 中药:制定了中药材及饮片中二氧化硫残留量限度标准,推进建立和完善重金属及有害元素、黄曲霉毒素、农药残留量等物质的检测限度标准;加强对重金属以及中药材的有毒有害物质的控制等。

(2) 化学药:有关物质加强了杂质定性和定量测定方法的研究,实现对已知杂质和未知杂质的区别控制,优化抗生素聚合物测定方法,设定合理的控制限度,整体上进一步提高有关物质项目的科学性和合理性等。

(3) 生物制品:增加相关总论的要求,严格生物制品全过程质量控制要求,以保证产品的安全有效性,同时增订"生物制品生产用原辅材料质量控制通用性技术要求",加强源头控制,最大限度降低安全性风险等。

新版药典还进一步加强了药物有效性控制。中药材加强了专属性鉴别和含量测定项设定。化学药增加了控制制剂有效性的指标,研究建立科学合理的检查方法。生物制品进一步提高效力测定检测方法的规范性,加强体外法替代体内法效力测定方法的研究与应用,保证效力测定方法的准确性和可操作性。

中国药典出版有纸质本。网络上除了一些网站提供各种药典的在线检索,如药典在线(http://www.newdruginfo.com/)、药品标准查询数据库(http://www.drugfuture.com/standard/),也有网站提供电子版下载,如http://www.bz-search.com/search_mk.asp,但参考时须注意核对其数据真实性。

2) 美国药典

《美国药典/国家处方集》,即 *The United States Pharmacopeia and The National Formulary*(USP-NF),由美国政府所属的美国药典委员会(The United States Pharmacopeial Convention,USPC)编辑出版。USP于1820年出版第1版,现在每年更新1次。NF于1883年出第1版,自1980年15版起并入USP,但仍分两部分,前面为USP,后面为NF,NF收载USP尚未收入的新药和新制剂。目前最新版是2016年5月1日正式生效的USP39-NF34,即第39版USP和第34版NF。

USP-NF正文药品名录分别按法定药名字母顺序排列,各药品条目大都列有药名、结构式、分子式、CAS登记号、成分和含量说明、包装和贮藏规格、鉴定方法、干燥失重、炽灼残渣、检测方法等常规项目,正文之后还有规定对各种药品进行测试的方法和要求的通用章节及对各种药物的一般要求的通则。可根据书后所附的USP和NF的联合索引查阅。

USP-NF不仅有印刷版,还有电子版。最早的电子版是1992年发行的DOS系统下的软盘版,1994年出现CD-ROM光盘版,1997年由Windows版取代了DOS版。自2000年起,USPC均会在出版印刷版时同步发行光盘版。此外,网络版的地址为http://www.usp.org。

3) 英国药典

《英国药典》,即 *British Pharmacopoeia*(BP),是英国药品委员会(British Pharmacopoeia Commission)的正式出版物,具有作为制药标准的权威地位,也是相关机构和人员开展药品质量控制、药品生产许可管理的法定依据。BP不仅为读者提供了药用和成药配方标准以及配药标准公式,还向读者展示了众多分类明确并可参照的欧洲药典专论。

BP 出版周期不定,最新的 BP 2016 于 2016 年 1 月 1 日生效。该药典由六卷本组成,其中前五卷为 BP,另一卷为《英国兽药典》[*British Pharmacopoeia* (*Veterinary*)],总共包括近 4 000 条专论。按照惯例,同期出版的欧洲药典中的全部专论及相关要求都会被收录到 BP 中。来自欧洲药典的专论,其题目上以"*"标示,这些内容一般不会被修改,只有确有必要时,才会在 BP 中增加相应的用法要求。BP 中各条目均以药品名称字母顺序排列,内容包括药品性质、制法、血产品、免疫产品、电磁药品制法及外科材料等部分。BP 书后附有全部内容关键词索引。

除印刷版外,BP 也提供 CD-ROM 光盘版及在线版(http://www.pharmacopoeia.org.uk)。另可通过 http://pharmacopoeia.mhra.gov.uk 获取关于 BP 的最新消息、编纂委员会组成、用药指导等信息。

4) 日本药典

《日本药典》(*The Japanese Pharmacopoeia*,JP),又称日本药局方,是由日本药局方编辑委员会编纂,日本厚生劳动省颁布执行,为该国药品质量评价的标准和医药相关专业的权威参考教材。JP 分两部出版,第一部收载原料药及其基础制剂,第二部主要收载生药、家庭药制剂和制剂原料。具体内容分为厚生劳动省通告、目录、前言、总则、原料药通则、制剂通则、官方正文、紫外—可见光参考光谱、红外光参考光谱、总信息、附录相对原子质量表及索引。

现行 JP 为 2011 年颁布的 16 版。除印刷版外,还可以通过 http://www.pmda.go.jp/english/pharmacopoeia/online.html 或 http://jpdb.nihs.go.jp/jp16e/下载其英文版。

5) 欧洲药典

《欧洲药典》(*European Pharmacopoeia*,Ph. Eur. or EP)是欧盟国家药品质量检测的标准,由欧洲药品质量委员会(European Directorate for the Quality of Medicines of European Council,EDQM)负责出版,分英文和法文两种法定文本。欧洲药典委员会(European Pharmacopoeia Commission)现为 EDQM 的职级机构,于 1977 年推出第一版 EP。自 2001 年起,EP 每隔 3 年更新一版,且不断有增补版出版。目前最新版 EP 为 2014 年 1 月生效的 EP 8.0(两卷),根据欧洲药典委员会的出版计划,通过非累积增补本更新,每年出 3 个增补本,累计会推出 8 个非累积增补本(8.1~8.8)。EP 8.0 包括第 7 版的全部内容及欧洲药典委员会在 2012 年 12 月全会上通过或修订的内容,共收载了 2 224 个专论,345 个含插图或色谱图的总论,以及 2 500 种试剂的说明。

EP 内容包括化学、动物、人或植物来源的药用物质或制品,顺势疗法制剂和顺势疗法原料、抗生素、活性物质、辅料器械等。另外,它还适用于生物制品、血液和血浆制品、疫苗和放射药品。EP 的基本组成有凡例、通用分析方法(包括一般鉴别试验、一般检查方法、常用物理、化学测定法、常用含量测定方法、生物检查和生物分析、生药学方法)、器械和材料、试剂、正文和索引等。EP 正文品种的内容包括品名(英文名称、拉丁名)、分子结构式、分子式与相对分子质量、含量限度及化学名称、性状、鉴别、检查、含量测定、贮藏、可能的杂质结构等。

EP 是欧洲药品质量控制的标准,所有药品、药用物质生产企业在欧洲销售或使用其产品时,都必须遵循 EP 标准。欧盟成员国当局必须采用欧洲药典,必要时可替代国家标准中相同物质的专论。EP 有印刷版、USB 闪存版和在线版(http://www.edqm.eu/)。

6) 国际药典

《国际药典》(*International Pharmacopoeia*, Ph. Int. or IP)由联合国世界卫生组织(World Health Organization, WHO)主持编订,收载原料药、辅料和制剂的质量标准及其检验方法,供 WHO 成员国参考和应用,但须经采用国在有关法规上明文规定后,方具法定效力。Ph. Int. 中采用的信息是综合了各国实践经验并经过广泛协商后整理出的。第 1 版于 1951 和 1955 年分两卷用英、法、西班牙文出版。现行的第 5 版 Ph. Int. 于 2015 年发行,仍包含 2 卷。其第 1 卷包括通则和正文品种(首字母 A 至 O),第 2 卷包括药品标准正文品种(首字母 P 至 Z)、制剂、放射药品、分析方法、试剂、试液和滴定液、补充信息和索引。

Ph. Int. 提供印刷、光盘(CD-ROM)和在线版(http://apps.who.int/phint/en/p/about/)。

5.4.2 辞典

辞典又称词典,是用来解释词语的意义、概念、用法的工具书,一般按一定的次序编排,便于检索。辞典分两种,一是语文词汇性辞典,二是专科性辞典。下面仅介绍几种与药学相关的专科性辞典。

1)《有机化合物辞典》

《有机化合物辞典》(*Dictionary of Organic Compounds*)自第 1 版以来,一直被公认为是有机化学家、生物化学家、药剂师及所有使用有机化合物的工作者最实用的参考资料。该书由纽约 Chapman and Hall/CRC 公司出版,由于 1959 年之前一直由 Heilbron 任主编,因此也称"海氏有机化合物辞典"。目前最新版为 1996 年出版的第 6 版,共 11 册,其中 1~6 册为正文,7~9 册为索引,10~11 册是两个增补本。书中收载了 6 万多个有机化合物、天然化合物、实验室常用溶剂、试剂和生化物质等。所有条目根据该辞典中所选用的化合物第一名称字顺排列。每一化合物条目包含以下内容:该物质常用名及其他重要别名、CAS 登记号、结构分子式及立体化学描述、按 Hill 规则[①]书写的分子式、相对分子质量、重要性及用途、来源、物理及化学性质、危害性及毒性、有关衍生物性质以及重要参考文献等。除印刷版外,CHEMnetBASE 网站还提供该书的检索入口,网址为 http://doc.chemnetbase.com/intro/index.jsp。

2)《天然产物辞典》

《天然产物辞典》(*Dictionary of Natural Products*)是 Chapman and Hall/CRC 公司推出的一部综合的天然产物数据集。自 20 世纪 30 年代创立以来,不断更新。1992 年,随着第 5 版《有机化合物辞典》的出版,该书也独立出版。它的编辑工作由专业学者团队以及与 Chapman and Hall 关系密切的自由撰稿人承担,每位供稿者负责特定类别的天然产物。其特点在于,将结构密切相关的天然产物组织在同一词条下,便于发现结构或生物合成的相关性。该书提供印刷版和光盘版,在线版可访问 http://dnp.chemnetbase.com/intro/index.jsp。

3)《海洋天然产物辞典》

《海洋天然产物辞典》(*Dictionary of Marine Natural Products*)是上述《天然产物辞

[①] 即分子式的原子排列顺序,最先排碳原子,其次排氢原子,其他原子按拉丁字母顺序排列。

典》的子集。该书囊括了来自海洋中动植物和微生物的特有天然产物,目前包含 3 万多个化合物。其信息组织方式与《天然产物辞典》相同,也提供印刷版、光盘版和在线版(http://dmnp.chemnetbase.com/intro/index.jsp)。

4)《药物辞典》

《药物辞典》(*Dictionary of Drugs*)也是由 Chapman and Hall/CRC 公司出版的,主要收录目前市场上销售的所有药物、在研究中充作工具药的化合物、具有生物活性的重要天然产物、进行临床试验的化合物、不再销售的化合物,以及由于毒副作用不能在临床上使用但具有特殊药理性质的化合物,共 4 万多个。所有药物均以药物通用名汇编列出,如美国名称、国际非专利名称(International Nonproprietary Name, INN)、英国名称及日本名称等。通过该书可查询到化合物的化学名与别名、CAS 号、结构式、立体信息、分子式与相对分子质量、药理活性与临床用途、研发状态、理化性质、危险与毒性信息和参考文献信息等。在线版地址为 http://dod.chemnetbase.com/intro/index.jsp。

5)《无机化合物辞典》和《无机与有机金属化合物辞典》

无机化合物是化学研究的重要内容之一,而且与药物研究的关系也十分密切,相关从业人员经常需要了解某些无机物的组成、性质、制法和用途等信息。《无机化合物辞典》是一部综合性的中型工具书,主要包括化学元素、单质、基本无机化合物、合金、矿物和催化剂的组成、分子式、理化性质、制法及用途。全书共收集 4 000 余词条。该书于 1988 年由陕西科学技术出版社出版,其后未再版。

《无机与有机金属化合物辞典》(*Dictionary of Inorganic and Organometallic Compounds*)实际上包括了 Chapman and Hall/CRC 公司出版的 *Dictionary of Inorganic Compounds* 和 *Dictionary of Organometallic Compounds* 等两部辞典的内容。该辞典收录了化学元素、简单和复杂的无机物、重要的配合物、所有重要类型有机金属化合物、用途完善的化合物(如催化剂、化学合成原料)及其他具有特殊化学、结构、生物或历史特性的化合物。该辞典提供光盘版和在线版,网址为 http://dioc.chemnetbase.com/intro/index.jsp。

6)《中华本草》

中国传统药学积累了丰富的应用经验和生产技术,创立了独特的药学理论体系,形成了一门生命力极强的学科——本草学。中国传统药物绝大多数是天然药物,在防病治病中发挥着重要作用。《中华本草》是由国家中医药管理局组织,汇集全国 60 多个医药院校及研究所的 400 多名专家共同协作编纂而成,全书 34 卷共 2 400 万字,收入中医药物达 8 980 味,是迄今为止所收药物种类最多的一部本草专著。全书内容涉及中药品种、栽培、药材、化学、药理、炮制、制剂、药性理论和临床应用等中医药学科的各个方面。该书还有"民族药卷"部分,分为"藏药卷""蒙药卷""维吾尔药卷""傣药卷"和"苗药卷"5 卷,分别收载临床上常用、疗效确切的民族传统药材 396 味、422 味、423 味、400 味和 391 味,并配有插图。

7)《药学大辞典》与《中国药学大辞典》

《药学大辞典》由中国药学会组织全国药学专家编写,收词近万条,是一部大型、综合性、知识性、资料性的药学辞典,其词汇量多、信息量大、知识覆盖面广。该辞典主要阐明药学专业基础词、常用词、重要词及其主要派生词的定义、概念等。根据学科(专业)分类的科学性和组织编写的可操作性,《药学大辞典》分 12 类收录词汇,即药剂学(含制药工程)、药理学、药物化学、临床药学和医院药学、微生物药学、生化药学(含生物技术药物)、中药和生药学、药物分析、药品类名、药学史、药事管理学(含药学教育)、综合类(含军事药学、药物经济学、药学机构等与各专业学科关系不大的词汇),按词条标题的汉语拼音字母顺序排列。2006年由上海科学技术出版社出版第1版。

《中国药学大辞典》是我国收载药学学科词汇量较大的工具书,收集词条2万多个,系由国家食品药品监督管理局信息中心组织编写。辞典收录的词条覆盖药学各分支学科和专业,包括药物化学、生物药物学、药剂学、药物分析学、药理学、毒理学、临床药理学、临床药学、新药研究、药物管理学、药物统计学、中药学和生药学、制药设备,以及药学其他学科常见的基础词、常用词、重要词和新词。2010年由人民卫生出版社出版第1版。

8) 其他药学辞典

药学领域常用的辞典还包括以下几个:

(1)《化学商品名辞典》(*Chemical Tradenames Dictionary*),M. Ash 和 I. Ash 主编,1993年 Wiley-VCH 出版。

(2)《化学名称和同义词词典》(*Dictionary of Chemical Names and Synonyms*),P. H. Howard 和 M. Neal 主编,1992年 Lewis 出版。

(3)《国外药品商品名辞典》,禹茂章和余德一主编,1995年中国医药科技出版社出版。

(4)《全医药学大词典》,潘贤任主编,2000年中国中医药出版社出版。

(5)《中华药海》(上、下卷),冉先德主编,1993年哈尔滨出版社出版。

(6)《中药辞海》(1~4卷),由中国药科大学、中国医药科技出版社共同发起组织编写,1993年至1998年中国医药科技出版社陆续出版。

(7)《中国药物大辞典》,金同珍总编,1992年中国医药科技出版社出版。

(8)《中国药物辞典》,于中兴主编,1994年中国医药科技出版社出版。

(9)《新编中药学辞典》,王本祥主编,1996年天津科学技术出版社出版。

5.4.3 手册

手册汇集人们需经常查考的文献、资料或专业知识,是提供专门领域内基本的既定知识和实用资料的工具书。其特征是信息密集,内容专门具体,记录资料丰富,文字简洁、实用,使用方便。手册属于二或三次文献,有的手册还包括作者的研究成果,因此带有一次文献的性质。随着科技进步,手册的内容在不断更新,因此使用时必须注意时效性。

1) 《贝尔斯坦有机化学手册》和《格梅林无机化学手册》

《贝尔斯坦有机化学手册》(*Beilstein Handbook of Organic Chemistry*)是一部收集全世界的有机化合物的多卷集手册,由 Springer Verlag 出版。最初由 Friederich Konrad Beilstein 主编,因而得名,现在通用版是由德国化学会组织编写的。自1883年至1980年,共出版了4版。第4版包括正编(H)、第一至第四续编(EⅠ~EⅣ)、第三和第四联合续编(EⅢ/Ⅳ)、第五续编(EV)等7个系列。正文部分收集了世界科技文献中报道的有机化合物,每一化合物包含化合物名称、别名、分子式、化学结构、化合物的天然情况及制备方法、物理性质、化学性质、鉴定与分析、生理药理作用、工业用途、对应的盐类及加成化合物。

手册正编每卷均编有索引、期刊杂志的简写、文中的编写符号表、各国文种字母对照表、目录,以及以前各卷的勘误表。手册所引用的文献在文中注明,续编中各处均注有正编及以前续编的页数,以便能在续编中找到以前有关卷页叙述某一化合物的位置。第4版中化合物被分为4 887个系统号(System Number)。每一个化合物都附有系统号,同一化合物的系统号在正编和续编各卷中均无变化,正编和续编各卷每一页的上端均注有一定的系统号码。

手册按有机化合物的环系类别分成四个部分。第一部分为非环化合物(脂肪族化合物);第二部分为碳环化合物;第三部分为杂环化合物;第四部分为天然化合物。前三部分的化合物结构明确,按化学结构分类,即按有机化合物的碳骨架分类;第四部分是复杂结构或结构尚不确定的化合物,仅收入在正编30~31卷中,续编中无此类化合物。

手册设有主题索引(化合物名称索引)和分子式索引,每卷均有主题索引,另还配有总索引和分卷索引。利用手册查找一个化合物时,除了可以由目录查阅外,一般是用索引查阅,可先查第二续编28卷的主题索引和第二续编29卷的分子式索引,或查正编和续编EⅠ、EⅡ、EⅢ、EⅣ总索引(20~22卷),可查得更全面的资料。查出所需化合物的系统号或分子式,及其对应卷页码后,就可方便地在手册的相应卷(册)内找到所需的化合物。

《格梅林无机化学手册》(*Gmelin Handbook of Inorganic Chemistry*)包括了自1750年以来的全部无机化学知识及化学领域中其他方面的部分知识,是无机化学领域中的一部权威著作。该手册1~4版均由德国化学家Leopold Gmelin编写,因而得名;第8版由德国化学会下属的Gmelin研究所负责出版,并不断补编。手册内容一般包括元素或化合物的发现、历史、理化性质、制备工艺、生产、化学反应、测试等。手册按元素进行编写,并以系统号排列,每个系统号为一个正编,总计71个系统号,分别对应71个不同的元素及其衍生物。手册中只有少数卷有分子式和主题索引,但根据德文和英文对照的目录,可以方便查到相应信息。检索时,首先确定元素或化合物的主要元素对应的系统号和所在卷,然后根据检索主题查找卷目录,按页码找到需要的内容。

目前这两个手册的内容均包含在Beilstein/Gmelin Crossfire数据库中,可通过Elsevier旗下的Reaxys平台进行检索(https://www.reaxys.com)。

2)《中药原植物化学成分集》和《中药药理活性成分丛书》

《中药原植物化学成分集》是一部以中药化学成分的结构及其药理活性为核心信息,涉及药用植物学、中药化学、中医药理学等学科的工具书,2009年由科学出版社出版。该书收集整理了截至2005年中外科学家发表的5 507篇文献中的中药成分化合物23 033种,涉及药用植物6 760种,其中7 819种化合物含有药理模型实验数据。其内容包括正文部分、化合物生物活性索引、化合物中文名称索引、化合物分子式索引、植物中文名及化学成分索引、植物拉丁名及化学成分索引和化合物英文别名索引等内容。通过该书可以查找中药化学成分的结构、药理活性及其相关信息。

《中药药理活性成分丛书》于2012年由科学出版社出版。除了收集的数据有所更新外,该丛书的特色在于采用通用的药物分类系统,按天然产物的药理活性不同,分成10个分册,分别涵盖了抗癌、抗微生物感染、抗炎、抗氧化衰老、抗寄生虫、影响心脑血管系统、影响神经系统、影响消化呼吸系统、酶抑制剂及多靶标活性等内容。全书提供化合物的药理活性、中文名称、英文名称、植物中文名称和植物拉丁学名等5种索引。

3)《美国药品索引》

《美国药品索引》(*American Drug Index*,ADI)首次发行于1956年,收录美国生产的各种药物的商品名称、剂型、剂量、包装、生产厂家、处方和用法等。1958年起每年出版一次,2014年更新至58版。该版共收载约22 000条药物记录,按药物名称的字母顺序排列。

书后附有制药公司代号索引、制药公司和批发商的名录。另外,查询美国常用药物也可访问RxList(http://www.rxlist.com/)。

4)《中国药品实用手册》

该手册 2000 年 12 月由石油工业出版社出版,分为企业篇、药物篇、附录篇、索引篇等 4 篇,收载了 50 多家企业 172 种产品的资料,以及当时医院中常用药物品种等内容。

5)《新编药物学》

《新编药物学》是国内出版次数最多、影响力较大的药学工具书,由人民卫生出版社出版。自 1951 年出版以来,平均每隔 3 年再版一次,最新版为 2011 年的第 17 版,收载药物近 2 100 种。该书第一部分为引论,阐述药物治疗的药理学基础、合理用药、药物制剂和贮存、药品和处方管理等理论,随后分类介绍各种药物。每种药物均包含通用名、结构式、性状、用途、用法、注意事项、规格、贮藏方法和制剂等。全书按药物的中文名称和英文名称进行索引。

6)《国内外药品标准对比分析手册》

该手册 2003 年由化学工业出版社出版,包含国内外药品标准概论、中药与化学药质量标准对比分析、制剂通则和附录方法对比分析、原料药品种和附录对比分析等 4 篇。手册将《中国药典》2000 年版及我国局(部)颁药品标准与《美国药典》《欧洲药典》《英国药典》《日本药局方》及《日本抗生素医药品基准解说》等收载的同品种药品和附录进行对比,并对其质量标准的水平和控制内在质量的方法等加以必要的分析评述。

7)《日本医药商品集》

该手册由日本医药情报中心编写,药业时报社 2014 年出版。分医疗用品和一般药品(家族药)两册。每个药品的内容包括组成、作用、适应症、用法和用量、注意事项、制剂、类似药物,索引附在正文之前。

8)其他手册

除上述手册外,药学相关的手册还有以下 4 个:

(1)《CRC 化学和物理手册》第 87 版,D. R. Lide 主编,2007 年 CRC Press 出版。

(2)《CRC 有机化合物数据手册》第 3 版,Robert C. Weast 主编,1993 年 CRC Press 出版。

(3)《兰氏化学手册》第 16 版,James G. Speight 主编,2005 年 McGraw-Hill 出版。

(4)《中国药学主题词表》,魏金明主编,2013 年中国医药科技出版社出版。

5.4.4 指南

指南是经过系统编排的,介绍有关组织机构、人物、文献、科学进展等概况的工具书。指南通常分为文献指南、地方指南、机构指南、专业指南等,其收录的范围从书名上就能确定。

1)《药物临床试验与 GCP 实用指南》

该指南由北京大学医学出版社出版,介绍了《药物临床试验质量管理规范》,即 GCP 指导原则在我国的实施情况,重点阐述如何进行符合 GCP 的新药临床试验,涉及临床试验设计、疗效和安全性评价、方案和病例报告、受试者保护、试验药物的使用和管理、记录和资料管理、数据处理与统计分析、总结报告等内容。

2)《医院药物临床试验工作指南》

该书由人民军医出版社 2011 年出版,主要介绍药物临床试验质量管理规范的宗旨及基本原则、药物临床试验机构的申报条件及资格认定程序、独立伦理委员会的职责及组建要求、伦理委员会工作相关标准和操作规程、临床试验工作中的相关表格,以及药物临床试验机构的组织结构、设备设施、工作流程、管理制度、组织和人员职责、标准操作规程、三级质量控制体系等。

3)《最新药品注册工作指南》

该书由中国医药科技出版社 2012 年出版第 2 版,对目前我国的药品注册管理法规体系进行了梳理,收集了 CFDA 颁布的中药、天然药物研究指导原则和化学药物研究指导原则,按药学研究、药理毒理研究、临床研究、综述资料撰写的顺序予以编排,并收录了 CFDA 下发的"化学药品 CTD 格式申报资料撰写要求"。

4)《药物研究技术指导原则(2005 年)》和《药物研究技术指导原则(2006—2007 年)》

这两本书均由国家食品药品监督管理局药品注册司委托药品审评中心组织编写,中国医药科技出版社于 2006 和 2007 年先后出版,主要收载中药、天然药物和化学药物的原料药制备、杂质研究、制剂研究、质量控制、溶剂残留、稳定性研究、毒性试验、药理研究、药代动力学研究、临床试验研究、综述资料撰写及申报资料撰写等方面的指导原则。

5)其他指南

《药品 GMP 指南》,国家食品药品监督管理局药品认证管理中心组织编写,2011 年中国医药科技出版社出版。

《国家基本药物临床应用指南》和《国家基本药物处方集(化学药品和生物制品)》,以及《国家基本药物临床应用指南(中成药)》,国家基本药物临床应用指南和处方集编委会编写,2012 年人民卫生出版社出版。

《基本药物合理遴选技术指南》,史录文主编,2013 年人民卫生出版社出版。

《实验药物指南》,刘锡钧主编,2000 年人民军医出版社出版。

《新药临床指南》第 2 版,薛春生主编,2000 年人民卫生出版社出版。

5.4.5 百科全书

百科全书是概要记述人类一切知识门类或某一知识门类的工具书。编排多采用条目或分类方式,对某一范围内知识的定义、概念、原理、方法、历史和现状做解释和叙述。通常分为综合性百科全书和专业百科全书。

1)《默克索引》

《默克索引》(*The Merck Index*)是由美国 Merck 公司出版的一本有关化学品、药品和生物制品方面的百科全书。该书首次出版于 1889 年,目前是 14 版。全书收录化学制剂、药物和生物制剂 1 万余种,共 8 000 多个化学结构式,约 5 万个同义词。通过《默克索引》可查找药品的美国《化学文摘》命名及其他化学名称、别名、商品名、分子式、相对分子质量、结构式、物理常数、衍生物、治疗范畴、制备方式(附参考文献)等内容。该手册收载药物范围广泛,但偏重美国药物;药物内容描述详细,但偏重药物基础,主要为药厂专业人员提供参考,有关治疗方面的说明比较粗略,不宜作为临床医生的治疗依据。书后附有物质名称索引、分子式索引、CAS 号索引、治疗范围与生物活性索引等。

(1)《默克索引》编排方式如下：

① 目次表(Table of Contents)。

② 著录格式的注释说明(Explanatory Notes)。

③ 缩写表(Abbreviations and Selected Definitions)。

④ 正文药物名录(Monographs)，占全书 2/3 篇幅，按药物名称字顺排列。

⑤ 附表，占全书 1/3 篇幅，主要包括各种用表、化学文摘登记号、治疗范围和生物活性索引、分子式索引、物质名称索引、附录。各种用表又分癌症联合化疗给药方法缩写词表，对空气污染可允许的最大浓度表，液体单位的重量百分溶液表，等渗溶液表，饱和溶液表，测定药物的体积和 pH 的指示剂表，各种同位素释放的射线及半衰期表，用于医学诊断、治疗的放射性同位素表以及公司名称、代号、地址表等，共 31 种。

(2)《默克索引》支持 4 种途径进行检索：

① 物质名称索引(Index of Names)：最为常用，该索引由药物名称和正文药名顺序号两项组成。索引中的检索词为化学名、普通名、俗名、商品名，也有一部分为衍生物名称。药名后的方括号内是制药公司名称。检索词按字顺排列。

例如：Dolantin[Hoechst] see 5849。

根据 5849 从正文名录中可查到有关 Dolantin 的资料，其药名为 meperidine。Dolantin 是其商品名，再查公司代号表，获悉 Hoechst 是德国法兰克福市(Frankfurt)的制药有限公司。凡索引中有"see"者，表示其左边的药名不是药物名称标题词，而是别名。

② CAS 号：按登记号从小到大的顺序排列，其后可获得药名和药名号。

例如：[1403-66-3] Gentamicin，4284

其中 4284 为药名号。因此如已知登记号，可通过登记号索引，先查到药名号，然后从药名号找到该药的资料。

③ 治疗类别和生物活性索引(Therapeutic Category and Biological Activity Index)：由主标题词、次标题词、药名和药名号 4 项组成。通过本表可以了解各类药物所包含的药品种类。

④ 分子式索引(Formula Index)：由分子式、药物名称、药名号 3 项组成。分子式按 Hill 系统规则排列，在检索前须先把常用的分子式改成 Hill 规则排列的分子式。

《默克索引》可利用网络检索，网址为 http://www.cambridgesoft.com/，在线注册登记后可免费试用 14 天。

2)《马丁代尔大药典》

《马丁代尔大药典》(*Martindale：The Extra Pharmacopoeia*)是由英国不列颠药物学会(The Pharmaceutical Society of Britain)的药物科学部所属的药学出版社(The Pharmaceutical Press)编辑出版的一部非法定药典，收载世界各国使用的药物，包括法定和非法定药物。该书因其编者 Milliam Martindale 而得名。

全书分为 3 个部分，第一部分为医院制剂，按药物作用类别分类；第二部分为辅助药物部分，按字顺排序；第三部分为专利药物部分。书末附有厂商索引、药物临床用途索引和总索引。

该书最新版为 2014 年的第 38 版，英文名为 *Martindale：The Complete Drug Reference*。该书收录了 6 000 多篇药物专论、180 000 多种制剂、54 000 篇参考文献、约 20 000 家

生产厂家和批发商、近 700 篇疾病综述等。其网络版收载的信息更加广泛，但须通过 The Pharmaceutical Press 的网站购买使用许可。通过该书可方便快捷地检索药品的用法、副作用、分子式、同义药名、制造商及商品名信息。

3)《本草纲目》

《本草纲目》为草药学著作，共 52 卷，明代李时珍撰，刊于 1590 年。全书共 190 多万字，载有药物 1 892 种，收集医方 11 096 个，绘制精美插图 1 160 幅，分为 16 部 60 类。《本草纲目》不仅考证了过去本草学中的若干错误，还综合了大量科学资料，提出了较科学的药物分类方法，融入先进的生物进化思想，反映了丰富的临床实践。该书也是一部具有世界性影响的博物学著作。在药物分类上《本草纲目》改变了传统本草著作对药物的上、中、下三品分类法，采取了"析族区类，振纲分目"的科学分类，把药物分为矿物药、植物药、动物药，是我国医药宝库中一份珍贵的遗产。

4)《药物制造百科全书》

《药物制造百科全书》(*Pharmaceutical Manufacturing Encyclopedia*)，Marshall Sitting 编著，1988 年首次出版，最新版为 2008 年由美国 William Andrew 出版社出版的第 3 版。该书收录了世界各地以商品名出售的 2 226 种药物，提供其名称、治疗用途、化学名、结构式、CAS 号、商品名、生产商、原料和制备方法等信息。药物的有关制备方法除了阐述相应的专利方法外，还附有其他参考文献，可从中获取进一步的合成方法和药理资料。我国曾于 1991 年由长春出版社出版其第 1 版的中译本。

5)《雷明顿：药学技术与实践》

《雷明顿：药学技术与实践》(*Remington: The Science and Practice of Pharmacy*)，由费城科学大学药学院编著，出版历史已逾 100 年，最新版为 2012 年的第 22 版。该书囊括了药学理论与实践的各个方面，如药物化学、药物分析与质量控制、药物制剂、药效与药代动力学、治疗药物等。该书适合药学专业的学生和相关科研人员参考使用。

5.4.6 光谱

光谱，也称波谱，是随着光谱仪器的迅速发展而发展起来的，常用光谱有红外、紫外、核磁共振波谱、质谱和 X-射线衍射分析等。光谱数据对于化合物的结构解析和确证起决定性作用，因而在药物研究中十分重要。

紫外光谱是分子中某些价电子吸收了一定波长的电磁波，由低能级跃迁到高能级而产生的一种光谱，可以利用吸收峰的位置和吸收光谱的吸收强度判断化合物的异构体和共轭状态，验证已知化合物，进行单组分定量分析，测定物质的平衡常数等。

在有机分子中，组成化学键或官能团的原子处于不断振动的状态，其振动频率与红外光的振动频率相当。以红外光照射有机物分子时，分子中的化学键或官能团可发生振动吸收，不同的化学键或官能团吸收频率不同，在红外光谱上将处于不同位置，从而可获得分子中含有何种化学键或官能团的信息。红外吸收峰的位置与强度反映了分子结构上的特点，可以用来鉴别未知物的结构组成或确定其化学基团。而吸收谱带的吸收强度与化学基团的含量有关，可用于进行定量分析和纯度鉴定。

核磁共振是磁矩不为零的原子核在外磁场作用下自旋能级发生塞曼分裂，共振吸收一定频率的射频辐射的物理过程。核磁共振波谱，是将核磁共振现象应用于分子结构测定的一种谱学技术。目前研究主要集中在 ^{1}H（氢谱）和 ^{13}C（碳谱）两类原子核的波谱。核磁共振波谱通过化学位移值、谱峰多重性、耦合常数值、谱峰相对强度及在各种二维谱及多维谱中呈现的相关峰，提供分子中原子的连接方式、空间的相对取向等定性的结构信息。它不仅可以用于解析有机小分子化合物的结构，还被广泛用于研究蛋白质和核酸等生物大分子的三维结构。

质谱是利用电场和磁场将运动的离子（带电荷的原子、分子或分子碎片，如分子离子、同位素离子、碎片离子、重排离子、多电荷离子、亚稳离子、负离子和离子—分子相互作用产生的离子）按它们的质荷比分离后进行检测的方法。分析这些离子可获得化合物的相对分子质量、化学结构、裂解规律和由单分子分解形成的某些离子间存在的某种相互关系等信息。质谱也被广泛地单独或与其他分析仪器联合用于小分子和大分子化合物的结构分析。

X-射线衍射分析是利用晶体形成的X射线衍射，对物质内部原子在空间分布状况进行结构分析的方法。其基本方法有单晶法、多晶法和双晶法，单晶法可以测定化合物分子的准确三维立体结构，从而计算出详细的键长、键角、构型、构象、成键电子密度及分子在晶格中的排列情况，在有机化学、无机化学、分子生物学、药物学和材料科学等方面的研究中有重要应用。

1)《药品红外光谱集》

本书由国家药典委员会编纂，中国医药科技出版社出版，是中国药典配套系列丛书之一，收载《中国药典》和国家药品标准中采用红外鉴别药品的标准图谱及其他药品的参考图谱。该书分为3个部分，即说明、光谱图和索引。每幅光谱图记载该药品的中文名、英文名和结构式。1995年出版第一卷，2010年出版了第四卷，收载谱图124幅。凡在《中华人民共和国药典》和国家药品标准中收载红外鉴别或检查的品种，除特殊情况外，在该书中均有相应收载，以供比对。

2)《萨德勒标准光谱图集》

《萨德勒标准光谱图集》(Sadtler Standard Spectrum Collection)是由美国费城萨德勒研究实验室自1966年以来连续编印出版的各种化合物的多种谱图集。其收集的谱图数量最多，品种齐全，是当今世界上最大型的谱图集。包括的品种有红外光谱（棱镜和光栅）、标准核磁共振、^{13}C核磁共振、拉曼光谱、荧光光谱、紫外光谱、差热分析和高分辨红外光谱等。它不仅收集纯度极高的标准样品的谱图，还收集市售工业化学品的谱图（商品化合物光谱）。

红外光谱图包含编号、化合物名称、分子式、结构式、相对分子质量、熔点或沸点、样品来源和参考文献等。核磁共振波谱包含编号、化合物名称、分子式、结构式、相对分子质量、样品来源、溶剂、化学位移表。紫外光谱图包含编号、化合物名称、分子式、结构式、相对分子质量、溶剂、样品浓度、样品池厚度、吸收峰最大处的波长（λ_{max}）。

该书的索引分为总索引和专用索引。

(1) 总索引

① 化合物名称字顺索引(Alphabetical Index)：按字母顺序排列。

② 化学分类索引(Chemical Class Index)：按化合物类别排列。

③ 分子式索引(Molecular Formula Index)：按分子式(Hill规则)排列。

④ 编号索引(Numerical Index)：按谱图的编号顺序排列。

(2) 专用索引

① 谱线索引(Spec-Finder Index)：按红外光谱的吸收峰位置编排，棱镜光谱用波长 μm 表示，光栅光谱用波数 cm^{-1} 表示。

② 峰值位置索引(Peak Locator Index)：按紫外最强峰的波长(nm)的次序编排，最强峰相同，则按次强峰排列，依此类推，但最多取 5 个峰。

③ 化学位移索引(Chemical Shift Index)：按核磁共振波谱的峰线位移值大小排序。

该书内容也可通过 Bio-Rad Laboratories，Inc.公司的光谱数据库在线查找，网址是 http://www.bio-rad.com/en-us/spectroscopy。

3) *Atlas Spectral Data and Physical Constants for Organic Compounds*

该光谱集 1975 年由美国 CRC Press 出版第 2 版，分为 6 卷，收集 21 000 个有机化合物资料，如物理常数和红外、紫外、核磁共振、质谱等 4 种光谱数据。其光谱数据不是用图谱表示，而是以数值表示，并附参考文献。

4) 其他光谱集

《Sprouse 红外光谱汇编》(*Sprouse Collection of Infrared Spectra*)，D. I. Hansen 主编，1987—1988 年 Sprouse Scientific Systems Inc.出版。

《有机化合物的拉曼/红外光谱图集》(*Raman / Infrared Atlas of Organic Compounds*)，Bernhard Schrader 主编，1989 年 Wiley-VCH 出版第 2 版。

Aldrich Library of ^{13}C and ^{1}H FT-NMR Spectra，C. Pouchert 和 J. Behnke 主编，1993 年 Aldrich Chemical Co.出版。

CRC Handbook of Mass Spectra of Drugs，Irving Sunshine 主编，1981 年 CRC Press 出版。

Handbook of Natural Products Data，V. U. Ahmad 主编，1990—1994 年 Elsevier 出版。

Handbook of Data on Organic Compounds，D. R. Lide 和 G. W. A. Milne 主编，1993 年 CRC Press 出版。

5.4.7 图谱

图谱又称图鉴，这是以图为主，文字为辅，用以对照实物、鉴别品种的图。科技图谱一般具有内容的科学性、文字的通俗性、图像的艺术性和表达的准确性等特点，能形象地揭示复杂的自然科学现象、原理和技术，为科学研究提供丰富的直观材料，对科研人员有重要的参考价值。

1)《全国中草药汇编彩色图谱》

该书于 1977 年由人民卫生出版社首次出版，2000 年出版第 2 版，收载的品种与《全国中草药汇编》的内容一致，图片基本采用在药物生长环境下拍摄的彩色反转片。全书收集各类中草药的原植物、动物、矿物共计 1 096 幅彩色照片图，其中原植物药图 1 020 幅，原动物药图 53 幅，原矿物药图 23 幅。

2)《中药色谱指纹图谱》

该书于 2005 年人民卫生出版社出版，谢培山主编，全书分上、下篇。上篇包括中药色谱指纹图谱的特点、属性及方法学等内容；下篇为各类色谱的指纹图谱应用研究实例。色谱技术涉及高效液相色谱法、薄层色谱法、气相色谱法和毛细管电泳法等。

3)《中国中药材真伪鉴别图典》

该书由中国药品生物制品检定所和广东省药品检验所共同组织编写,广东科技出版社 2011 年出版第 3 版。全书共 4 册,分别是《常用贵重药材、进口药材分册》《常用根及根茎药材分册》《常用种子、果实及皮类药材分册》《常用花叶、全草、动矿物及其他药材分册》。该书根据《中华人民共和国药典》(2010 年版)确定中药材的拉丁名称和植物来源,所选中药材样本来源于中国药品生物制品检定所中药标本馆和广东省、上海市等多地药品检验监督机构,将各品种的正品、非正品和伪制品归纳在一起进行了分析、比对,便于真伪鉴别。全书共收载 700 多味 2 300 余种常见中药材。

4)其他图谱

《中华人民共和国药典中药材外形组织粉末图解》,赵达文主编,1998 年中国医药科技出版社出版。

《本草纲目彩色药图》,邱德文、吴家荣和夏同珩等主编,1998 年贵州科技出版社出版。

《新编中草药图谱大典》,孟繁智主编,2003 年贵州科技出版社出版。

《中国本草彩色图鉴:常用中药篇》,钱信忠主编,2005 年人民卫生出版社出版。

《中国地道药材原色图说》,胡世林主编,2000 年山东科学技术出版社出版。

5.4.8 丛书

丛书是指在一个总的书名之下汇集多种单独的著作为一套,并且用编号或不编号的方式出版的图书。丛书通常是为了一个特定的目的和用途,面向特定的读者对象或围绕某个主题内容而编纂的。丛书中的各册可以独立存在,除了具有共同的丛书名外,还具有独立的书名和编著者。进展丛书(Recent Advances Series / Progress)是不断总结报道相关研究进展状况的丛书,汇集某一学科、专业或主题在一定时期内的综述性论文,一般会定期出版。丛书出版周期长,编者队伍庞大,信息量大,这里不做详细介绍,仅提供简要信息供读者参考。

(1)《药物化学进展》,化学工业出版社出版,9 卷(截至 2014 年 12 月,下同)。

(2)《药品不良反应与合理用药系列丛书》,人民卫生出版社出版,7 册。

(3)《药理学新论丛书》,人民卫生出版社出版,9 册。

(4)《现代药物制剂技术丛书》,人民卫生出版社出版,6 册。

(5)《现代生物技术制药丛书》,化学工业出版社出版,14 册。

(6)《中药科学鉴定方法与技术丛书》,化学工业出版社出版,10 册。

(7)《生物实验室系列》,化学工业出版社出版,40 册。

(8)《临床药学系列丛书》,化学工业出版社出版,5 册。

(9)《药物研究进展》(*Progress in Drug Research*),Springer 出版,70 卷。

(10)《肿瘤药物发现与发展》(*Cancer Drug Discovery and Development*),Springer 出版,81 卷。

(11)《酶学方法》(*Methods in Enzymology*),Elsevier 出版,545 卷。

(12)《杂环化合物专论丛书》(*The Chemistry of Heterocyclic Compounds:A Series of Monographs*),Wiley 出版,64 卷。

(13)《生物碱:化学与生物学展望前景》(Alkaloids: Chemical and Biological Perspectives),Elsevier出版,15卷。

(14)《药物化学方法与原理》(Methods and Principles in Medicinal Chemistry),Wiley出版,45卷。

5.5 中药信息检索

中药是指在中医理论指导下使用的药物,包括植物药、动物药和矿物药。中药按加工工艺分为中成药、中药饮片和中药材。从古至今,中华民族和其他汉文化圈国家的人们广泛使用中药预防和治疗疾病,中药为维护人民健康起到了重大作用。另外很多中药还被用作食疗用品和保健品,中药文化已经渗透到日常生活中。近年来,随着中药标准化研究的不断进步,多种中药材和中成药已经进入欧美市场,作为食品或食品补充剂,也有一些品种直接作为药品在当地进行申报注册。可以预见,未来整个世界都将受益于中药。然而,中药在使用过程中也面临着不少问题。一方面有的中药本身具有一定的毒副作用,而使用时生产企业、医生和患者对此认识不足;另一方面由于种植环境恶化,生产和销售方过于追求收益,中药材的质量问题越来越严重。

中药相关信息的范围十分庞大。理论方面,既包括传统中医对中药的定义和使用理论,也包括现代科学对中药材或中成药的研究成果;市场方面,涉及相关质量标准、申报注册制度、原材料市场情况、成品销售情况、不良反应监测与预警等。其中很多信息可以通过前面介绍过的药典、辞典、百科全书等资料获取。本节主要介绍网络上中药信息较为集中的若干信息源。

5.5.1 国家人口与健康科学数据共享平台

国家人口与健康科学数据共享平台是国家科技基础条件平台组成部分,该共享平台下设六大科学数据中心,分别是基础医学科学数据中心、临床医学科学数据中心、公共卫生科学数据中心、中医药学数据中心、药学科学数据中心和人口与生殖健康科学数据中心。平台整合了约40个主题数据库、300多个子数据库(集)。该平台的目标是建立一个物理上分散、逻辑上高度统一的医药卫生科学数据管理与共享服务系统,为政府卫生决策、科技创新、医疗保健、人才培养、人民健康和企业发展提供数据共享和信息服务。

1) 中医药学数据中心

该中心由中国中医科学院负责建设维护,其资源分类为中医药事业、中医、中药、针灸、古籍及其他,涵盖了中医药的各个方面。中药分类含中药化学成分数据库、中国方剂数据库、方剂现代应用数据库、中药化学实验数据库、中药基础信息数据库、中国藏药数据库、中国蒙药数据库、中国苗药数据库、中国傣药数据库、中国维吾尔药数据库及中国瑶药数据库。此外,该中心还建设有中国中医药期刊文献数据库和民国期刊文献数据库;与中药有关的药品数据库,如中成药新药品数据库、中药成方制剂标准数据库、中药非处方药数据库等;与中药不良反应有关的有毒中药合理应用数据库、药物不良反应数据库等;与中药生产有关的中药药品企业年度报表、中国医药企业数据库、国外传统医学机构数据库等。检索地址为 http://dbcenter.cintcm.com/cms/index.html 或 http://www.cintcm.com/opencms/opencms/index.html。

2）药学数据中心

药学数据中心收集、整合全国药学科学及相关数据，建立了各种有特色的数据库，主要分成三类数据：资源型数据，包括药物基本数据、天然药物资源数据、化学药物资源数据、生物资源数据等；研究型数据，包括药物研发过程中产生或应用于药物研发的各种数据，如生物活性数据、药效学数据、安全性数据、生物学相关数据、药物靶点相关数据、活性评价技术数据、药物代谢相关数据、方法学数据等；普及型数据，包括科学、准确的医药知识，面向社会各个阶层，提供资料翔实可靠且内容全面丰富的药学科学数据。其中药用天然产物提取物活性库、中国天然产物化学成分库、中药及天然产物质量控制研究库、药用植物生态图片数据库及中药材 X-射线衍射数据库均是与中药密切相关的信息源。检索地址为 http://pharmdata.ncmi.cn/index.asp。

5.5.2　中科院有机所中药相关数据库

参见 5.2.2 节中相关内容。

5.5.3　国家食品药品监督管理总局（CFDA）

　　国家食品药品监督管理总局是国务院综合监督管理药品、医疗器械、化妆品、保健食品和餐饮环节食品安全的直属机构，负责起草食品（含食品添加剂、保健食品，下同）安全、药品（含中药、民族药，下同）、医疗器械、化妆品监督管理的法律法规草案，制定食品行政许可的实施办法并监督实施，组织制定、公布国家药典等药品和医疗器械标准、分类管理制度并监督实施，制定食品、药品、医疗器械、化妆品监督管理的稽查制度并组织实施，组织查处重大违法行为。其官网的"数据查询"模块提供食品、药品、医疗器械、化妆品及广告信息的查询，如查找在我国注册的中药、中药保护品种，或中药新药、新品种的注册情况等。由于 CFDA 是我国药品的监督管理机构，因此从其官方网站获取的信息具有最高权威性（http://www.sfda.gov.cn）。

　　药品审评中心是 CFDA 的药品注册技术审评机构，负责对药品注册申请进行技术审评。该中心也提供 CFDA 的部分数据查询，尤其是中药临床试验信息可以从临床试验数据库中检索（http://www.cde.org.cn/）。

　　中药品种保护审评委员会负责组织国家中药保护品种的技术审查和审评工作，可通过其官网查询各项规章和中药保护目录，查询中药品种申请保护、延长保护与终止保护情况等。另外，某些保健仪器或化妆品种也包含中药材或其提取成分，因此也可以通过其官网查找此类信息（http://www.zybh.gov.cn）。

5.5.4　中国医药信息网

　　中国医药信息网是由国家食品药品监督管理局信息中心建设的医药行业信息服务网站（http://www.cpi.gov.cn），主要进行医药信息的搜集、加工、研究和分析，可以为医药监管部门、医药行业及会员单位提供国内外医药信息及咨询、调研等服务。该网站共建有 29 个医药专业数据库（含测试版数据库），主要内容包括政策法规、产品动态、市场分析、企事业动态、国外信息、药市行情、知识产权和文献信息等。其数据查询内容和方法同 CFDA 官网类似。

1) 产品与企业类

药品包装材料库:收录 CFDA 批准的国产药品包装材料和进口药品包装材料产品信息。内容包括产品名称、规格、企业名称、联系方式、注册证号、产品用途、批准日期等。数据按季度追加,现已有数据 8 298 条。

进口药品库:包含从国外进口、已在我国注册的药品,数据按月追加,数据量达 13 915 条。每条记录按中英文产品名称、商品名、适应症、注册证号、受理号、受理日期、批件编号、批准日期、剂型、规格、生产厂(进口国)、代理注册机构及其联系方式等条目进行组织。

国产药品库:收录 1985 年以来国家批准的新药及仿制药申请,包含化学药品、中药、生物制品等,数据按月更新,有记录数 20 多万条。内容分为药品名称、英文名、注册类别、商品名、剂型、规格、适应症、新药证书持有者及其联系方式、生产单位及联系方式、受理号、保护期(监测期、过渡期)、标准编号、证书编号、批准文号、批准日期、批准文号有效期等。

保健食品库:收录自 1996 年以来 CFDA 批准的国产保健食品和进口保健食品数据,数据库每两月更新一次,目前已有数据 16 419 条。主要包括保健食品名称、剂型、规格、申请单位、地址、电话、批准日期、批准文号、保健功能、说明书等信息。

基本药物库:该库根据"国家基本药物目录(基层医疗卫生机构配备使用部分)(2009版)"整理、搜集了化学药品、生物制品和中成药部分各品种及其生产企业的数据。主要条目有药品名称、剂型、规格、批准文号、生产企业名称、地址和电话等,现已有 12 856 条记录。

经营企业库:收录范围包括零售药店和批发企业,内容分为经营许可证号、企业名称、地址、法定代表人、企业负责人、发证时间、有效期截止日、经济性质、经营方式和经营范围等。现有数据超过 14 万条。

生产企业库 2016 版和 2015 版:分别包含 9 418 和 7 007 家药品生产企业。企业基本情况包括企业名称、生产地址、生产许可证号、生产范围、注册地址、发证日期、有效期截止日、电话、邮编、法定代表人和企业负责人等。

原料药企业库:收录 CFDA 批准生产的原料药及其生产企业信息。每条记录包容企业名称、地址、电话、产品名称、原批准文号、现批准文号、批准日期、批准文号有效期、标准编号、注册类别等内容,数据按月追加。现已有数据 13 200 条。

2) 市场与研发类

国内药物研发信息库:文摘型数据库,收录国内公开报道的关于药品研发方面的公开报道,现已有 21 057 条记录。数据库的内容分为题目、来源、日期和文摘。

药品价格库:包含国家及各省市药品价格管理部门 1999 年以来所有的调价、定价通知,以及各省市药品价格、各地药品招投标价格。内容包括药品名称、规格、包装、计量单位、单价(出厂价、批发价、零售价)、生产厂家。数据随时更新,现有 115 975 条记录。

医药市场研究与分析库:收录 2000 年以来医药行业经济运行分析、医药行业经济指标排序类比(销售收入排序、利润总额排序、资产总额排序)、医药市场研究、医药市场管理、医药产销分析、医药进出口情况分析、医药进出口额排序、药品热点品种专题分析、医院用药分析(医院用药品种、生产企业用药金额)、卫生部统计数据。数据不定期更新,目前数据量为 2 955 条。

制药原料及中间体库:收录自1998年以来的医药政策法规信息、国内外新药研究开发审批情况、国内外市场、专利、企业动态及新工艺、新技术等。药品种类涉及西药、中药、生物制品、化工原料。数据按月更新,当前已有近一万条数据。

医药生物制品库:收录2003年以来近千条国内外的医药生物制品信息,主要内容包括生物制品的发展综述、政策及监管信息发布、批准的新药生物制品和已有国家标准的生物制品品种目录,以及国内外最新的科研开发、生产、信息和市场动态及企业信息。

3) 国外信息类

国外药讯库(总库):收录1994年以来世界主要医药市场信息。内容包括最新国际医药管理政策及疾病治疗准则;新药临床试验及审批动态,如重点治疗领域及知名企业处于临床Ⅲ期、有重要价值的Ⅰ期和Ⅱ期临床试验中的药物以及新发现药物;美国、欧盟及日本等国的新产品、获肯定批准推荐的新产品、罕见病药等上市批准及背景材料;重点治疗领域及国际知名企业产品的研发动态,主要国际市场的分析及预测;最新发布的重点药物安全性政策、法规/报告制度及案例等;药物研发和治疗方案的经济学考虑、专利即将到期药物及通用名药物的推广使用等。现已累计21 049条信息,数据按月追加。

美国新药研发库:分年度介绍自1999年以来在美国处于临床试验阶段或等待上市的新药,内容包括药品名称、开发公司、适应症以及临床阶段等。其中药物主要按治疗领域分为生物技术药物、抗癌药物、心血管系统药物、抗感染药物、老年病用药、儿科新药、抗精神疾病药物、妇女用药、抗艾滋病药物、神经系统用药、糖尿病用药、皮肤病用药、肌肉及骨骼疾病用药、疫苗及哮喘/COPD用药。当前数据量为22 526条。

世界批准新药库:收录自1999年以来,美国、欧洲和日本批准上市的新药、新适应症、新生物技术产品、新分子实体、新化学实体以及罕见病用药。数据量近2 700条。

国外药讯2010年—2014年(子库):包含从国外药讯库(总库)中抽提出的2010年—2014年数据,其中2011年下半年之后的数据均增加了"分类"字段,方便读者查找。

4) 知识产权类

美国专利到期数据库:主要收录美国药品的专利保护失效信息,内容包括商品名、通用名、申请人、申请号、批准日期、专利用途、专利终止日期等。数据随时更新,现在数据量为4 107条。

中药保护数据库:收录国家批准的中药保护品种信息,内容包括中药名称、保护级别、保护期限、保护品种号以及申请单位等。

5) 文献信息类

药学文献数据库:该库是《中国药学文摘》的电子版,收录1981年以来药学及相关学科700种中文刊物,以文摘、提要、简介和题录等4种形式报道,年增加数据20 000余条。该库自1981年创建以来,至今已拥有近58万条数据,其中中药文献占一半左右,该库也是世界上拥有中药文献最多的数据库。

6) 政策信息类

中药法规库:收录中医药监管部门制定的中药相关法规。

政策法规库:收录CFDA及各部委有关医药、食品方面的政策法规及各省市医药管理的重大举措,内容分为企业生产法规、企业认证法规、产品注册法规、广告审批法规、药品不良反应公告和公告信息等内容。数据不定期更新,已有数据379条。

7）其他类

共包含药品说明书库、药讯测试库、市场库 word 测试库、TRIPS 库、GMP 企业库、GSP 认证库等。

5.5.5 中药材市场信息

1）中药材天地网（http://www.zyctd.com/）

中药材天地网成立于 2006 年，是成都天地网信息科技有限公司旗下的网站。该网站集中药材商品市场信息采集与分析、中药材信息资讯与咨询、中药材商品网上交易和线下撮合为一体。网站提供常见中药材的价格、供需数据、历史行情、市场调查报告等具有重要价值的信息，还创造性地量化分析影响价格的各种情况，提出中药材价格指数，对整个市场进行综合评价，分析整体价格的变化。网站还分析各地药材交易市场和产地情况，为合理安排中药材销售和采购奠定情报基础。另外，通过网站的产业链栏目，可以了解到药材种植、加工、鉴别等各个环节的技术要求。

2）其他网站

中药材商贸网，http://www.zzyycc.com/。

中国药材市场，http://www.zgycsc.com/。

药通网，http://www.yt1998.com/。

慧聪网医药版，http://info.pharm.hc360.com/list/zydq.shtml。

5.5.6 中药基础信息专门网站

网络上有很多网站提供中药材、方剂、中成药知识和使用方法，这里仅提供 4 个信息相对集中的网站供参考。必须注意的是，通过这些网站获取的信息必须经过专业人士核实或与专业数据库、书籍对照，以排除可能有误的信息。

中药查询网（http://www.zhongyoo.com）：提供中药材功效、常用方剂、各式偏方秘方、中药图谱、中药养生理论、中药鉴定知识、中药名著介绍、常见中成药知识和中药炮制方法等。

用药安全网—中医中药（http://www.yongyao.net/new/zyzy.aspx）：提供中药材和方剂的查询接口，以及按解表、理气等中医治疗理念浏览查找方剂的功能。

生物谷—中草药（http://www.bioon.com/drug/herb/Index.shtml）：生物谷是面向生物医药领域的综合性平台，提供行业资讯、分析、医药外包服务等。其中草药版块主要包括中药材的来源、识别、炮制、中药药理等内容。

百拇医药—中医药（http://www.100md.com/index/0L/Index.htm）：内容较为综合，含中药传统知识、现代研究成果、合理用药、产业发展、科研教育等。

5.6 药品市场信息

5.6.1 Business Source Premier

Business Source Premier 是 EBSCO 公司数据库平台 EBSCO host 中的一个子数据库，

收录了 2 200 种索引、文摘型期刊和报纸,其中 1 600 种期刊和报纸有全文内容。数据库涉及国际商务、经济学、经济管理、金融、会计、劳动人事、银行等主题范围。该数据库的题录和文摘可回溯检索至 1984 年,提供 1990 年起的全文,数据库每日更新。网址是 http://search.ebscohost.com,选择"Business Searching Interface",进入检索界面。

5.6.2 MarketResearch

MarketResearch 提供 720 多家市场研究公司超过 40 万本市场研究报告、11 500 多家公司的财务报告、9 000 多家公司的投资建议,以及各种财务分析与预测,数据每日更新。可以按照行业类别浏览或检索报告,也可以按国家查看各国公司的报告。网址是 http://www.marketresearch.com。

5.6.3 Datamonitor

Datamonitor 是一家国际知名的信息服务公司,2007 年被 Informa 公司收购,为全球 5 000 多家公司提供市场分析及商务信息,涉及汽车业、金融业、医药业、消费品市场、能源业以及科技界等不同领域。其数据库收录公司报告、行业报告、国家地区报告、金融财务交易、新闻评论,还提供 46 个行业排行榜(Industry Lists)和 11 个全球证券指数公司列表(Stock Exchange Lists),如澳洲 100 指数(ASX 100)公司、纳斯达克 100 指数(Nasdaq 100)公司、标准普尔 500 指数(S&P 500)公司。Datamonitor 数据库的使用方法主要有两种:一是对整个数据库的检索;二是分模块的浏览。该数据库还有针对医疗领域的专门库——Datamonitor Healthcare,包括不同疾病的流行病学分析、治疗趋势、在研和上市药物及其市场情况。网址是 http://www.datamonitor.com。

5.6.4 Global Information

Global Information(日商环球讯息公司)主要代理、提供或定制各个行业的市场调研报告,报告来源于全球 300 多家著名的出版商。市场报告可以按行业类别和国家进行查找。制药类下包括 8 660 篇报告,涉及制药企业、药品法规、非处方药、处方药、个性化医疗、疫苗、再生医学、非专利药、各种疾病等。其网站提供免费样本试阅服务。网址为 http://www.giichinese.com。

5.6.5 Nicholas Hall

Nicholas Hall 是一家专注于 OTC 药物市场研究的国际咨询公司,提供世界范围内 OTC 药物的销售数据以及市场分析报告。网址是 http://www.nicholashall.com。

5.6.6 中国医药信息网

中国医药信息网的介绍参见 5.5.4 节。该网站提供中国药品价格库、医药市场研究与分析库、国内药物研发信息库等,分别收录数据 115 949 条、20 822 条、2 641 条。

5.6.7 中国价格信息网

中国价格信息网是由国家发展改革委价格监测中心主办,北京中价网数据技术有限公司承办的市场价格监测网站。该网站以分布在全国各地的 9 000 多个价格监测点采集上报的 2 000 余类商品和服务价格数据及市场分析预测信息为基础,联通了全国 31 个省、自治区、直辖市及 32 个省会城市、自治区首府城市、计划单列市的价格监测机构网站。该网站既有免费栏目,也有收费栏目,如中国价格政策、国际市场价格、金属价格、农产品价格、汽配价格、医药价格、建材和房地产价格、能源价格、涉企收费、综合价格、历史数据和电子期刊等。会员专区中的医药价格页面主要提供市场动态、医药价格定价、药品价格查询(含最新政府定价、国家定价药品价格、地方定价药品价格、进口定价药品价格和全部定价药品价格)、分析测试、国家和地方医药价格政策、医疗收费(东部、中部、本部地区)以及电子期刊。除了通过会员专区获取医药价格信息外,还可在首页的医药价格栏目中通过"药品零售价查询""药品平均价查询"和"招标采购零售价"等栏目进行检索。网址是 http://www.chinaprice.com.cn,使用价格检索需先注册。

中国医药价格网是中国价格信息网的子网,由发改委价格监测中心建设。其目的是公示国家管理药品的价格政策和最高零售限价,公布发改委在全国确定的近 400 个医院、零售药店的每月药品实际零售价格,各地招标采购药品的实际零售价格,药品价格按月更新。该网站具有准确性和及时性的特点。网站提供查询功能,包括国家和各省的药品价格政策、各省的医药招标政策、各省定价药品目录、各省医疗服务价格查询、各省药品成本和出厂价格调查数据等信息,以及二类疫苗价格、医疗器械价格、药品出厂(口岸)价格、广东平价药店零售价格、全国药品招标数据、社会零售药店购销价格、广东药品最高零售价格等信息。网址是 http://www.zgyyjgw.com,多数项目的查询需先注册。

5.6.8 医药地理

1)药物综合数据库

药物综合数据库(Pharmaceutical Data Base,PDB)由中国医药工业信息中心开发,以药品和医药企业为对象,整合了药品研发、药品生产、药品流通、药品临床应用、药品政策监管等环节不同类型的信息资料与数据,是一个集医药企业资产状况、经营业绩、产品表现、研发能力、行业地位等重要基本面信息于一体的行业综合性平台。此外,该数据库还具有动态分析功能,能够方便地对药品或医药企业进行查询、分析和信息管理,从而为药品和医药企业相关的产品决策与投资决策提供集成化的信息服务。数据库收录了不同阶段药品的基本情况、400 多个治疗类别的详细情况、国内外主要产品的产量情况、国内外主要市场药品销售情况及 10 000 多家企业基本情况等。网址是 http://pdb.pharmadl.com。

2)数图报告

数图报告主要集中了三类报告,分别是行业综合报告(Industry Report)、市场战略报告(Market Report)及产品评价报告(Product Report)。这些报告分别对行业宏观发展情况、市场信息、各治疗领域药品的研产销情况进行了数据收集、整理、挖掘,是了解相关动态、选择新产品、规划企业发展战略的有力工具。网址是 http://www.pharmadl.com/stmt-bgindex.html。

5.7 药品使用信息

5.7.1 Drug Information Full Text (DIFT)

DIFT 收录了约 11 万种目前在美国市场上通行的药物的信息,信息来自 2 000 多本药物学专著。DIFT 由两个独立的子库组成,一是美国医院处方服务药物信息(AHFS Drug Information,AHFSDI),二是静脉注射药物手册(Handbook on Injectable Drugs,HID)。

AHFSDI 首次出版于 1959 年,被称为"大红书",致力于为药剂师和卫生保健专业人员提供最详细的问题答案。迄今为止,AHFSDI 是全球收录循证信息最多的药学数据库。AHFSDI 的信息具有较强权威性,由全球顶尖药剂师撰写的信息经过了 500 多位药学界专家的评审。该数据库还试图排除药物生产商、保险公司、管理者以及其他商业影响,为读者提供客观公正、经过严格测试和证实的药物信息。AHFSDI 涵盖以下主题:

(1) FDA 批准使用或者禁用的药物的最新评论。
(2) 针对药物的相互作用、用法和毒性的全面分析。
(3) 有关药物剂量和管理办法的详细信息。
(4) 知名实验室对于药物的调查报告和检测结论。
(5) 药物的化学性和稳定性的调查报告。
(6) 药理学和药物代谢动力学。
(7) 常见处方药、OTC 药物、维生素药物、肠外营养药物、眼科和皮肤科药物的完全清单列表。
(8) 逾 7 万笔被引用的参考信息。

HID 的内容取自逾 360 部药物专著,包括 47 本非美国药物专著。药物名称按照字母排序以方便检索,药商的商标名称也一并列出,同时该手册还兼容 AHFSDI 分类号码。手册不仅包含关键的产品信息,如药物的型号、优势、容量和形态,以及 pH 值、渗透值和其他重要的药物信息,还包括贮藏这些药物所必需的条件,包括 pH 值、温度、曝光度、吸附作用和过滤特性。此外,通过手册能够查到静脉注射药物与其他药物的兼容性研究结果,手册提供 4 个兼容性表格:溶液、添加剂、注射器和 Y-site。

DIFT 由 Ovid Technologies,Inc.(http://ovidsp.ovid.com/)发布,使用权限须购买。AHFSDI 和 HID 也可以通过 American Society of Health-System Pharmacists 的官网(http://www.ahfsdruginformation.com)或移动设备应用访问使用,同样需要付费。

5.7.2 MICROMEDEX

MICROMEDEX 公司创建于 1974 年,主要提供医疗保健、药品、毒理学等相关信息,1996 年成为 Thomson 卫生保健信息集团公司成员。MICROMEDEX 属于综述型事实数据库,其内容是由医药学专家针对全世界 3 000 余种医药学期刊文献进行分类、收集、筛选后,按照临床应用的需求,编写为基于实证的综述文献,直接提供给专业人士使用的。2012 年,数据库由新公司 Truven Health Analytics,Inc.负责维护,版本升级为 2.0。

MICROMEDEX 2.0 由 4 部分组成：

1) 药物信息（Drug & Complementary Medicine）

提供药品的详细信息，如药品介绍、使用剂量、药物相互作用等，共包括 15 个专门子库，下面介绍常用的 8 个。

（1）DRUGDEX System：收录全面的药物资源（2 300 种以上药物），涵盖剂量、药物动力学、警告、交互作用、比较疗效、标示与标示外的适应症与临床应用的参考内容，还提供正在进行临床试验的新药信息。

（2）DRUG-REAX System：收录超过 8 000 种药物和 128 篇以上临床药物使用冲突的评论，提供药物与药物、药物与食物、药物与疾病、药物与酒精以及药物与实验的交互作用，以及各项过敏反应。现在还包括重要药物与草药的交互作用、药物对怀孕和哺乳的影响等信息。

（3）Index Nominum：由瑞士药学会编辑而成，提供超过 5 300 种国际药品、药品衍生物，以及近 42 000 种药品商品名及别名、化学结构、制造商与经销商的信息。

（4）IV INDEX System：包含 5 000 篇完整参考全文、700 种肠胃药物与溶剂的信息以及超过 60 000 条药物兼容性信息，可以协助医师了解具有潜在危险的静脉注射组合；还囊括由 Lawrence Trissel、MS、FASHP 编汇的 Trissel's 2 数据库的药物非口服兼容性信息，以及会造成兼容冲突的鉴别因子。

（5）Martindale（马丁代尔大药典）：含 6 700 篇药物专论、660 篇疾病治疗评论、300 篇草药专论、149 000 种药品调剂、47 754 篇参考文献、18 000 家制造商信息（参见 5.4.5 节）。

（6）P&T QUICK Reports：由一系列医院处方中关于药物的摘要性文章组成，具有标准格式。目前收录超过 90 篇药物摘要报告。

（7）Physicians' Desk Reference（PDR）System：是指导医师用药的权威临床手册，提供超过 2 800 种美国 FDA 核准标示的处方药和 OTC 药的参考信息及 250 多家制造商信息，其中还包括健康食品与特殊眼科用药。可查询药物相互作用、毒副作用、使用剂量、药理、儿科用量及禁忌证等。另外该手册还能通过其网站（http://www.pdr.net）查询，但仅对美国的注册医师免费开放。

（8）CareNotes AfterCare：提供病患的病情、检查、治疗、后续照护与持续健康问题咨询等信息，包含最常用处方药的简明阐述与立体彩色图。

2) 毒理学信息（Toxicology）

（1）POISINDEX System：是由洛杉矶毒物及药物中心以及科罗拉多大学医学中心共同开发的毒物、药品及生物产品鉴定及管理系统，提供上百万种商业药品成分及生物物质的信息，以及临床作用、毒性范围等信息，此外还包括多种中毒处理方案，有助于对急性中毒做出快速反应。

（2）Reproductive Effects：较为全面的生殖风险信息的数据库，包括化学品和物理因素对人类生育的全程健康影响，如生育、性别鉴定及哺乳；药品及环境因素致畸的最新信息；致畸试剂的最新信息，如各种化学品、食品添加剂、药品污染物和细菌。

（3）TOMES System：提供工作环境中危害人体健康的化学物质的信息及安全操作手册。

3) 急救医学护理信息(Disease Management)

提供医学上常用的一般疾病与急诊、慢性疾病的实证医学信息,资料包括常见与特殊的临床症状、检验结果和用药须知。

4) 病患教育信息(Patient Education)

为病患提供关于疾病和用药的常识,以及长期医疗照顾的须知。

该数据库除了可以通过网络(http://micromedex.com)访问外,还提供 iOS 和 Android 系统的移动应用。

5.7.3 Lexi-comp Online

Lexi-comp 公司成立于 1978 年,2011 年被荷兰威科集团并购。该公司出版了众多医学专业书籍,如 *Drug Information Handbook*、*Geriatric Dosage Handbook*、*Pediatric Dosage Handbook* 等。除此以外,Lexi-comp 主要提供在线数据库 Lexi-comp Online 及各种移动端服务(http://www.lexi.com)。

Lexi-comp Online 涵盖下列内容:

(1) 药物咨询类,如 Geriatric Lexi-Drugs(老人用药)、Pediatric Lexi-Drugs(孩童用药)、Dental Reference Library(牙医用药)、Lexi-Drugs Online(各科核心药物)、Lexi-Natural Products Online(天然药物)、Drug-Induced Nutrient Depletion(药物所致营养消耗)。

(2) 诊断依据类,Clinician's Guide to Diagnosis(诊断指南)、Clinician's Guide to Internal Medicine(内科医学指南)、Infectious Diseases Database(感染性疾病)、Laboratory Tests Database(实验测试)、Poisoning & Toxicology Database(毒物与毒理学)。

(3) 附加功能,Patient Advisory Leaflets(病患教育)、LEXI-PALSTM(老年病患教育)、PEDI-PALSTM(儿童病患教育)、Drug Identification(药物信息与图示)、Lexi-Interact TM(药物相互作用)、Web Search(网络检索)。

Lexi-comp Online 按照用户的需求,设置了若干模块化的检索功能:

(1) Lexi-Interact(药品交互作用分析工具):针对单一药物,列举已知会产生相互作用的药物,并可分析药物配方(Drug Profile),提示可能产生相互作用的药物。

(2) Lexi-Drug ID(药物识别):可由药物的特征[Imprint(水印或标记)、Dosage form(剂型、形状或颜色)]识别药物。

(3) Lexi-CALC(药学计算器):提供药物相关计算功能(注射量、成人/幼儿药量转换等)。Lexi-CALC 可独立运作,或与 Lexi-Drugs 功能页面整合使用。

(4) Lexi IV Compatibility(药物相容检测):参照 *King Guide to Parenteral Admixtures*(King Guide 出版社出版的活页书,提供了 400 多种注射药物的配伍和稳定性信息),判断药物是否可以相容,列举确认相容的用药方案。

(5) Patient Education(病患教育模块):提供 18 国语言,为用户提供病患的药物、疾病、症状、治疗信息。

(6) Web Search(网络检索):同时检索其他医学网站及主要医学文献,直接列举出相关文献结果,免除查询多个医学信息网站的时间成本。

(7) Lexi-Tox(毒化物信息):提供处理中毒及用药过量的评估、诊断与治疗信息,整合提供有毒物质、解毒剂、污染物、家用产品、毒化物计算器、药物识别等信息及临床运用工具。

5.7.4 RxList

RxList 是一个在线医疗资源网站(http://www.rxlist.com),该网站提供完整的美国处方药信息和健康教育,2004 年 12 月被 WebMD 收购。其数据库含有 5 000 种以上药物。它的特点是列出了美国处方药市场年度前 200 个高频使用药,占美国处方中处方药出现次数的 2/3。该网站对具体药物的介绍极为详细,并且更新速度很快。进入 RxList 主页后即可在不同版块中检索信息,以下分别加以介绍。

(1) 关键词检索:用户可以输入药品的商品名、常用名、疾病症状、副作用等,甚至药名片段(词尾模糊部分用 * 代替,但 * 不可用于词头),迅速检索。该搜索还支持 Boolean 语言(如 and, or, not)。

(2) TOP 200:该栏公布了美国使用频率最高的 200 种药物,有一定代表性。索引按频次和字母两种方式排列。如现在前 10 位的药物分别是 Hydrocodone/APAP(重酒石酸氢可酮和对乙酰氨基酚片)、Levothyroxine Sodium(左甲状腺素钠片)、Lisinopril(赖诺普利片)、Simvastatin(辛伐他汀片)、Azithromycin(阿奇霉素片)、Proair HFA(硫酸沙丁胺醇吸入气雾剂)、Crestor(瑞舒伐他汀钙片剂)、Nexium(埃索美拉唑镁缓释胶囊)、Atorvastatin Calcium(阿托伐他汀钙片剂)和 Ibuprofen(布洛芬片)。需要注意,由于索引采用的名称可能既有商品名,也有其他常用名,因此药物排序会有重复。

(3) Drugs A-Z:以药品名称的字母排序,每种药品均包含它的基本信息、临床药理、适应证、剂量和用法、包装、警告、禁忌、注意事项、副作用、药物相互作用、病人报告等。

(4) Pill Identifier:可以按药品的水印、颜色或形状查找,系统会提供匹配药物的图片,从而可以核对对应药品的信息;如果直接以商品名、通用名检索,会在全站所有栏目中进行匹配,返回药品信息、相关文章、新闻、疾病信息、药物词典等。

(5) Supplements:介绍维生素、草药和膳食补充剂的信息,包含基本描述、有效性评论、作用机理、安全性、与药物的相互作用信息等。

(6) Images:提供各种常见疾病表现情况的图片。

(7) Diseases:介绍疾病的发病机制、危害、易感人群、相关诊疗和测试方法,这些均由美国执业医师撰写,具有较强的科学性。

(8) Symptom Checker:用户通过输入疾病症状,得到初步的临床判断,有助于了解自身身体情况。

(9) Dictionary:由美国执业医师、药师、*Webster's New World Medical Dictionary* 作者撰写的药物词典,提供医药学术语和缩略语的解释。

5.7.5 Drugs, Supplements, and Herbal Information of MEDLINEPlus

该库是由美国国立医学图书馆提供的查询处方药、非处方药、中草药和食品添加剂信息的数据库。其中"Drugs"可用于查询处方药和非处方药的副作用、剂量、药物警戒等相关信息;"Herbs & Supplements"可用于查询中草药及食品添加剂的作用、常用量、药物相互作用等信息。网址是 http://www.nlm.nih.gov/medlineplus/druginformation.html。

5.7.6 医药地理——医院处方分析系统

该系统是中国医药工业信息中心(原上海医药工业研究院信息中心)和上海市药学会于2004年起合作建设的医院临床用药信息分析系统,通过对上海市样本医院处方的深入挖掘,从多个维度解析临床用药规律,可为医疗政策的制定和医院临床用药管理提供数据支持,并为企业的产品定位、销售资源分配等市场决策提供支持。截至2014年,该系统的取样医院为61家,涵盖了二、三级综合医院,专科医院,中医医院以及社区卫生中心;取样记录数为6 475万行;取样药费金额为37.9亿元。网址是http://ras.pharmadl.com。

5.7.7 其他

(1) Drug InfoNet 提供免费医药卫生信息,为医学专业人员及消费者提供教育服务。Drug Information 分专业版和普通用户版,为不同类型用户服务。选择版本后,可以按商品名、通用名、制造厂商名或治疗用途进行检索。Disease Information 按疾病名称提供不同疾病治疗、家庭护理、支持机构等各方面的信息。网址是 http://www.druginfonet.com。

(2) Drugs.com 是一个网络医药百科全书,主要为美国的消费者和医疗保健人员提供医药信息。它的内容来自 Cerner Multum、汤森路透的 Micromedex、Wolters Kluwer、FDA、PDR、哈佛健康通讯及每日健康等。该网站向广大消费者提供 24 000 多种处方药、OTC 和天然产品的准确信息,为用户提供免费的医药信息服务,帮助用户更好地理解药品的作用、副作用以及与其他药物的潜在反应等。网址是 http://www.drugs.com。

(3) MediLexicon 由英国 MediLexicon International 公司建设,已发展成为网上规模较大的医药缩略词数据库。该库涉及医学、药学、生物技术、农用化学以及保健学等多个领域,内容每天更新。另外网站还提供医院、药企、医药协会等信息的检索。网址是 http://www.medilexicon.com。

(4) MedWatch 是美国 FDA 的安全性信息和不良事件报告系统。1993 年 FDA 为了扭转药物不良反应漏报率过高的形势,开始对医疗器械不良事件进行监测,从而推出这一制度。该制度主要特点是简化报告内容,增加医疗器械不良事件内容,凡有可疑即可上报。MedWatch 报告收集主要依赖两大报告体系,即企业的强制报告系统和 MedWatch 的自愿报告系统。用户可通过 MedWatch 检索药物的不良反应报告,也可在线上报不良反应/事件。网址是 http://www.fda.gov/Safety/MedWatch/default.htm。

5.8 药物临床试验信息

5.8.1 ClinicalTrials

该库是由美国国立卫生研究所通过美国国立医学图书馆与 FDA 合作建立的数据库,提供临床试验信息,现有来自世界上 176 个国家的临床试验的资料,是检索具体临床试验资料的主要数据库,使用免费。ClinicalTrial 的检索方式包括基本检索和高级检索。基本检索支持疾病名称、药物名称、地名、研究人员作为关键词,并可使用"AND"进行组合检索。高级检索中有多个可选项，Search Terms 中可输入药名、题目等；Recruitment 表示试验项目的受试人员募集状态；Study Type 限定试验类型；Study Results 表示试验项目是否有结果。另外还可以按照国家和区域进行检索，或者在检索时限定受试人员性别、年龄、试验期、试验项目资助方、项目更新时间等。网址是 http：//www.clinicaltrials.gov。

5.8.2 CenterWatch

CenterWatch 收集有关药物临床实验方面的各种信息，是一个可供患者及专业研究人员共同使用的临床实验数据库。数据库包含了 3 000 多种药物的临床Ⅰ～Ⅳ期的详细研发信息，每周更新。其数据来源广泛，包括通过与研发机构沟通、参加专业会议、与业内专业人士交流获取信息等；数据经过严格筛选，信息过时即刻被删除，确保了信息准确。用户可以用关键词检索临床试验项目，也可以按照治疗领域、疾病或地域浏览项目列表。每一试验项目均收录试验的目的、阶段、地点、期限、受病人条件等详细信息。与此相关，CenterWatch 还提供了临床试验药物的数据库（Drugs in clinical trials database）、FDA 批准药物、最新药物临床试验结果等信息资源。

CenterWatch 可为病人和研究机构参与临床试验提供帮助，病人可以在 Patient notification service 上注册，预留感兴趣的试验描述和联系方式，CenterWatch 据此匹配项目并通知病人；而可以开展类似临床试验的机构可以在 TrialWatch 上发布需求，制药公司或临床外包服务企业（CRO）可以发布试验计划，两者匹配时，即可互相了解对方信息，促成合成。另外，通过 Industry news & resources 能够获取新药研究的最新消息，了解临床试验研究中心、制药企业的详细信息。CenterWatch 使用免费，网址是 http：//www.centerwatch.com。

5.8.3 WHO 国际临床试验注册平台

世界卫生部长峰会 2004 年 11 月于墨西哥的墨西哥市召开，与会者要求 WHO 促进建立"一个连接国际临床试验登记网络的平台，以确保一个单一的存取点和试验的明确识别"，随后 WHO 的国际临床试验注册平台（International Clinical Trials Registry Platform，ICTRP）成立。ICTRP 要求各成员国对临床试验进行注册，但并不强制。不过，通过与部分医学学术期刊联合，使其只发表注册过的成果，可间接促进临床试验的注册。目前 ICTRP 共有一级注册机构 16 个，合作注册机构 3 个。一级注册中心均是一国或多国临床试验信息的注册和发布网站。检索试验信息既可以通过 ICTRP 的统一接口 http：//apps.who.int/trialsearch，也可以直接进入其下属的各注册机构网站查询。中国的 ICTRP 一级注册机构为"中国临床试验注册中心"，是一个非营利的学术机构，位于四川大学华西医院，负责提供中国的临床试验信息，网址是 http：//www.chictr.org/cn。

5.8.4 其他

药品是维护人类健康的重要手段，当前世界上的主要国家均建立了药品监督管理机构，负责药品的审批和监管等。药物申请进行临床试验也需要由药品监督管理机构批准，而这些信息一般都会在其网站公示，因此药品的临床试验信息也可以从此类网站上获取。如中国 CFDA 的药品审评中心（http：//www.cde.org.cn）即开辟了"临床试验登记与公示"平台，公示每个试验项目的题目和背景信息、申办者信息、临床试验信息（目的、方案、受试者、评价指标)、试验日期、研究者信息、伦理信息、试验状态、项目发起者信息等。美国的药品临床试验信息主要由 NIH 主办的 ClinicalTrials 公布。欧盟药品管理局 EMEA 则通过 European Union Clinical Trials Register(https://www.clinicaltrialsregister.eu)发布临床试验信息。

其他国家的临床试验信息发布机构如下：

(1) 非洲临床试验注册中心(The Pan African Clinical Trials Registry，PACTR)，由欧洲发展中国家临床试验合作组织资助，包括博茨瓦纳、布基纳法索、喀麦隆、埃塞俄比亚、加蓬、加纳、肯尼亚等国家，网址是 http://www.pactr.org。

(2) 澳大利亚和新西兰临床试验注册系统(Australian New Zealand Clinical Trials Registry，ANZCTR)，由澳大利亚国家健康与医学研究委员会和新西兰健康研究委员会资助，可查询两国的药品、器械、治疗策略、补充医疗的临床试验信息，网址是 http://www.anzctr.org.au。

(3) 日本有 3 个临床试验注册中心，包括大学医院医疗信息网络(UMIN Clinical Trials Registry，UMIN-CTR)、日本制药信息中心(Japan Pharmaceutical Information Center，JAPIC)、日本医学会—临床试验中心((Japan Medical Association，Center for Clinical Trials，JMACCT)，三者以网络协作的形式构建一个统一的平台，即 Japan Primary Registries Network(JPRN)，网址是 http://rctportal.niph.go.jp/en/index。

(4) 南非临床试验注册中心(South African National Clinical Trials Register，SANCTR)，在南非进行的临床试验必须在该中心登记，网址是 http://www.sanctr.gov.za。

(5) 韩国临床试验注册中心(Clinical Research Information Service，CRIS)，由韩国疾病控制和预防中心管理，韩国保健福祉部资助，网址是 http://cris.nih.go.kr。

(6) 斯里兰卡临床试验注册中心(Sri Lanka Clinical Trials Registry，SLCTR)，由斯里兰卡医学会资助，斯里兰卡临床试验注册委员会管理，网址是 http://slctr.lk。

5.9 毒性信息检索

5.9.1 TOXNET

TOXNET 由美国国立医学图书馆(The National Library of Medicine，NLM)主办，内容包括人类健康危险评估、化学药品诱变性检测数据、化学药品致癌性、肿瘤增生及抑制、毒理学发展及畸胎学等，所有内容均可免费获得，网址是 http://toxnet.nlm.nih.gov。主要包括以下数据库：

(1) Hazardous Substances Data Bank(HSDB)：包含与人和动物有关的毒性、毒物安全性与处理、对环境影响等数据，涉及 5 000 多种化合物。数据选自相关核心图书、政府文献、科技报告及经选择的一次期刊文献，并由专门的科学审查小组(the Scientific Review Panel)评审。

(2) Integrated Risk Information System(IRIS)：由美国环境保护局(EPA)编辑的事实型数据库，共有 500 多种化学物质的记录及其内容，包括人类健康风险评估、危害辨识、药物剂量反应评估等，数据由 EPA 科学家工作组评审。

(3) GENE-TOX：包括由 EPA 提供的 3 000 余种化学物质的遗传毒理学（致畸性）试验数据，目前数据库已停止更新。

(4) Chemical Carcinogenesis Research Information System(CCRIS)：由美国国家癌症研究所（National Cancer Institute，NCI）开发和维护，内容包括 8 000 余种化学物质的致癌性、致畸性、肿瘤诱发与抑制等方面的数据。数据来自一次文献、可用查询工具、NCI 报告及其他资料，并由致癌与致畸领域专家评审。

(5) TOXLINE：文献型数据库，内容涵盖药物及其他化学品的生物化学、药理学、生理学和毒理学效应。该库收录了 1840 年以来的 400 余万条书目记录，大多数记录都有文摘、索引词和 CAS 号，数据每周更新。数据主要收自 TOXLINE 核心文献（TOXLINECore）与 TOXLINE 特种文献（TOXLINESpecial）。前者指 PubMed 中收录的期刊文献，后者指 PubMed 中未收录的文献，如专业期刊与其他科学文献、科技报告与科研课题、档案资料等。

(6) Developmental and Reproductive Toxicology Database(DART)：文献型数据库，由美国 EPA、国家环境卫生学研究所、FDA 的毒理中心和国立医学研究所资助，收录有自 20 世纪初以来的 20 万条文献记录，涉及畸胎学、发育以及生殖毒理学等方面内容，数据每周更新。

(7) Integrated Risk Information System(IRIS)：提供化学品对人类的健康风险评价信息，目前数据有 600 余条。其关键数据来源于权威部门，如美国 EPA、有毒物质和疾病登记局（Agency for Toxic Substances and Disease Registry）、加拿大卫生部、荷兰公共卫生与环境研究所等部门。数据库通过表格对不同国家的风险评估信息进行比较，并解释风险估值的差异，数据每年不定期更新。

(8) ChemIDplus：化学品检索系统，包括超过 40 万种化学物质的名称、别名和结构，另外还可链接至 NLM 和其他数据库。用户可以通过物质名称、同义词、CAS 号、分子式等途径进行简单检索，也能实时构建化学结构，进行基于结构的精确、相似或子结构检索。数据每日更新。

(9) LactMed：提供哺乳母亲可能接触到的药物、药物在乳汁和婴儿血液中的浓度等可能对哺乳婴儿产生的影响，以及建议的替代药物。数据来自严肃的科学文献，并经过专门的科学审查小组评审。LactMed 包含超过 450 种药物记录，可供临床工作者和哺乳母亲查询参考，数据按月更新。

(10) Toxics Release Inventory(TRI)：由美国 EPA 编辑的年度系列型数据库，包括该国工业和联邦机构排放特定有毒化学品的相关信息，有效年度为 1987 至 2015 年。

(11) Haz-Map：职业健康数据库，包含接触化学品或生化制品与疾病之间的相关性信息，为健康和安全专业人士以及接触人群查找该方面数据提供帮助。

(12) Household Products Database：家庭消费用品相关健康安全性资料库，收录超过 1 万种普通消费品中所含化学物质可能导致的健康问题。

(13) TOXMAP：由 NLM 提供的有毒物地理信息系统，以美国地图的形式帮助用户通过视觉查找美国 EPA 公布的年度有毒物释放数据。

(14) Carcinogenic Potency Database(CPDB)：由加州大学伯克利分校和劳伦斯·伯克利国家实验室开发的致癌数据库，包括对 6 540 条慢性和长期的动物致癌实验结果的分析，数据来自于 1950 年以来公开发表的文献、NCI 和国家毒性项目（National Toxicology Pro-

gram)等机构发布的报告。目前该数据库已停止更新。

(15) Comparative Toxicogenomics Database(CTD):由美国北卡罗莱纳州立大学开发,包含种属间化学与基因、蛋白质相互作用,以及化学与疾病、基因与疾病之间的关系等信息,有助于了解易受环境影响的各种疾病的分子机理,数据每年不定期更新。

对于以上数据库,可以进行单库或多库联合搜索,检索方式有 Basic Search、Browse 和 Advanced Search 等。

5.9.2 MDL 毒性数据库

MDL 毒性数据库(MDL Toxicity Database)包含 15 万种有毒化学物质在生物体内外的各种毒性测试数据,如急毒、诱变毒性、皮肤和眼睛刺激性、致癌性、再生毒性等。目前该数据库位于 DiscoveryGate 综合性 Web 化学信息平台,网址为 http://www.discoverygate.com。

5.9.3 化学物质毒性记录

化学物质毒性记录(Registry of Toxic Effects of Chemical Substances, RTECS)是一个记录化学物质毒性资料的数据库,其数据均来源于公开的科学文献,未经专家评审。该数据库在 2001 年之前由美国国家职业安全卫生研究所免费提供,现由 Accelrys Software, Inc. 维护,只能通过收费订阅方式获得。RTECS 中主要包括以下 6 大类化学物质的毒性数据:直接刺激性、致突变性、致畸性、致癌性、急性毒性及其他多剂量毒性。每条记录包括化学物质的各种毒性值,如半数致死量(LD_{50} 或 LC_{50})、最低中毒剂量(TDLo)、最低中毒浓度(TCLo)等,以及实验中的受试物种和给药途径。

5.9.4 化学物质毒性数据库

化学物质毒性数据库(Chemical Toxicity Database)由 DrugFuture 提供,收载约 15 万个化合物(包括大量化学药物)的有关毒理方面的数据,如急性毒性、长期毒性、遗传毒性、致癌与生殖毒性及刺激性数据等,并提供数据来源。可使用 CAS 号、RTECS 号、通用名、化学名等进行检索。网址为 http://www.drugfuture.com/toxic。

5.9.5 NIH 特殊信息服务

特殊信息服务(Special Information Service, SIS)整合了大量毒理学、环境卫生、化学物质、HIV/AIDS 信息以及卫生机构的各种资源目录(如 TOXNET、ChemIDplus 等)。可通过浏览或关键词检索的方式查看这些信息资源,网址是 http://sis.nlm.nih.gov/index.html。

5.10 药物审批信息检索

5.10.1 美国药物批准信息

美国 FDA 网站公开了该国历年批准上市的药物,包括它们的名称、公司、申请号、批准时间等信息。例如,通过Drugs@FDA数据库可以浏览已批准药物的名称,或者按药物名称、活性成分、申请号进行检索。另外还可分别通过This Week's Drug Approvals和Drug Approval Reports栏目,以周或月为时间段,查找该期间FDA批准的药物。除药物外,FDA还提供医疗器械、放射产品、疫苗、血液和生物制品等的批准信息。网址为http://www.fda.gov/default.htm。

CenterWatch也提供FDA批准药物的相关信息,可按年度、公司、治疗领域、病人病况、药物名称进行分类浏览。

5.10.2 日本药物批准信息

日本药品与医疗器械管理局(Pharmaceuticals and Medical Devices Agency,PMDA)网站会公布日本厚生劳动省批准的新药和医疗器械信息,但为年度批准信息,不提供当年批准信息。另外该网站还公开了已批准药物的评审报告,含药理、毒理、生产、质控等方面的信息。网址是http://www.pmda.go.jp/english/service/approved.html。

5.10.3 欧盟药物批准信息

药物在欧盟上市有集中程序和非集中程序两种途径。非集中程序是指药品首先在一国上市,然后再向其他国家申请上市。非集中程序又包括各成员国独立审批的成员国审批程序(Independent National Procedure,INP)和互认可程序(Mutual Recognized Procedure,MRP)。如果药品经MRP提出上市申请且已经在第一个成员国获批,那么其他成员国通常要认可第一个成员国的决定,除非有充分的理由怀疑该产品的安全性、有效性或质量可控性存在严重问题,而这些问题可能对患者的健康造成危害。集中审批程序是由欧盟药品监督管理局(European Medicines Agency,EMA)批准药品在欧盟上市的程序,通过欧盟集中审批程序获得的药品上市许可在任何一个成员国中均有效;如果药品经集中审批程序而未获批准,则该产品也很难通过其他审批程序而在某一成员国获得上市批准。

根据欧盟的药品审批规定,药品在欧盟的批准信息需要分别通过EMA和各成员国的药品管理部门检索。European Public Assessment Reports(EPAR)定期公布欧盟集中批准的人用药、兽用药和人用草药的相关信息(http://www.ema.europa.eu/ema/index.jsp?curl=pages/includes/medicines/medicines_landing_page.jsp&mid=)。

各成员国药品管理部门信息如表5-1所示。

表5-1 欧盟成员国药品审批机构

国　家	药品审批机构	网　　址
Austria	Austrian Agency for Health and Food Safety	www.ages.at
Belgium	Federal Agency for Medicines and Health Products	www.fagg-afmps.be
Bulgaria	Bulgarian Drug Agency	www.bda.bg
Croatia	Agency for medicinal products and medical devices of Croatia	www.almp.hr
Cyprus	Ministry of Health-Pharmaceutical Services	www.moh.gov.cy

续表 5-1

国　家	药品审批机构	网　　址
Czech Republic	State Institute for Drug Control	www.sukl.cz
Denmark	Danish Health and Medicines Authority	www.laegemiddelstyrelsen.dk
Estonia	State Agency of Medicines	www.ravimiamet.ee
Finland	Finnish Medicines Agency	www.fimea.fi
Germany	Federal Institute for Drugs and Medical Devices	www.bfarm.de
Greece	National Organization for Medicines	www.eof.gr
Hungary	National Institute of Pharmacy	www.ogyi.h
Iceland	Icelandic Medicines Agency	www.imca.is
Ireland	Health Products Regulatory Authority	www.hpra.ie
Italy	Italian Medicines Agency	www.agenziafarmaco.it
Latvia	State Agency of Medicines	www.zva.gov.lv
Liechtenstein	Office of Health / Department of Pharmaceuticals	www.llv.li
Lithuania	State Medicines Control Agency	www.vvkt.lt
Luxembourg	Ministry of Health	www.ms.etat.lu
Malta	Medicines Authority	www.medicinesauthority.gov.mt
Netherlands	Medicines Evaluation Board	www.cbg-meb.nl/cbg/nl
Norway	Norwegian Medicines Agency	www.legemiddelverket.no
Poland	Office for Registration of Medicinal Products, Medical Devices and Biocidal Products	www.urpl.gov.pl
Portugal	National Authority of Medicines and Health Products	www.infarmed.pt
Romania	National Medicines Agency	www.anm.ro
Slovakia	State Institute for Drug Control	www.sukl.sk
Slovenia	Agency for Medicinal Products and Medical Devices of the Republic of Slovenia	www.jazmp.si
Spain	Spanish Agency for Medicines and Health Products	www.aemps.gob.es
Sweden	Medical Products Agency	www.lakemedelsverket.se
United Kingdom	Medicines and Healthcare Products Regulatory Agency	www.mhra.gov.uk

5.10.4　中国药物批准信息

我国药品与医疗器械上市申请由 CFDA 负责审批。CFDA 官网的数据查询栏目提供所有已批准药物信息。药品审评中心（Center for Drug Evaluation，CDE）的数据查询功能则与之有所不同，已有批准文号与在审品种信息、新报任务公示、受理目录浏览等栏目从不同角度对药物的批准和申请信息进行了披露。已有批准文号与在审品种信息将药品归属于不同的适应证,以药品的主要化合物(主要药效成分)代表药品,统计该药品的注射和非注射剂型的批准和在审信息。利用受理目录浏览可以按年度、药品类型(中药、化药等)、申请类型(新药、进口、仿制等)限定查询范围,或者直接输入特定的受理号、药品名称进行查询。新报任务公示栏目公开了中药、化药和生物制品三大类别的药物审评状态信息,如受理号、进入 CDE 时间、审评状态(排队待审评、正在审评中、暂停)、专业审批状态(药理毒理、临床、药学)及备注,也可通过受理号直接查询特定药物审评状态。CFDA 网址为 http://www.sfda.gov.cn, CDE 网址为 http://www.cde.org.cn/。

其他网站的数据库也可提供类似信息,如药智网的药品注册与受理数据库(http://db.yaozh.com/index.php? action=zhuce)、丁香园 Insight 数据库(参见 5.1.11 节)。

5.10.5　PharmaPendium

PharmaPendium 是 Elsevier 旗下的一款综合药物安全信息数据库,也是唯一能够检索美国 FDA 和欧洲 EMA 药物审批文件全文的数据库,能帮助用户获得药物临床前和临床数据,以及药物上市后的安全性信息。PharmaPendium 涵盖了药物毒理和药代动力学的广泛信息。它包含以下子库:FDA 药物审批文件数据库、EMA 药物审批文件数据库、Meyler 药物副作用、Adverse Event Reporting System(AERS 数据库)、靶点信息库、毒性数据库、代谢数据库等。网址是 http://www.elsevier.com/online-tools/pharmapendium。

5.10.6　Newport Premium

Newport Premium 是汤森路透推出的数据库平台,目前已成为提供全球仿制药市场状况的权威数据库。该平台跟踪和监测全球 90 个国家(包括中国和印度)的上市品种、原料药进展情况、专利活动等信息,囊括超过 4 万个上市产品、30 万个商品名、1 万种原料药和 2 万个生产/销售厂家。利用该平台,可以在全球范围内寻找原料药和中间体买家,并从中筛选出最有合作希望的买家,随时跟踪国内外各个擅长选项的药企的最新原料药品种,根据每个品种的销售数据、原料药厂家情报、制剂厂家情报、专利情报、药政情报及合成路线等信息全方位评估并筛选出适合跟进的品种。网址是 https://login.thomsonreuterslifesciences.com/newport。

5.11　报纸检索

报纸是以刊载新闻和时事评论为主的定期向公众发行的印刷出版物。医药类报纸集中报道医药相关的政策、新闻、评论、广告等。随着信息时代的到来,报纸在信息传递的速度上表现出一定的滞后性,也不利于检索,但是不少人仍然保留纸面阅读的习惯,而且报纸经常就某个专题发表新闻和评论,或对有价值的新闻对象进行专访等,报道具有连续性和深度,因此报纸仍然具有不可替代的作用。不少报纸全文已经电子化,而未电子化的报纸的重要信息也会被各类数据库收录。本节的报纸检索是指利用数据库查询报纸的信息。

5.11.1 中国重要报纸全文数据库

该数据库由 CNKI 主办,是以重要报纸上刊载的学术性、资料性文献为收录对象的动态更新的数据库。数据库收录 2000 年以来中央级、全国性报纸和发行量大、有一定影响力的地方性报纸及特色报纸的内容(广告已被过滤),至 2010 年底累积收载全文 795 万篇。数据库采集报纸文章速度较快,网络出版平均不迟于纸质报纸发行后 5 天,年更新约 150 万篇。

数据库分为十大专辑:基础科学、工程科技Ⅰ辑、工程科技Ⅱ辑、农业科技、医药卫生科技、哲学与人文科学、社会科学Ⅰ辑、社会科学Ⅱ辑、信息科技、经济与管理科学。十大专辑下分为 168 个专题文献数据库和近 3 600 个子栏目。医药卫生科技专辑分设与医药卫生相关的方针政策与法规、教育、医学各分支、药学、中药学、生物医学工程等专题。数据库发行方式包括 Web 版、镜像站版、光盘版及流量计费等。

5.11.2 中国报纸资源全文数据库

方正阿帕比技术有限公司联合全国各大报社开发了以国内报纸资源为主体的全文数据库系统。收录全国各大报业集团的核心报纸 500 余种,每月新上架 25～30 种。所有报纸均收录全部版面和文章,能进行报纸原版翻阅。数据库设有时政、财经、行业、文化娱乐等专题板块,并随时推出时事热点专题。数据库不仅支持 Web 访问,还可以通过主流移动平台进行阅读。

5.11.3 百链报纸检索

百链是一个数字图书馆专业学术搜索门户,提供中外文文献数据搜索。百链将 700 多家图书馆馆藏书目系统、电子书系统、中文期刊、外文期刊、外文数据库进行了系统集成,用户直接通过网上提交文献传递申请,通过所在成员馆获取文献传递网成员单位图书馆丰富的电子文献资源。百链数据源也包括报纸在内,通过检索可以获取报纸全文。网址是 http://www.blyun.com。

5.11.4 Access World News

Access World News 是由美国 NewsBank 公司推出的全球性外文报纸数据库,所收录的内容既有世界上著名的大报,也有各国家和地区的地方性报纸。内容涉及经济、商业、财政、政府、政治、环境、科技、文化、教育、体育、艺术、健康。目前提供 1 800 多种世界各地主要报纸(其中包括 100 余家主要通讯社与 10 余家主要电视台)。数据库以英语资源为主,同时包括西班牙语、法语、德语、意大利语、葡萄牙语资源。数据时效性较强,每日更新,大部分报纸当天即可阅读。回溯内容丰富,最早可到 20 世纪 70 年代。大部分报纸提供全部文章全文,少量报纸提供部分文章全文。网址为 http://www.newsbank.com。

5.12 年鉴

年鉴是逐年出版,提供相应年份内各行现行资料的工具书。年鉴系统汇集上一年度的重要信息,以全面、系统、准确地记述上年度事物运动、发展状况为主要内容。年鉴集辞典、手册、年表、图录、书目、索引、文摘、表谱、统计资料、指南、便览于一身,具有很高的社会价值和研究价值。

年鉴在英语中有 3 种表示方法:Yearbook、Annual 和 Almanacs。西文的 Yearbook 类年鉴,主要以描述与统计的方式提供前一年的动态性资料和各项最新信息及连续统计数字。Annual 类年鉴,一般逐年综合述评某个领域的进展状况,多为专科性年鉴。Almanacs 类年鉴,是以历法知识为经,以记录生产知识、社会生活为纬的年鉴出版物,它与 Yearbook 在内容上有区别,Yearbook 不收录回溯性资料,而 Almanacs 有回溯性资料。

5.12.1 中国年鉴网络出版总库

CNKI 旗下的中国年鉴网络出版总库是目前国内最大的连续更新的动态年鉴资源全文数据库。内容覆盖基本国情、地理历史、政治军事外交、法律、经济、科学技术、教育、文化体育事业、医疗卫生、社会生活、人物、统计资料、文件标准与法律法规等各个领域。该库收录了 1912 年至今的中央、地方、行业和企业等各类年鉴的全文文献共 2 688 种、21 442 本、18 602 738 篇。网址是 http://epub.cnki.net/kns/brief/result.aspx?dbPrefix=CYFD。

年鉴内容按国民经济行业分为农、林、牧、渔业,采矿业,制造业,电力、燃气及水的生产和供应业,建筑业,交通运输、仓储和邮政业,信息传输、计算机服务和软件业,批发和零售业,住宿和餐饮业,金融业,房地产业,租赁和商务服务业,科学研究、技术服务和地质勘查业,水利、环境和公共设施管理业,居民服务和其他服务业,教育,卫生管理,社会保障与社会福利业,文化、体育和娱乐业,公共管理和社会组织,国际组织等 21 类行业。地方年鉴按照行政区划分类共 34 个(包括台湾)。

药学相关的年鉴主要有《中国卫生年鉴》《中国药学年鉴》《中国中医药年鉴》《中国非处方药物年鉴》《国际合理用药与 WHO 公报汇编》《上海医药生物工程年鉴》等。

5.12.2 其他药学年鉴

《中国食品药品监督管理年鉴》由国家食品药品监督管理局主编,1999 年出版首卷,收录重要会议和报告、政策法规、药品注册管理、药品安全监督管理、药品市场监督管理、药品国家标准工作、药品检验工作、医疗器械监督管理、地方药品监督管理等内容。

《中国医药卫生改革与发展相关文件汇编》由中国药学会药事管理专业委员会从 2000 年开始编辑出版,收录国家关于医药卫生系统实施改革与发展的法律、法规、部门规章制度,以及国家医药卫生体制改革配套文件、国家医药卫生发展规划、国家医药卫生监督管理等指导性文件。

《美国医学会药物评价年鉴》主要收录在美国试用的和各种非法定的用于治疗、诊断预防人类疾病的最新药物。

5.13 法律法规检索

5.13.1 CNKI 中国法律知识资源总库法律法规库

该库收录宪法、法律及有关法律问题的决定、行政法规及规范性文件、军事法规及文件、地方性法规及文件、部门规章及文件、地方政府规章及文件、司法解释及文件、行业规定、国际条约、团体规定等内容,所收录文本均为官方正式文本。截至 2016 年 3 月共收录 91 万篇,年更新 8 万篇。网址为 http://law1.cnki.net/law/brief/result.aspx?dbprefix=CLKLP&catalogName=CLKL_CLS。

5.13.2 万方中国法律法规数据库

该库主要由国家信息中心提供,包括 13 个基本数据库,涵盖国家法律法规、行政法规、地方法规、国际条约及惯例、司法解释、合同范本、案例分析等,涉及社会生活各个领域。数据格式采用 HTML 格式。全库收录自新中国成立以来全国人民代表大会及其常委会、国务院及其办公厅、国务院各部委、最高人民法院和最高人民检察院以及其他机关单位所发布的国家法律、行政法规、部门规章、司法解释以及其他规范性文件。除利用关键字检索外,数据库还提供按效力级别、内容分类等方式进行浏览。网址为 http://c.wanfangdata.com.cn/Claw.aspx。

5.13.3 北大法律信息网

该网站是北大英华公司和北大法制信息中心共同创办的法律综合型网站,创立于 1995 年,是互联网上第一个中文法律网站。北大法律信息网下设法学在线、法律网刊、法律新闻、法律专题等栏目。另外该网站提供中文法律法规、司法案例、法学期刊、律所实务、专题参考、英文译本、法宝视频七大数据库的在线检索服务。网址为 http://www.chinalawinfo.com。

5.13.4 IDRAC(全球药政法规条例)

IDRAC(International Drug Registration Assisted by Computer)由汤森路透开发,提供全球药政法规重要条例。IDRAC 包含超过 59 个国家(组织)的 75 000 份重要文件,最早可追溯到 1885 年,每周新增或更新 600 篇。IDRAC 收录范围为各国的药政法规及总结报告、欧盟成员国重要法规比较、欧盟法规未来发展趋势、欧盟专家工作组总结、FDA 专家顾问组总结、成员简历、投票历史记录与统计、FDA 检查报告、联邦行政法典(Code of Federal Regulations, CFR)时间表、FDA 研讨会总结报告、FDA 批准药物报告、临床化学检验 SOP(Standard Operating Procedure)模板、药物上市后安全检测以及中国、日本、韩国等地区相关文档的英文翻译。IDRAC 不仅收集原始文件,还对其进行了分类和标引,加上了英文题目与摘要。同一文件提供新旧版本的比较分析。

5.13.5 国家或组织的药事法规

欧盟的药事法规较为复杂,它主要分为有法律约束力的条例(Regulations)、指令(Directions)、决定(Decisions)和没有法律约束力的通告(Notices)、建议与意见(Recommendations and Opinions)。它们均可从欧盟关于药事法规的数据库 Eudralex 中获取。网址为 http://ec.europa.eu/health/documents/eudralex/index_en.htm。

美国药事法规是目前世界上最系统、最完整、最科学的药事法规之一。美国建立了美国法典(United States Code, USC, http://uscode.house.gov/)和 CFR(Code of Federal Regulations, http://www.gpo.gov/fdsys/browse/collectionCfr.action? collectionCode=CFR 或 http://www.ecfr.gov/cgi-bin/text-idx? tpl=%2Findex.tpl)两大法律数据库,从中可查找法律原文。与药品有关的法律、规章分别位于 USC 和 CFR 中的第 21 部。

日本药事法规可由厚生劳动省法令数据库等系统检索获得,网址为 http://wwwhourei.mhlw.go.jp/hourei。

中国药事法规以《中华人民共和国药品管理法》为核心,包括《中华人民共和国药品管理法实施条例》《中药品种保护条例》《医疗用毒性药品管理办法》《麻醉药品管理办法》《精神药品管理办法》《中药材生产质量管理规范(试行)》《药品生产质量管理规范》《药品非临床研究质量管理规范》《药品临床试验管理规范》《药品经营质量管理规范》《药品注册管理办法》《药品生产监督管理办法》《药品流通监督管理办法》《药品不良反应监测管理办法》《麻黄素管理办法》和《药品包装、标签和说明书管理规定(暂行)》等,另外还包括《中华人民共和国药典》等技术标准。法规条文可以从 CFDA 信息公开栏目下的法规文件子栏目处浏览或检索(http://www.sfda.gov.cn/WS01/CL0006)。

5.14 本章小结

药学信息包含的范围十分广泛,如药学基础研究、新药报批、生产、销售、监管、不良反应监测等信息,相应地提供这些信息的数据源也很丰富。本章围绕药学从业人员的实际需求,介绍了与上述药学信息密切相关的常用数据库、网站和参考书,简述它们的用途、使用方法和获取方式。现在各类信息源的数据更新、系统升级比较频繁,因此在使用过程中要及时跟踪最新进展。

☞ **习题**

1. 请尝试登录本章介绍的数据库和网站,检索感兴趣的信息。学习数据库及网站的用法,同时请留意它们是否增加了新的功能。

2. Thomson Reuters Pharma 数据库的特色是什么? 它和 Integrity 数据库有哪些异同?

3. 新药信息检索方面的中文数据库有哪些? 如果想查找某种药物在国内医院的处方销售情况,可以尝试哪几个数据库?

4. 请列举出世界上的三大主流核酸序列数据库。

5. Uniprot 数据库的数据量是否比 SWISS-PROT 或 EBI 的要小? 为什么?

6. 为什么药典具有法律性质和约束力?

7. 请写出中国、美国、欧洲、日本、英国、国际药典的英文全称和简称。
8. 我国新药的技术审评机构是什么？
9. 请列举药物毒性信息检索的常用平台。
10. 简述药物在欧盟上市的基本途径。

➢ 管理利用篇

第 6 章 信息管理与利用

现代社会是信息社会,能否获得信息、分析和利用信息直接影响问题的解决与否。对于科学研究,更需要全面掌握已有成果的信息,从而在更高的层面上提出超越性的思路。因此,科研人员必须具备三方面的信息能力,即信息的获取能力、信息的管理能力、信息的分析和利用能力。

检索者面对的是海量信息资源,检索、阅读、利用这些信息都要花费大量精力。一些传统的方式,如保存文献全文、做笔记、写卡片等已经无法适应现在的形势。随着时间推移,个人信息库可能出现信息全文无序存储、已读信息主题与记忆错配、反复调整手工输入的参考文献顺序和格式等问题,严重影响工作效率。因此有必要借助信息管理软件,将网络上的信息资源与个人的信息库整合起来,提高对信息的管理与分析能力,使之条理化、有序化,便于评估知识和信息结构,开展针对性的学习和调研,促进隐性知识转化为显性知识,激发创新。

6.1 网页信息管理

浏览或搜索网页过程中发现符合要求的信息时,检索者常常采用复制、收藏网址或网页另存为的方式保存这些网页,但有的网页无法复制文字,图片和视频等多媒体数据也难以完全实现本地保存;即使是已保存的资料,也难以对其进行整理和查找。目前有多款可以实行网页信息管理的软件,如 EverNote(印象笔记)、OneNote、CyberArticle、Websaver 等。本节选择其中常用的 CyberArticle 加以介绍。

CyberArticle 曾用名为网文快捕(WebCatcher)、eLib 电子图书馆,是一款支持信息导入、导出和共享的网页管理软件。当前版本为 V5.5,其主要功能如下:

1) 保存资料

CyberArticle 可以在各种浏览器内收集保存网页,如 IE 及以 IE 为核心的浏览器、Firefox、Google Chrome、苹果 Safari、Opera 等浏览器。它会将网页及网页内的各种元素都加以保存,甚至包括网页视频。另外该软件还能够收集导入 Office 文档、PDF 文件、程序代码文件、图片、Flash 文件及电子邮件等。

2) 整理资料

CyberArticle 可对资料进行多重分类,设置多个标签;对资料进行排序、标记颜色、批量处理等;另外还可将所有的资料都保存成 HTML 文件,从而以同样的方式对多种资料进行管理,例如全文检索、批量输出、制作电子书等。CyberArticle 支持文件加密,能够提高个人资料的保密性。

3) 共享资料

CyberArticle 支持多人同时访问一个资料库,保存、整理或修改里面的数据。可利用 WebShare 组件将资料发布到浏览器端,脱离客户端,随时随地访问数据。另外,软件支持版本控制功能,可以保留每一个历史修改记录。

4) 编辑文章和日记

用户可以利用 CyberArticle 新建文章和日记,便于随时记录个人想法,同时可以插入 HTML 代码、图片、视频等,构建丰富多样的个人资料。

5) 开放扩展接口

CyberArticle 公开了数据资料的保存方式,提供二次开发接口。用户可以使用脚本语言来扩展软件的功能,也可以使用高级语言来编写插件,定制个性化服务。

该软件简单易学,因此对其操作不再赘述。软件使用时的基本界面如图 6-1 所示。

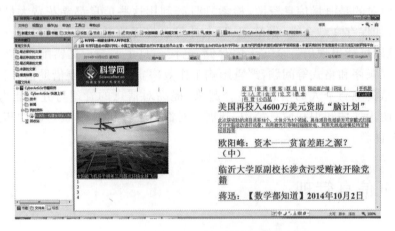

图 6-1　利用 CyberArticle 保存科学网首页

6.2　文献管理

科技文献是数量巨大且可靠性高的重要信息源。关于查找文献的知识已经在本书其他章节讲解,而管理文献,进而分析挖掘有用信息的能力更加重要。本节将介绍常用的几种文献管理软件,并就 EndNote 的使用做重点阐述。

6.2.1　概述

文献管理软件是由国外首先开发的,随后国内也有少量自主开发的类似软件。由于设计理念较为类似,因此各种软件基本都具有以下四大功能。

1) 可以建立专属的参考文献数据库

以多种方式自动生成参考文献数据库,包括互联网上国内外电子图书馆、国内外各大主流数据库文献的在线导入、Google 学术搜索在线导入、本地文件导入、手动输入等;可以分门别类(按总目录—分目录—子目录)地管理库中的文献(包括电子书),如整合、剔除重复信息、备份数据等。

2) 阅读参考文献和编辑记录信息

参考文献数据库中的记录与文献的 PDF 或其他格式文件关联,可以在文献管理软件中直接将其打开并阅读。可对文献记录进行更新,设置记录的显示格式。

3) 检索和分析参考文献

软件可对文献记录进行检索,如以检索词在文献的题目、摘要、关键词等处进行检索,从而查找到需要的文献。另外还可按照一定的主题,如文献发表年份、作者、出版物等,对数据库中的文献进行统计分析。

4) 在文档编辑软件中管理参考文献

多数软件支持主流文档编辑软件(如 Word),可以在文档的指定位置插入参考文献,自动根据参考文献出现的顺序编号,按选择好的格式(软件预定义的或自定义的格式)将引用的文献信息附在文档的末尾。如果在文档中间插入了引用的新文献,软件将自动更新编号和文档末尾的文献信息。

6.2.2 常见文献管理软件

国外开发的文献管理软件较多,最初对中文的支持度较差,现在则有所改善。

Biblioscape,由 CG Information 公司出品,为收费软件,最新版本为 V10.0。它除了具有文献管理功能外,还包含文献分析工具。Biblioscape 版本较多,可满足不同研究者的需要。另外该软件支持中文,但仅支持 GB 2312 编码。

ReferenceManager、ProCite 和 EndNote 均由汤森路透公司出品,为收费软件,三者功能强大,各有特色。其中 ProCite 已经于 2013 年停止销售,使用最广泛的则是 EndNote。

Jabref 是一款开源的跨平台文献管理软件,适用于 Windows、Linux 和 Mac OS X 系统。其最大的特点是使用 BibTeX 格式的数据库,该格式是 LaTeX 软件下的标准文献格式,因此它最适合 LaTeX 用户使用,目前版本为 V2.10(http://jabref.sourceforge.net)。

Bibus 也是一款免费软件,支持文献分组,可以在 Word 及 OpenOffice 中插入文献,自动生成参考文献目录,无须安装插件或运行宏。该软件支持中文,目前版本为 1.5.1(http://bibus-biblio.sourceforge.net)。

Zotero 较为特殊,它是一款浏览器插件,能够安装在 Firefox 2.0、Netscape Navigator 9.0 或 Flock 0.9.1 上,但不支持 IE。Zotero 不仅具有文献管理软件的功能,而且有较强的网络应用功能(http://www.zotero.org)。

Citeulike 是由 Springer 集团开发的免费在线文献管理与分享平台,可以便捷存储网上的文献并与 PDF 全文链接,还具有文献自动推荐功能,可以与他人分享文章,了解某一文章的阅读人群(http://www.citeulike.org)。

国内也开发了若干优秀的文献管理软件,运用较广泛的分别是 NoteExpress、Notefirst、医学文献王和 PowerRef。

NoteExpress 由北京爱琴海公司出品,功能较 EndNote 丰富,且符合中国人使用习惯。但是该软件历史较短,稳定性和设计细节还需进一步改进。当前版本为 V3.2.0.6941,提供 60 天的试用,购买费用较低廉(http://www.inoteexpress.com)。

Notefirst 是由西安知先信息技术有限公司基于 Science 2.0 理念开发的,倡导共享与协作。软件支持多种文件格式,并集成了多语言系统。可免费下载,基本功能使用免费,但高级功能需要购买。目前版本为 V4.3(http://www.notefirst.com)。

医学文献王是由北京金叶天翔科技有限公司开发的,功能上综合了 EndNote 和 Biblioscape 二者的特长,并且在数据获取和输出格式上实现本土化(可直接从 CNKI 等中文数据库中导入参考文献),医学从业人员使用得较多。当前版本为 V4.0,须付费使用(http://www.medscape.com.cn)。

PowerRef 由北京神州慧达科技发展有限公司于 2005 年推出,能够实现参考文献的收集、整理及引用参考文献时的自动输出和排序,目前已经停止更新。

此外,还有许多软件,如 RefWorks、Aigaion、Bebop、Citavi、Connotea、Qiqqa、Refbase、Scholar's Aid、WizFolio 等。读者可依个人兴趣自行了解。

6.2.3 EndNote

EndNote 是目前使用最广泛的文献管理软件,当前版本为 X7。其界面简单,搜索查询方便,可与 Word 无缝链接。软件支持 Z39.50 标准,可以检索所有采用该标准的数据库。该软件支持 GB 2312 和 UTF-8 编码,因而对中文参考文献的兼容性良好。另外 EndNote 还推出了在线版(Online),用户注册后可以直接在浏览器上建立和访问自己的文献数据库,功能与单机版类似。

1) 基本功能

EndNote 可将不同来源的文献信息下载到本地,建立本地数据库,从而方便地实现对文献信息的管理和使用。工作原理如图 6-2 所示。

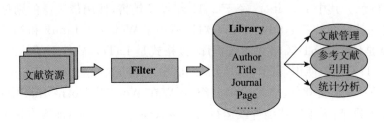

图 6-2 EndNote 工作流程

(1) 在线搜索文献:利用 Z39.50 标准,从 EndNote 中可以进入全世界绝大多数的文献数据库,并将连接和搜索这些数据库的设置用 Connection Files 的形式储存起来。使用时,可以直接从网络搜索相关文献并导入 EndNote 的文献库内。

(2) 管理文献:在 EndNote 中可以建立文献库和图片库,收藏、管理和搜索个人文献和图片、表格,能够方便地对库中的文献进行再检索、个性化编辑、去除重复、统计分析等。

(3) 定制文稿样式:EndNote 提供了绝大多数杂志的参考文献格式,可以直接应用,也可以在此基础上自定义。另外,它还提供许多杂志社的文稿模板。

(4) 编排引文:借助 EndNote 的参考文献格式或自主定义,完全能满足各种情况下对引文格式的要求。再利用 Word 等软件中的 EndNote 插件,可以自由地插入参考文献,编辑显示样式。

2) 建立文献数据库

新建数据库(Library)既可以在第一次启动软件时选择 Create a new EndNote Library，也可以选择菜单 File—New，输入数据库文件地址和名称。新建的数据库如图 6-3 所示，文件后缀名为 enl。

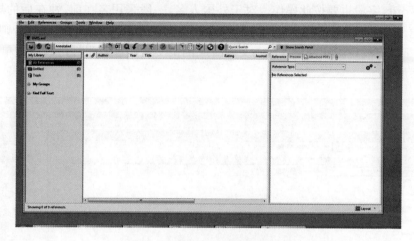

图 6-3　新建的文献数据库界面

向数据库中输入数据的方法主要有 4 种，分别是手工添加、网站输出、在线检索和格式转换。手工添加主要针对少量文献，数据量较大时，操作繁琐。网站输出和在线检索都很便捷，可以快速向数据库中导入大量数据。出版商网站输出的文献记录只局限于他们的固定出版物；Google Scholar 或 Web of Science 可以检索各个数据库的文献，输出文献记录的综合性较强，两者相互结合可使网站输出的文献记录更加多样。EndNote 本身还提供 Online Search 功能，能直接与各大文摘型和全文型数据库连接，通过输入检索项，直接接收上述数据库的检索结果。有些网站输出文献记录格式较特殊，无法直接导入 EndNote，需要做一定的格式转换。

(1) 手工添加：点击菜单 References—New Reference，或单击数据库的快捷工具栏，或使用快捷键 Ctrl+N，均可向数据库中插入一条新的记录(图 6-4)。

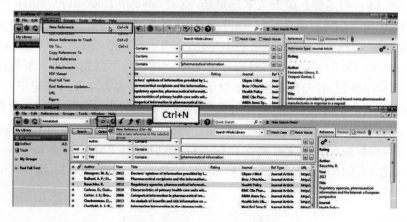

图 6-4　手工添加文献记录

新建文献记录的页面如图6-5所示,每条记录由多个字段组成,如Author、Year、Title、Journal、Volume、Issue、Pages、Start Page等。Reference Type下拉菜单提供了不同的文献类型,如Journal Article、Book、Patent、Conference Paper等,共51种。选定相应字段,输入对应的信息即可。但须注意,Author字段输入时必须一个人名占一行,以避免软件误认,Keywords字段也要按此操作。对于外国人名,一般采用名在前、姓在后的规则排列,名后加上逗号以示区分。如果某个名字第一次在数据库中出现,则显性标红,否则为默认的黑色,其他字段有的也服从这一规律。文献对应的全文或图片等附件可以通过单击Attach File进行添加。

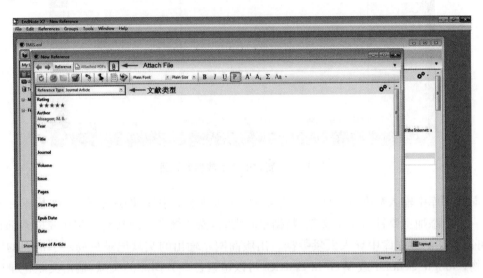

图6-5 编辑空白文献记录

(2) 网站输出:从许多出版商网站和文献搜索引擎都可以直接导出EndNote格式的文献记录。Web of Science(WOS)是检索SCI文献的权威引擎,Google Scholar的搜索结果更加丰富,下面以从这两个网站导出文献为例加以阐述。

首先在WOS上按照检索策略进行文献检索,利用Refine Results精炼检索结果,选择排序方式(Sort by),勾选感兴趣的文献或全选,点击Save to EndNote Online下拉框,可以选择保存文献记录至在线版或单机版EndNote。选择在线版,WOS要求以注册过的邮箱登录,然后已选择的文献记录下方出现红色EN标志,表示记录已经保存。单击红色EN,会自动跳转到EndNote Online页面,在"我的参考文献"面板中,可以发现处于未归档状态的新保存记录。选择单机版,首先指定保存多少条记录(一次最多500条),确定记录内容,指出是否保存摘要。点击Send,网页自动弹出保存"savedrecs.ciw"文件的对话框,如果选择默认的"Web Export Helper"打开方式,单击确定后文献记录会被自动导入至EndNote中;如果选择保存文件,则相应的ciw文件将保存到本机,然后打开EndNote菜单File—Import—File…,在对话框中选择要导入的ciw文件,Import Option设为ISI-CE,执行后文献即被导入数据库中(见图6-6a～e)。

第 6 章　信息管理与利用

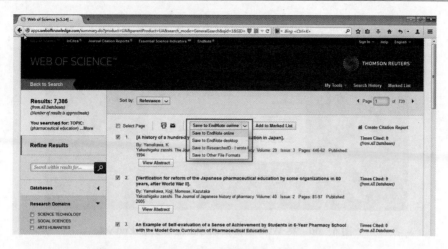

图 6-6a　将 WOS 检索结果导出至在线版 EndNote

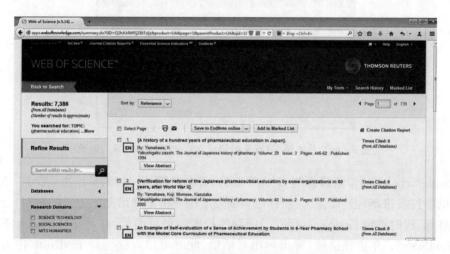

图 6-6b　已导出至在线版 EndNote 的文献记录

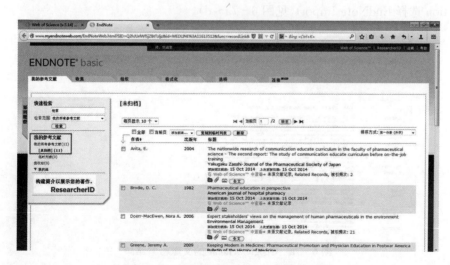

图 6-6c　在线版 EndNote 中的参考文献

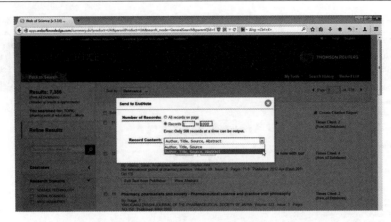

图 6-6d 将 WOS 检索结果导出至单机版 EndNote

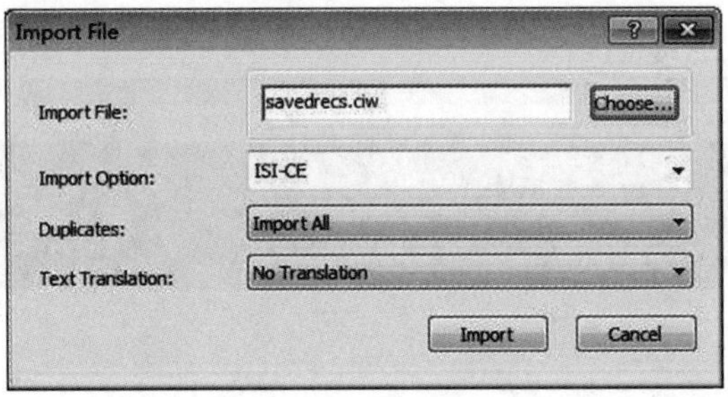

图 6-6e 从本地 WOS 文献记录文件向 EndNote 导入记录

Google Scholar 的检索界面与 Google 一样,都非常简洁。如需导出检索结果,点击页面右上方的下拉按钮,单击"设置"。新弹出页面要求用户指定导出文献记录的数目、参考书目管理软件等,这时选定 EndNote,保存。回到原检索结果页面后,在每条文献记录下方出现"导入 EndNote"。单击该链接,弹出导出对话框,此时可以直接选择 EndNote 作为打开方式;也可以先将"Scholar.enw"文件保存至本地,随后利用 EndNote 的 Import 菜单导入,Import Option 选择 EndNote Import(见图 6-7a~d)。

图 6-7a Google Scholar 的文献检索结果

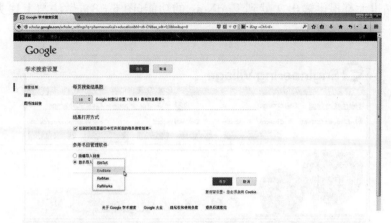

图 6-7b 设置 EndNote 作为 Google Scholar 的参考文献管理软件

图 6-7c Google Scholar 检索结果导入至 EndNote 的链接

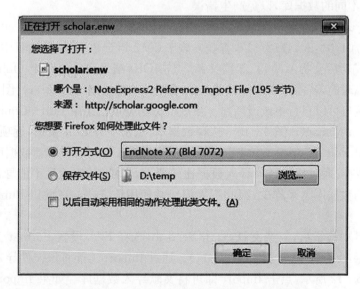

图 6-7d Google Scholar 检索结果的导出对话框

其他网站也大都提供输出文献到 EndNote 的功能(图 6-8),做法与上述类似,因此不再赘述。

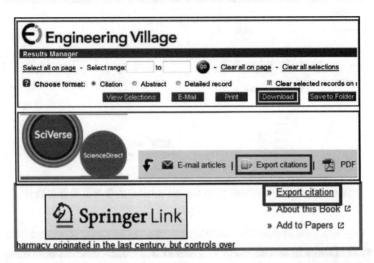

图 6-8　Engineering Village、ScienceDirect、Springer 数据库导出参考文献的链接

(3) 在线检索:EndNote 提供在软件中直接检索各大主流数据库的"Connection"(接口),因此用户不必反复切换网络数据库,就可以在该软件中实现多个库的检索。

首先,点击菜单 Tools—Online Search,选择需要检索的数据库,单击 Choose,如果电脑已经接通互联网,则弹出检索界面。根据需求,可在不同字段中输入检索词,利用 And、Or 或 Not 组成逻辑表达式,点击 Search 执行检索。字段的属性可以通过下拉按钮进行更改,如需增减检索字段,直接单击"+"或"-"按钮。对于常用的检索策略,可以在 Option 按钮下选择 Save Search,再次使用时选择 Load Search 载入已保存的策略,这样可以省去反复编辑检索词的麻烦。需注意的是,不同数据库提供的检索字段有差别,使用已保存检索策略时,不要应用于不同的数据库,以免产生错误。

例如选择 PubMed 进行在线检索,在 Title 字段输入"pharmaceutical education",Year 字段输入"2012/01/01:2014/12/31",查找发表于 2012 年至 2014 年且题目中含有药学教育的文献。检索成功后会提示检得 23 篇文献,点击 OK,结果自动保存至 Online Reference。但是该目录是临时的,若需长期保存这些文献,须将其复制到本地 Library(图 6-9a~c)。

数据库的接口可以自行更改或新增。更改的做法是点击菜单 Edit—Connection Files—Open Connection Manager(图 6-10),选择数据库,点击下方 Edit 按钮,逐项修改。新增的做法是点击菜单 Edit—Connection Files—New Connection,逐项添加新数据库的相关内容。

(4) 格式转换:通过格式转换导入数据比较费力,容易出错,而且不能导出 EndNote 格式的参考文献的数据库越来越少,因此不提倡经常使用该方式。在此以 PubMed 为例简单介绍该方法。

在 PubMed 中检索后,勾选文献,点击 Send to,选择 File,设置 Format 为 MEDLINE,单击 Create File,保存为文本文件(图 6-11)。通过 Import 功能将该文件导入 EndNote,对话框设置如图 6-12 所示,点击 Import 即可将文献导入数据库。如果 Import Option 列出的几种 Filter 中没有 PubMed,选择 Other Filters,在新对话框中查找 PubMed,选中。

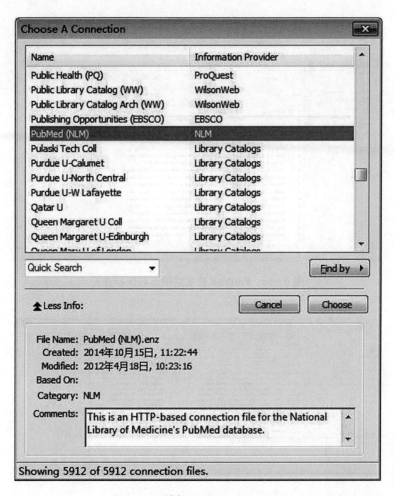

图 6-9a 选择 PubMed Connection

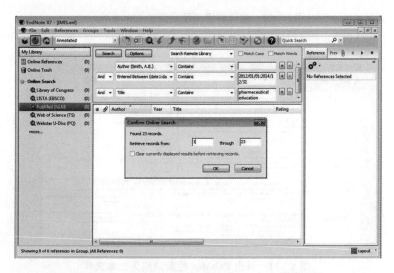

图 6-9b 利用输入检索词在 PubMed 中搜索文献

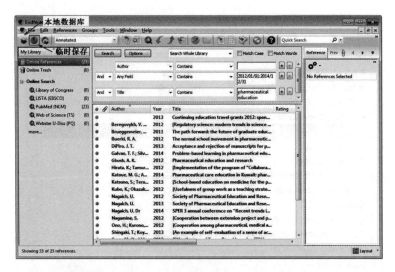

图 6-9c PubMed 检索结果及其保存方式

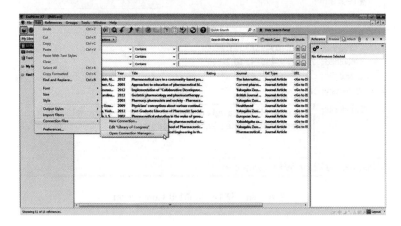

图 6-10 编辑数据库预定义的 Connection

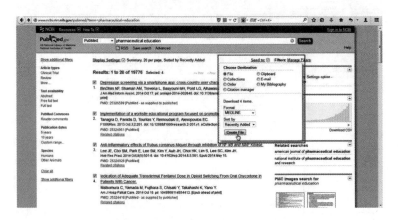

图 6-11 导出 PubMed 检索结果为文本文件

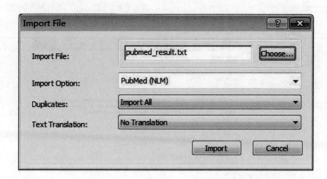

图 6-12 导入 pubmed_result.txt

此前 EndNote 无法识别 CNKI、维普和万方等中文文献数据库导出的文献记录,也不支持对它们的在线检索,但现在主流的中文文献数据库均可以导出 EndNote 格式的文献记录,因此无须考虑格式转换,直接按前文介绍的方法导入即可[Text Translation 须选择 Unicode(UTF-8)或 Chinese Simplified(GB 2312)]。

以在 CNKI 检索有关药学教育的文献为例,首先勾选感兴趣的文献,然后单击"导出/参考文献"(图 6-13)。新页面直接显示了文献记录的内容,因此既可以将内容复制后粘贴至空白文本文件中,也可以点击"导出",将内容保存为文本文件(图 6-14)。在 EndNote 中通过 Import 导入,在弹出的对话框中,选择前面保存的文本文件,Import Option 选 EndNote Import,Text Translation 选 Unicode(UTF-8),单击 Import 即可。

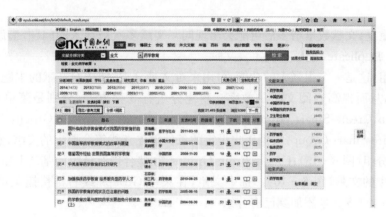

图 6-13 导出 CNKI 的检索结果

(5) 文献附件:EndNote 支持数据库的文献记录与其对应的全文文件、网页、图片或其他文件进行关联。单击菜单 References—File Attachments—Attach File,或在文献记录的右键快捷菜单上执行同样的操作,选中并打开目标文件。如此操作后,数据库会将目标文件复制到数据库的 Data 文件夹下。移动文献数据库时,这些关联的文件也会被一起转移,可避免丢失文件。查看某个文献的关联文件时,可单击 References—File Attachments—Open File 或工具栏上的 Open File 按钮,也可以使用 Ctrl+Alt+P 快捷键,调用关联文件的默认打开程序。

图6-14 保存CNKI的检索结果为文本文件

3) 管理数据库

EndNote 提供了许多数据库管理功能。

(1) 排序：针对不同的字段进行升序或降序排列。点击菜单 Tools—Sort Library，选择需要排序的字段和排序方式，或者直接单击数据库页面上方的字段名，在升序和降序之间切换。

(2) 查找：在数据库中查找感兴趣的内容。点击菜单 Tools—Search Library，数据库页面上方出现 Search 区域，可在不同字段中输入内容，进行组合查找；也可以简单地在工具栏的 Quick Search 中输入内容来查找，这种方式相当于是将该内容在所有字段中进行查找。

(3) 去重复：文献数量增多后可能会出现同一文献多次被导入的问题，借助菜单 References—Find Duplicates 能够查找重复文献。

(4) 分组：这是一个很强大的功能，可用来对文献分类，如按照文献的主题、作者、单位、研究兴趣等，从而提高查阅文献的效率。新建分组有 3 种方式，分别是菜单 Groups 下的 Create Group、Create Smart Group 及 Create From Groups。Create Group：建立一个新的空分组；Create Smart Group：根据用户设定的条件首先查找符合要求的文献，然后建立包含这些文献的分组（图6-15）；Create From Groups：在整合现有分组的基础上新建分组，如合并某些分组中的文献（图6-16）。选中文献，在菜单 Groups 或右键快捷菜单中点击 Add References to，可将文献添加到已有分组中。

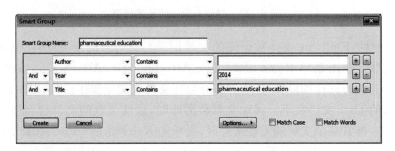

图6-15 使用 Create Smart Group 功能建立分组

第 6 章 信息管理与利用

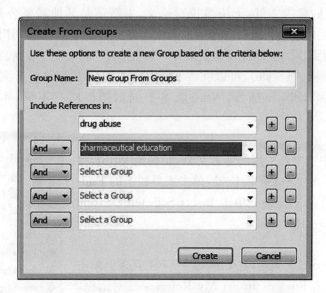

图 6 - 16 使用 Create From Groups 功能建立分组

（5）分析：按单个字段或组合字段对文献进行分析。选择菜单 Tools—Subject Bibliography，在对话框中选择需分析的字段。

（6）其他实用功能：Rating，对文献按星级打分；Read/Unread，将文献标记为已读或未读；Sync，将本地数据库同步至在线版 EndNote（图 6 - 17）。

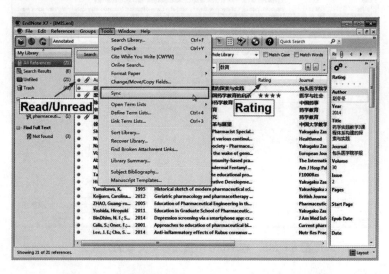

图 6 - 17 数据库的 Rating、Read/Unread 和 Sync 功能

4）数据库应用

EndNote 除了可以帮助我们管理数量庞大的文献外，还能够提高撰写论文的效率。这主要体现在两个方面，一是管理论文中参考文献的引用、格式、排序等，使用户从繁琐的样式编排工作中解脱出来；二是提供大量期刊的论文写作模板，便于用户将正文插入模板中，或直接在模板上键入正文。

(1) 管理论文的参考文献:无论是撰写论文、书籍还是其他需要公开发表的文章,都需要通过引用参考文献明确指出借鉴了前人的哪些工作和观点。不同出版机构规定的参考文献格式各异,因此参考文献的手工编排一直是困扰写作者的难题。借助 EndNote 提供的众多参考文献样式(Style),可以在 Word 中插入符合要求的参考文献。实现该功能须使用 Word 中的 EndNote 插件,Word 版本不同则插件略有不同,本节以 Word 2010 为例。

方式一

在 EndNote 中选中要引用的参考文献,切换至 Word,将光标定位至需要插入参考文献的位置,单击工具栏上的 EndNote X7,在扩展开的工具条上单击 Insert Selected Citation (s),完成插入(图 6 - 18a)。

方式二

光标定位至 Word 文档后,在 EndNote X7 工具条上单击 Insert Citation,弹出 Find & Insert My References 对话框,查找(Find)并选择要插入的文献,点击 Insert,完成插入(图 6 - 18b)。

图 6 - 18a 在 Word 中插入参考文献的方式一

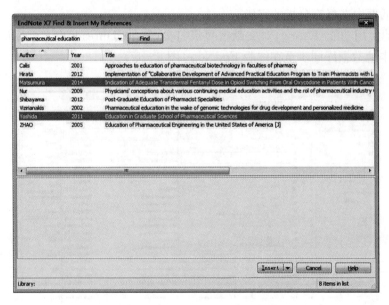

图 6 - 18b 在 Word 中插入参考文献的方式二

方式三

光标定位至 Word 文档后,切换至 EndNote,选择要引用的文献,单击菜单 Tools—Cite When You Write [CWYW]—Insert Selected Citation(s),或直接单击工具栏上的 Insert Citation 按钮,或利用快捷键 Alt+2,软件自动向 Word 中插入文献(图 6 - 18c)。

图 6-18c　在 Word 中插入参考文献的方式三

方式四

在 EndNote 软件中选择并复制相应文献记录,切换至 Word,在需要插入参考文献的位置粘贴,完成插入。

插入的参考文献可能不符合出版社的格式要求,因此须对其样式进行编排。在 Word 的 EndNote X7 工具条上点击 Style 下拉框,如下拉菜单中已有目标出版社样式,直接选择后即可;否则,单击 Select Another Style,查找并选择目标样式(图 6-19),确定之后回到 EndNote X7 工具条,点击 Update Citations and Bibliography,使参考文献立即应用当前样式。如果将 EndNote 工具条上的 Instant Formatting is off 切换为 Instant Formatting is on,则选择目标样式后,不需要再点击 Update Citations and Bibliography,程序会自动更新样式。

图 6-19　查找参考文献样式

另外一种方式是,点击 EndNote X7 工具条下端的 Configure Bibliography,弹出相应的对话框(图 6-20),在 Format Bibliography 选项卡中设置参考文献样式。With output 下拉框中列出了常用的几种样式,其他样式可以通过 Browse 按钮查找。另外,在 Layout 选项卡中可以直接设定参考文献的字体格式(图 6-21)。

图 6-20　利用 Configure Bibliography 功能设置参考文献样式

(2) 利用论文模板撰写论文:EndNote 提供 190 多种杂志的写作模板。如需向这些杂志投稿,则直接在模板的对应区域填入内容即可,省去了许多调整格式的工作。

假如要向美国化学会旗下的杂志投稿,在 EndNote 中点击 Tools—Manuscript Tem-

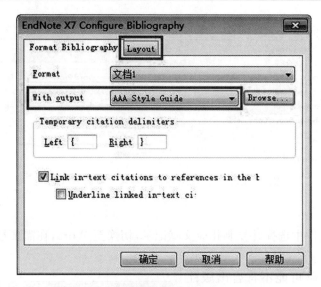

图 6-21　直接选择或浏览查找参考文献样式

plates,在新窗口中选择模板 ACS.dot。EndNote 自动打开该 Word 模板,此时可按提示逐步填入内容(图 6-22a～b)。

图 6-22a　选定论文写作模板

第一步,填写文章题目(图 6-22c)。第二步,添加作者(Authors),点击 Add Author,输入作者的名字、头衔、地址、联系方式等信息,确定;重复进行 Add Author 操作,直到添加所有作者(图 6-22d)。第三步,向文章中插入不同的 Section,如 Abstract、Introduction、Results、Discussion、Conclusion,点击完成(图 6-22e)。这样就生成了符合杂志社要求的 Word 文档。如图 6-23 所示,该 Word 文档中包含了题目与作者信息,而 Abstract、Introduction 等区域空白,通过输入或粘贴操作在这些区域添加文字和图表即可。

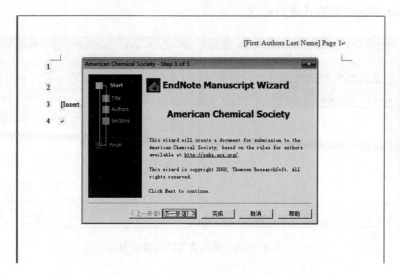

图 6-22b　开始在 Word 模板中填入内容

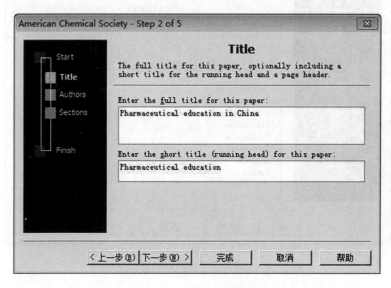

图 6-22c　填入文章的题目

5）高阶应用

除了上述普通应用外，用户可以根据需要对 EndNote 做个性化的设置。由于这些设置不是十分常用，且较为复杂，因此下面仅做概要介绍。如对这些操作感兴趣，可自行参阅 EndNote 自带的说明书（点击菜单 Help）。

前文提及 EndNote 提供了诸多杂志的参考文献样式（Style），但如果未提供自己撰写论文所需的样式，如何解决？首先可以在 EndNote 的官方网站搜索，下载所需的 Style 文件，将其复制到 EndNote 安装目录下的 Styles 文件夹里即可。如果在 EndNote 官网或互联网上找不到合适的 Style，比较有效的解决方案是找一个类似的 Style，利用 Edit 菜单中的

Output Styles 功能对其格式进行修改。

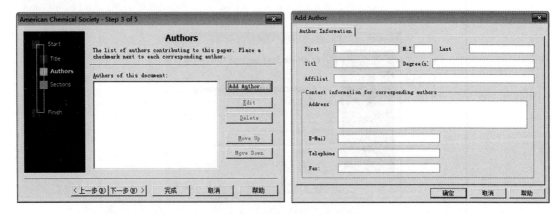

图 6-22d 填入文章的作者信息

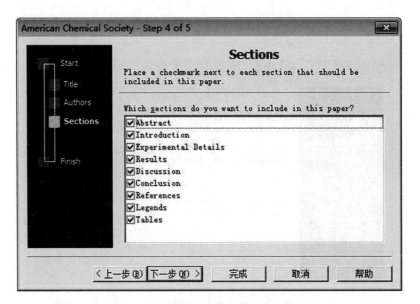

图 6-22e 选择文章中应该出现的 Section

如对当前 EndNote 的某些默认显示方式等不满意，可以在 Edit 菜单下的 Preferences 中重新设置（如图 6-24 所示）。例如，Display Fields 用来设置数据库的文献记录显示哪些字段；Find Full Text 设置软件是否使用 WOS 的链接、数字对象标识符（Digital Object Identifier，DOI）、PubMed LinkOut 或其他网址（URL）来查找文献全文；Libraries 中可以指定打开 EndNote 时自动载入哪个数据库，或不载入任何数据库；Reference Types 设定数据库默认文献种类，通常为 Journal Article；Sorting 可设定文献排序时可以忽略的单词，如 a、an、the，如果想完全按照字母排序，要将这些单词移除。

通过格式转换方式向 EndNote 中导入文献时需指定 Import Option，其实也就是选择合适的 Filter。如果现有的 Filter 无法满足需求，也可以在 Edit 菜单的 Import Filters 中新建或修改现有 Filter。

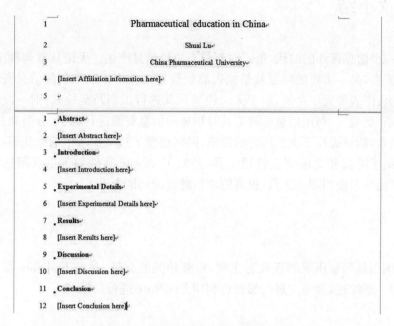

图 6-23 需进一步完善的 Word 文档

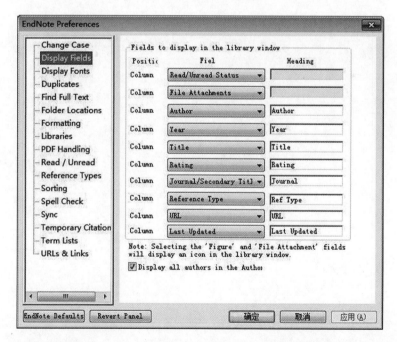

图 6-24 利用 Preferences 修改 EndNote 的默认设置

6.3 本章小结

当前是一个信息爆炸的时代,每一时刻都有海量信息产生。无论从事何种工作,在熟练掌握检索技能后,另一重要的问题就是能否高效管理工作中不断累积的信息资源。放任文献、报告、网页、图表等无序存储,由于无法快速对其进行识别乃至检索,则一段时间之后这些信息将逐渐"贬值"。利用信息管理工具对积累的信息资源进行标引、分类和整理,使信息有序化、可检索,能够提高下次使用时的效率,同时也便于进一步从中挖掘知识,提升信息价值。本章介绍了网页和文献信息管理工具,并对 EndNote 软件做了重点阐述。学习本章后,应尽量多地练习使用相关工具,提高管理信息资源的能力。

☞ **习题**

请以中国创新药物研发的现状为主题,检索相关的文献,并以 EndNote 保存。分析上述文献,撰写一篇综述,参考文献的编辑也利用 EndNote 进行。

第7章　新药项目立项调研及信息跟踪

广义的新药不仅包含创新药物,还包括仿创药物和仿制药物。总体而言,新药开发受法规政策影响大,技术风险高,开发周期长,资金需求量大(图7-1)。在这种背景下,新药项目立项时就必须对其进行全面评估和筛选,准确判断项目的发展前景和潜在应用价值,尽可能地降低风险,减少损失,从而能够顺利地完成新药创制,并推动新药尽早进入市场。

导致一个新药开发项目失败的原因有很多,除了在项目实施时遭遇无法预知且不可克服的难题之外,还有不少本可通过项目立项调研而预料并加以规避的问题。例如,一些项目在立项阶段对市场特征关注不够,对市场容量和竞争态势了解不清,从而导致产品上市后无法获得可观的利润;有的项目对技术可行性调研不足,使某一技术成为研发和生产中难以逾越的瓶颈,使产品上市时间错过了最佳的市场周期;还有项目资源不能满足生产需求,或违背了环境保护等相关要求而不能实现工业化生产等。

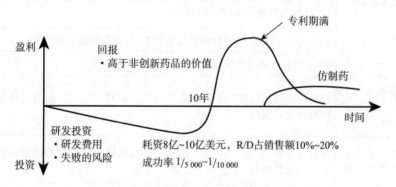

图7-1　新药研发的风险与收益

对制药业而言,新药研发是保障企业成长的驱动器。在市场需求不断变化,技术更新迅速的趋势之下,企业能否快速度、高质量、低成本地推出产品,已成为决定企业成败的关键。目前,国内医药企业都十分重视新药研发的立项。但制药行业对项目立项过程中药学信息工作的重要性和必要性的认识还不够深入。事实上,药学信息工作对于医药企业在日趋激烈的市场竞争中获得效益并快速发展是不可或缺的。而国外著名制药企业对此则较为重视,企业内部设有专门的药学信息服务机构,负责对药品从研制、生产到销售等诸多方面进行全面、系统的调研,以及相关信息资源的开发利用工作,以保证企业在新产品研制和市场开发中能够把握国内外同类药物的研发状况,借鉴他人经验,使自己的研究尽可能走在同类药物的前列。

本章将对新药项目立项调研的主要内容及其信息获取来源进行论述,另外也对项目实施阶段的信息收集工作予以扼要介绍。

7.1 新药分类

按照我国《药品注册管理办法》的规定,新药是指未曾在中国境内上市销售的药品。对已上市药品改变剂型、改变给药途径、增加新适应症的药品,不属于新药,但药品注册时按照新药申请的程序申报。据 CFDA 于 2016 年 3 月发布的《化学药品注册分类改革工作方案》,药品注册的分类如下表所示。

表 7-1 化学药品新注册分类、说明及包含的情形

注册分类	分类说明	包含的情形
1	境内外均未上市的创新药	含有新的结构明确的、具有药理作用的化合物,且具有临床价值的原料药及其制剂。
2	境内外均未上市的改良型新药	2.1 含有用拆分或者合成等方法制得的已知活性成分的光学异构体,或者对已知活性成分成酯,或者对已知活性成分成盐(包括含有氢键或配位键的盐),或者改变已知盐类活性成分的酸根、碱基或金属元素,或者形成其他非共价键衍生物(如络合物、螯合物或包合物),且具有明显临床优势的原料药及其制剂。 2.2 含有已知活性成分的新剂型(包括新的给药系统)、新处方工艺、新给药途径,且具有明显临床优势的制剂。 2.3 含有已知活性成分的新复方制剂,且具有明显临床优势。 2.4 含有已知活性成分的新适应症的制剂。
3	仿制境外上市但境内未上市原研药品的药品	具有与原研药品相同的活性成分、剂型、规格、适应症、给药途径和用法用量的原料药及其制剂。
4	仿制境内已上市原研药品的药品	具有与原研药品相同的活性成分、剂型、规格、适应症、给药途径和用法用量的原料药及其制剂。
5	境外上市的药品申请在境内上市	5.1 境外上市的原研药品(包括原料药及其制剂)申请在境内上市。 5.2 境外上市的非原研药品(包括原料药及其制剂)申请在境内上市。

注:1. "已知活性成分"指"已上市药品的活性成分"。2. 注册分类 2.3 中不包括"含有未知活性成分的新复方制剂"。

另一种药品分类方法是按照药品活性成分的新颖性,将药物划分为创新药、仿创药和仿制药。其中,创新药的含义最为明确,系指该药物的活性成分或治疗用途在以前的研究文献或专利中均未见报道。显然,创新药的"新"体现在化学结构或治疗用途新颖。更进一步来说,创新药物特指新化学实体(New Chemical Entity,NCE),即以前没有单独或作为复方成分用于人体治疗的药物。因此注册分类中的新药和创新药的定义范围存在交叉,但不重合。药品注册分类中仅有第 1 类可归属于创新药。开发创新药的周期漫长,从实验室发现新的分子开始,经过分子、细胞和动物水平的药理试验考察其药理活性、安全性以及毒性反应,了解其在动物体内的代谢过程和作用部位,再经过Ⅰ～Ⅲ期人体试验,经证实安全有效及质量可控之后,才可以获得药物监管机构的批准。一般需经历 10～15 年的时间,耗资可达数

十亿美元。但从药企获益的角度来看,由于创新药在一定时间内受专利保护,因此给企业带来的利润也是巨大的。

仿制药是指与原研药在剂量、安全性和效力、质量、作用以及适应证上相同的一种仿制品。也就是说仿制药的主要活性成分是已经在国外或国内被批准过用于制备药物的。理论上仿制药在质量和疗效上都要与原研药一致,所以在临床上与原研药可以相互替代,其价格通常较为低廉,有利于节约医疗成本。仿制药的活性成分已知,不需要再经过临床试验研究,开发难度较小。由于历史和技术上的原因,我国大部分药物属于仿制药,技术含量较低。随着国家大力倡导新药创制,我国不少药企也开始在创新药项目上投入大量资源,逐渐取得了不小的进步。

仿创药是指按照创新药的分子机制而开发的化学结构不同且具有自主知识产权的药物,其药效和创新药的相当或更优。仿创药大都以现有的药物为先导物进行研究,致力于寻找到不与创新药专利冲突的相似化学结构。有时仿创药可能比原"创新药"的活性更好,或者在药代动力学方面具有一定的特色。仿创药的开发难度介于创新药和仿制药之间。目前我国药企的研究投入和技术力量距跨国药企还有不小的差距,在创新药领域的竞争中尚处下风,然而在仿创药方面已经获得了一些突破,如抗肿瘤药埃克替尼。从仿创药的开发上积累资金,提高技术实力,为今后的创新药研发奠定基础,是我国药企追赶国际先进制药企业的优选策略。

7.2 新药项目立项调研的主要内容

新药立项要考虑五大要素,分别是背景、政策和知识产权、市场、经济、技术。

7.2.1 背景信息

新药项目的背景信息包括同类项目的国内外研发现状及本项目所处阶段和地位。国外研发现状主要是对同类药物或者被仿制药物的上市时间、上市公司、主要技术问题(技术难点),或是未上市药物的临床研究状态、适应证、优缺点等进行调研。仿制药的国内研发现状是对同一或同类项目的申报数量、临床批件数量、生产批件情况、正在研发的厂家、技术标准(药典等)进行调查;创新药主要是参照国外研发现状的要求对国内情况进行调查。对于候选项目或者进入考察阶段的项目需要调查作用机制、疗效、安全型、剂型与剂量、方便性、病人顺应性,根据国内外研发现状分析其所处的地位。若项目处于领先地位,具有某些方面的优势,则项目成功的可能性较大;若处于落后地位,还应调研是否能提高该项目的竞争力。背景信息用于初步了解项目所在领域的基本情况,同时也为进一步调研其他方面的信息提供情报。

7.2.2 政策和知识产权信息

政策信息包括新药项目或类似项目的法律状态,特别是专利保护、行政保护、监测期保护、中药品种保护、新药评审等情况,调研时应明确所保护的地域(国家)、时间(专利期内或专利期外)、范围(包括化合物专利保护、制备路线保护、制剂保护等)、类型(发明、外观、实用),避免因检索不彻底而造成的各类侵权。对于新药项目相关专利的信息调研要尤为重视,应对这些专利的潜在影响做出评估。进行仿创或仿制时,必须密切注意被仿药物的专利组合及其到期时间,保证待立项的药物不与上述专利组合中的任何一个专利产生等同侵权冲突,从而保证研发药品真正走向市场。创新药项目更加需要严格的专利调研,切实保证核心专利(化合物专利)能够授权,并提前做好衍生专利申请的布局(图7-2)。通过政策和知识产权信息调研,综合评判项目的法律状态,排除侵犯他人知识产权的可能性。如果不能排除这种可能性,则该项目失败的风险极大。

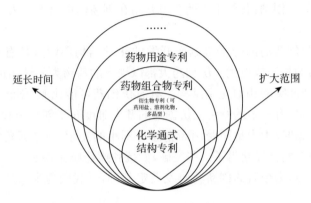

图7-2 药物专利中的常用保护策略

7.2.3 市场信息

市场信息包括新药项目的基本信息、治疗相关信息、市场容量信息和竞争信息等(图7-3)。其中基本信息包括药品的通用名、商品名、化学结构(创新药物不一定会公开结构)、剂型、规格、原研厂家和研发时间、上市国家和时间(临床研究阶段和进展)等信息。治疗相关信息包括药理机制、(潜在)适应证、疗效、安全信息、是否属于罕见病用药、医生对同类药物的使用偏好以及消费者的用药习惯等。市场容量信息包括患者的人口统计学和流行病学调查信息(发病率和发病趋势),这些信息主要用于分析用药现状和未来的治疗趋势,估算市场容量,避免在投入较大研发成本后,所研发的新药因疗效不佳或安全性差而迅速退出市场。市场竞争信息需针对国内外竞争厂家或潜在竞争对手、竞争策略、竞争产品的市场占有情况等进行收集,横向和纵向分析国内已上市和国外进口同类产品的疗效及市场占有率,调

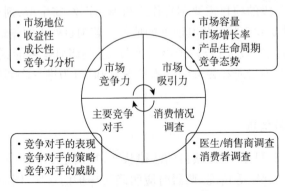

图7-3 市场信息调研的要点

研目前正处于研发阶段的替代药品,进一步了解项目的市场价值(收益性和成长性)和潜在风险(市场地位和自身竞争力)。对市场信息进行客观分析,评估项目所面临的竞争态势,即优势、劣势和潜在机会,为项目立项之后制定市场战略奠定基础。

7.2.4 经济信息

经济信息主要包括新药的前期内部调研和委托调研费用、项目购买费用(非本单位原研)、原料药和制剂研发、生产成本估算(包括辅料、催化剂、研发生产人员费用等)、非临床研究和临床研究费用、新药申报费用、创新基金申报费用,另外还需参考同类药物在国内外的当前价格及价格走势信息。目前国内大多数科研单位和生产企业的科研经费及人力有限,对于开发周期短、见效快、风险小的项目要优先考虑,积极争取;而对于开发周期长、见效慢、风险大的项目,要慎重,避免由于经费不足等原因半途而废,造成不必要的浪费。

7.2.5 技术信息

技术信息包括原料药工艺、生产制备工艺、生产检验的仪器与设备条件、生产环境要求、参考质量标准、动物模型、检测指标、病例收集的难易程度、临床研究基地、临床研究周期、非临床和临床研究资料、研发和生产人员配置等。立项之前还应调研以下药学基础研究信息,如药效学、一般药理学、毒理学及国内外相关的临床研究资料,合成和制剂(包括原料、中间体和辅料)的专利信息,国内外药品、医药中间体合成与制剂研究资料文献综述,各国药典等。技术信息调研之后应进行技术评估,对项目相关技术的先进程度、主要技术瓶颈及解决的可能性、技术实现模式、与本单位技术战略的匹配性等做出研判。

7.3 新药项目立项筛选的主要过程

立项筛选的主要过程包括对调研信息的整理分析,筛选候选项目(可行性分析、项目评估、立项决策),出具可行性论证报告,上报项目决策部门审批。

一般而言,项目筛选应当经过下面步骤(图7-4):

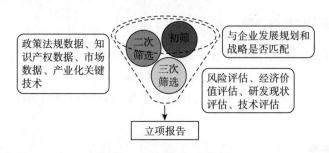

图7-4 项目筛选一般流程

(1)初步筛选:项目必须与本单位的产业发展规划和战略相匹配,如果不符合公司的产业战略规划,应排除。对于符合本单位产业布局和规划的项目,还需结合目标治疗领域、技术体系、生产体系和营销体系等进行筛选。

图 7-5 立项报告的主要组成部分

（2）第二次筛选：对于通过初步筛选的项目，仍然需要结合前期调研所得到的政策法规数据、知识产权数据、市场数据、产业化关键技术等，再次进行筛选。

（3）第三次筛选：前两次筛选虽然有不同的侧重点，也基本涵盖了影响项目立项决策的主要方面，但仍可能因为研究资料不充分而导致对项目的误判。因此有必要再次进行风险评估、经济价值评估、研发现状评估、技术评估等各方面的综合筛选。随着对项目信息细节的不断深入了解，最终更加准确地对政策和知识产权、市场、经济、技术等方面的信息进行评判，撰写出综合报告。

（4）立项报告：为通过上述筛选的项目撰写立项报告，至少应包括技术调研报告、知识产权分析报告、临床可行性报告、市场调研报告、政策和注册法规报告等（图 7-5），上报主管部门，进入企业立项决策流程。

7.4 新药项目立项调研的信息来源

进行新药项目立项调研所需要的数据源均已在前几章介绍过，本节不再对这些数据源本身做详细说明，仅概述其相关用途。

7.4.1 背景信息来源

（1）搜索引擎：Google、百度。

（2）期刊和工具书：Elsevier、Springer、中国知网、中国药学年鉴等。

（3）网络数据库：MEDLINE、Web of Science、BusinessSourcePremier、MarketResearch、中国医药信息网、医药网（PharmNet）、中国医药经济信息网、医药地理、中国药学会的医院用药数据库、南方医药经济研究所的零售药数据库、IMS 和汤森路透的系列数据库。

（4）机构网站：CFDA、FDA、WHO、中国卫计委。

7.4.2 政策和知识产权信息来源

（1）政府机构：各国卫生和药品监管部门、各国知识产权机构、WIPO、EPO。

（2）专利搜索引擎：Google Patent、百度专利、SooPat。

（3）网络数据库：SciFinder、Reaxys、IMS Patent、Derwent、INPADOC、Pharmaproject、Ensemble、Integrity。

7.4.3 市场信息来源

（1）搜索引擎：Google、百度（一般性市场信息）。

（2）期刊和工具书：Elsevier、Springer、中国知网、中国药学年鉴、中国药厂大全、中国药品药厂双向查询索引等（药品的市场状况和相关疾病的动态变化）。

（3）综合网站：健康网 Healthoo、医药地理（药品市场分析和专业报告）、南方医药经济研究所(零售药店、医院中成药)。

(4) 网络数据库:中国医药信息网(国内竞争品种和竞争厂家)、中国医药经济信息网(药品零售数据)、汤森路透的系列数据库和 IMS 系列数据库(权威商业数据)、中国药学会的医院用药数据库、BusinessSourcePremier、MarketResearch、Miromedex、Facts & comparison 等。

(5) 机构网站:各国药品监管机构(药品注册、审批、监管方面的最新动态)、WHO(世界各国的疾病发病率)、中国卫计委信息统计中心(中国流行病学数据)。

7.4.4 经济信息来源

新药立项中需要调查的费用种类较多,数据分散度很高,利用搜索引擎、网络数据库、企业网站等资源均可以获得一部分信息,但仍需要同供货商或其他机构联系以获得报价,因此这里不再一一叙述。

7.4.5 技术信息来源

(1) 学术搜索引擎:SciFinder、Reaxys(化学工艺、分析检测、药理、毒理)、MEDLINE、Scopus、Web of Science(学术研究文献)、TOXLINE(毒理)、Clinicaltrial(临床试验)、中国知网、万方数据、维普。

(2) 普通搜索引擎:Google、百度。

(3) 收费数据库:Derwent Drug File、IPA、EMBASE、ADIS R&D Insight、Pharmaproject、Prous Science Drug Data、IMS R&D Focus、Integrity。

(4) 工具书:The Merck Index、Martindale、各国药典、药品标准、Physicians' Desk Reference。

(5) 评审机构:各国药品监管部门(临床和注册申报信息)、FDA 的药物注册信息(Drug Master File、Inactive Ingredient Search、Substance Registration System、Orange Book、Drugs@FDA、NME & BLA)。

(6) 全文数据库:Elsevier、Springer、ProQuest、OVID、ACS 等。

(7) 学术论坛:小木虫、丁香园等。

7.5 立项调研实例

以缬沙坦(Valsartan)为例,从 Google 等搜索引擎中可了解到它是一种血管紧张素Ⅱ受体拮抗剂,可作为抗高血压类药物;其作用机制是拮抗血管紧张素Ⅱ的Ⅰ型受体(AT1),从而达到扩张血管、降低血压的效果,属于肾素—血管紧张素类药物。其口服后吸收迅速,生物利用度为 23%;与血浆蛋白结合率为 94%~97%;约有 70% 自粪便排出,30% 自肾排泄,均呈原型;半衰期约为 9 小时,与食物同时服用不影响其疗效。高血压病患者一次服用后 2 小时血压开始下降,4~6 小时后达最大降压效应。降压作用可持续 24 小时,连续用药后 2~4 周血压下降达最大效应。其可与氢氯噻嗪合用,降压作用可以增强。

汤森路透的 Integrity 数据库显示,缬沙坦的商品名为"代文"(Diovan),原研厂家为诺华公司,并于 1995 年和 1996 年分别获得美国和欧洲的相关专利权,于 1996 年 7 月首次在德国上市,此后陆续在欧洲、美国、日本上市。IMS health 分析数据显示,2008 年诺华公司的代文、复代文(缬沙坦氢氯噻嗪片)的销售额已达 57.40 亿美元。目前缬沙坦已进入国家基本药物目录,国内有多家企业生产缬沙坦或缬沙坦复方制剂的仿制药(原料药),分别为浙江天宇药业、湖南千金湘江药业、丽珠制药厂、鲁南贝特制药、山东益健药业、江苏万高药业、浙江新赛科药业、桂林华信制药、北京赛科药业、重庆康刻尔制药、山东鲁抗辰欣药业、海南澳美华制药、常州四药、哈尔滨三联药业、浙江英格莱制药、常州康丽制药、北京恩泽嘉事制药、山东达因海洋生物制药、海南皇隆制药、天大药业、北京赛科药业、南京长澳制药、永信药品工业、哈药集团三精制药及陕西白鹿制药等,剂型包括胶囊和分散片。

据米内网数据库显示,2011 年抗高血压药物的市场份额中钙拮抗剂占据了 38.36%,沙坦类药物占据了 35.1%,血管紧张转化酶抑制剂占据了 8.72%,β 受体阻滞剂占据了 10.01%,利尿剂占据了 3.47%,其他降血压药物占据了 4.3%。自 2007 年以来,沙坦类药物的市场份额逐年升高。

米内网数据同时显示,北京、成都、广州、哈尔滨、南京、沈阳、西安、郑州和重庆等 10 个重点城市公立医院的肾素—血管紧张素类药物销售额前 5 位分别是缬沙坦、缬沙坦氨氯地平、厄贝沙坦、氯沙坦和厄贝沙坦氢氯噻嗪片;其中缬沙坦 2010—2015 年的销售额分别为 3.272 9 亿元、3.442 5 亿元、4.553 1 亿元、3.975 8 亿元、3.695 2 亿元、3.612 9 亿元;2015 年缬沙坦的生产企业中市场份额最高者为诺华制药(88.27%),剂型为胶囊。

中国知网检索高血压流行病学文献调研结果显示,1959—2002 年的 43 年间,我国进行过 4 次大规模的高血压流行病学调查,15 岁以上人口高血压发病率 1959 年为 5.1%,1979 年为 7.73%,1991 年为 11.88%;2002 年中国 18 岁以上成年人高血压发病率为 18.8%,约为 1.6 亿人,由于历史的原因,各次调查采用的标准不一致,高血压患病率的变化趋势无法精确估计,但这些资料仍反映了我国人群高血压患病率上升趋势明显。我国高血压患病的特点是城市人群患病率高于农村人群,1991 年调查结果显示城市高血压患病率为 16.3%,农村高血压患病率为 11.1%,2002 年调查的结果显示,城乡高血压患病率分别为 19.3% 和 18.6%,城乡患病率差距不明显。

由此可见,抗高血压药物的市场需求很大,缬沙坦作为抗高血压药物的市场容量较大,前景较好,但竞争激烈。可以预见即使缬沙坦开发成功也会面临难以盈利的困境,除非项目本身具有特别的优势,能保证药物在竞争中脱颖而出。

在技术方面,利用缬沙坦、Valsartan 为关键字可以在中国知网、PubMed 或 Web of Science 中检索到大量的文献,从中可获取制备工艺、质量分析和控制、药理活性、临床数据、市场分析等内容。缬沙坦的化合物专利已经失效,且已有不少厂家仿制过该药,因此专利问题不大。但对于其他项目,专利问题仍然需要重点关注。通过药物的 CAS 号在 SciFinder 中检索专利,然后再在美国、欧洲等专利局查找其同族专利,是一种行之有效的策略。当然,如果可以访问德温特数据库,那么专利检索会更加便利。此外,相比于通过关键词检索文献,在 SciFinder 或 Reaxys 中使用化学结构检索更有针对性,而且这些数据库还能够根据制备、分析、药理等分类范围对结果进行快速提炼。

总之,根据立项药物的新颖性、调研人员可访问的数据范围、企业关注的侧重点不同,同一项目可以选择不同的数据资源进行调研,不一定要检索或访问所有已知的数据库。项目立项需要进行多次信息调研,每次调研除了更新已有数据外,还应尽量再补充新的数据,综合分析、挖掘数据之中的信息,为项目立项提供决策依据。

7.6 新药项目信息跟踪

新药项目立项之后,在实施过程中的各个阶段还应关注同类或类似项目的进展情况,从而为本项目的推进提供有益的参考。如图 7-6 所示,从临床前研究到药物上市,分别会产生基础研究论文、临床研究报告、专利、销售数据和处方统计数据、临床应用及安全评价报告、新合成方法研究论文等数据。相应地,可通过期刊、数据库、药品监管部门网站、行业报告、专利局网站等信息源来获取数据,具体可参考项目立项时所用到的资源。

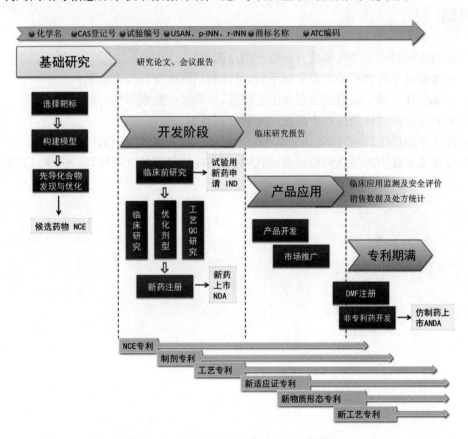

图 7-6 新药研发进程中的相关药学信息

NCE:new chemical entity,新化学实体;IND:investigational new drug,试验用新药;NDA:new drug application,新药申请;DMF:drug master file,药品主文件;ANDA:abbreviated new drug application,简易新药申请;ATC:anatomical therapeutic chemical,解剖学治疗学及化学分类系统;USAN:United States adopted name,美国药品通用名称;INN:international nonproprietary name for pharmaceutical substances,国际非专利药品名称;p-INN:proposed INN,建议的 INN;r-INN:recommended INN,推荐的 INN。

7.7 本章小结

"凡事预则立,不预则废。"加强新药立项时的信息调研可以有效提高项目成功的概率。信息调研应当至少从背景、政策和知识产权、市场、经济、技术等方面入手,利用各种信息资源获取尽可能多的数据,经过多轮整理、分析、挖掘,以得到可供决策参考的立项报告。另外,追踪并收集其他新药项目实施过程中产生的信息也会为本单位的信息调研工作提供许多有价值的数据。为阐述如何利用信息调研辅助项目立项,本章还提供了一个较为简略的应用实例。

☞ **习题**

1. 新药立项时应主要从哪些方面进行信息调研?
2. 在考查某个药物品种的竞争对手时,可以利用哪些资源检索信息?
3. 如果仅从文献中获取药物制备工艺信息,访问哪些数据库最有效?
4. 请列举出药物研发过程中可能产生的专利类型。
5. 除了本书提出的内容,你认为新药立项时还应该获取哪方面的信息?
6. 根据本章提出的信息调研要点,为仿制药阿托伐他汀的立项撰写一份项目调研报告。

参考文献

[1] 刘传和,杜永莉.医药学信息检索与利用[M].北京:化学工业出版社,2004.

[2] 孙忠进,何华.药学信息资源检索[M].南京:东南大学出版社,2002.

[3] 顾东蕾.实用药学信息检索技术[M].北京:化学工业出版社,2004.

[4] 周淑琴.药学信息检索技术[M].北京:化学工业出版社,2005.

[5] 赖谦凯.中医药信息检索指南[M].郑州:河南人民出版社,2010.

[6] 周晓政.医药信息检索与利用[M].南京:东南大学出版社,2006.

[7] 曹永晖,于毅.医学药学信息资源检索和利用[M].南京:江苏科学技术出版社,2002.

[8] 马进主.药物信息应用[M].北京:人民卫生出版社,2006.

[9] 蒋葵,董建成.医学信息检索教程[M].南京:东南大学出版社,2015.

[10] 来茂德,马景娣.医学研究必备手册[M].杭州:浙江大学出版社,2007.

[11] 戴立信,陆熙炎,朱光美.手性技术的兴起[J].化学通报,1995(6):15-22.

[12] 孙志浩.手性技术与生物催化[J].生物加工过程,2004,2(4):6-10.

[13] 郭欣,陆文亮,周水平.新药立项前项目评估和筛选相关工作探讨[J].中国药事,2012,26(12):1337-1339.

[14] 刁天喜,王松俊.医药情报研究实践——新药项目筛选与评估[J].中华医学图书情报杂志,2005,14(1):4-6.

[15] 闫凯,李云飞,周水平,等.企业新药项目立项体系的建立[J].项目管理技术,2013,11(2):99-102.

[16] 任泽兰.新药开发项目的评价研究[D].成都:西华大学,2012.

[17] 邢花.新药研发项目管理知识体系构建[D].沈阳:沈阳药科大学,2009.